Mari Günther, Kirsten Teren, Sascha Bos,
Willy-Gerd Müller-Rehberg, Katrin Reiner
Familien mit trans* und nicht-binären Kindern

verstehen lernen

Mari Günther, Kirsten Teren, Sascha Bos,
Willy-Gerd Müller-Rehberg, Katrin Reiner

Familien mit trans* und nicht-binären Kindern

Orientierung für Eltern, Jugendliche und Fachkräfte

Mit einem Vorwort von Sibylle Maria Winter

Psychosozial-Verlag

Bibliografische Information der Deutschen Nationalbibliothek
Die Deutsche Nationalbibliothek verzeichnet diese Publikation
in der Deutschen Nationalbibliografie; detaillierte bibliografische Daten
sind im Internet über http://dnb.d-nb.de abrufbar.

Originalausgabe

info@psychosozial-verlag.de
www.psychosozial-verlag.de

Umschlagabbildung: ©Adobe Stock / Aleksey, nachbearbeitet
Umschlaggestaltung und Innenlayout nach Entwürfen von Hanspeter Ludwig, Wetzlar
ISBN 978-3-8379-3226-3 (Print)
ISBN 978-3-8379-7937-4 (E-Book-PDF)

Inhalt

Vorwort von Sibylle Maria Winter

Die Einleitung zu diesem Thema möchte ich mit den Worten des damaligen Vorsitzenden des Ethikrates, Peter Dabrock, beginnen, mit denen er die Veranstaltung des Deutschen Ethikrates am 19.02.2020 zur geschlechtlichen Vielfalt bei Kindern und Jugendlichen eröffnete:

Es könnte so einfach sein. – Ist es aber nicht.

Es ist überhaupt nicht einfach – vielmehr stellt dieses Thema eine große Herausforderung dar: Für Kinder und Jugendliche mit Trans*geschlechtlichkeit, für deren Eltern und Angehörige, für die behandelnden professionellen Fachkräfte und für das unterstützende Hilfesystem bestehen weiterhin viele Fragen, Ängste und Unsicherheiten beim Umgang mit Trans*geschlechtlichkeit. Und auch darüber hinaus sind wir alle aufgerufen, uns mit dem Thema der geschlechtlichen Vielfalt in unserer Gesellschaft auseinanderzusetzen.

Das Ausmaß an Herausforderungen wird unter anderem an der aktuell geführten Diskussion um das geplante Selbstbestimmungsgesetz deutlich. Dieses soll das Transsexuellengesetz von 1980 ablösen, das durch das Bundesverfassungsgericht in einigen Teilen für verfassungswidrig und nicht anwendbar erklärt wurde. Das aktuelle Gesetz stellt derzeit noch immer hohe Hürden bei der Änderung des Geschlechtseintrags oder des Vornamens auf. Nach der derzeitigen Regelung bedarf es eines Gerichtsverfahrens, in dem zwei Sachverständigengutachten eingeholt werden müssen. Diese Gerichtsverfahren sind oft langwierig, kostenintensiv und stellen psychisch und finanziell eine große Belastung für Betroffene dar. Nach dem geplanten Selbstbestimmungsgesetz wird eine Erklärung mit Eigenversicherung beim Standesamt reichen, wenn die Geschlechtsidentität nicht mit dem Geschlechtseintrag übereinstimmt. Weder die Vorlage eines ärztlichen Attests noch eine Begutachtung sind nötig. Der Gesetzesentwurf sagt: Eine erneute Änderung des Geschlechtseintrages und des Vornamens ist erst nach Ablauf eines Jahres möglich. Für Minderjährige bis 14 Jahre oder bei Geschäftsunfähigkeit des Minderjährigen geben die Sorgeberechtigten die Änderungserklärung gegenüber dem Standesamt ab. Ab 14 Jahren geben die Minderjährigen die Erklärung mit Zustimmung der Sorgeberechtigten selbst ab. Um die Persönlichkeitsrechte der jungen Menschen zu wahren, kann das Familiengericht in den Fällen, in denen die Sorgeberechtigten nicht zustimmen, orientiert am Kindeswohl die Entscheidung der Sorgeberechtigten auf Antrag des Minderjährigen ersetzen.

Von zentraler Bedeutung ist eine sachkundige, ergebnisoffene und kostenlose Beratung für alle Beteiligten. Ein Selbstbestimmungsgesetz, das den Ausbau dieser Beratung empfiehlt, gibt es bereits in 14 Ländern. Argentinien war 2012 das erste Land, das eine Änderung des Geschlechtseintrags per Selbstauskunft ermöglichte. Zudem gibt es ähnliche Gesetze in Malta, Dänemark, Luxemburg, Belgien, Irland, Portugal, Island, Neuseeland, Norwegen, Uruguay, der Schweiz, Finnland und Spanien.

Der Kinderschutzbund orientiert sich in der Debatte um das Selbstbestimmungsgesetz am Wohl der betroffenen Kinder. In seinem Positionspapier begrüßt der Kinderschutzbund »die Möglichkeit des eigenständigen Geschlechtseintrags und der Namenswahl auch bei Minderjährigen. Dies kann viel psychische Belastung, denen diese Kinder ausgesetzt sind, nehmen und dient damit einer besseren Entwicklung und dem Kindeswohl« (Kinderschutzbund, 2023). Der Kinderschutzbund ist sich bewusst, dass viele Jugendliche in der Pubertät eine kritische Auseinandersetzung mit sich, ihrem Körper und ihrem Geschlecht haben. Gleichwohl geht der Kinderschutzbund nicht davon aus, dass durch die Erleichterungen im Rahmen des Selbstbestimmungsgesetz eine inflationäre Nutzung des Instruments einsetzt, sondern dies nur bei sehr hohem Leidensdruck genutzt wird.

Die aktuellen Diskussionen über geschlechtliche Vielfalt sind geprägt von persönlichen Einstellungen, Unwissen, Ängsten, Stigmatisierungen und Vorurteilen. Historisch wurde in Deutschland geschlechtliche Vielfalt über lange Zeit als krankhaft angesehen und unterdrückt. Leider wird im Umsetzungsbericht der UN-Kinderrechtskonvention von 2019 darauf hingewiesen, dass nach wissenschaftlichen Erkenntnissen Kinder und Jugendliche, die sich als LGBTI identifizieren, immer noch besonders stark Diskriminierung, Benachteiligung oder Mobbing ausgesetzt sind. Die Bedingungen für das Aufwachsen werden dadurch sehr erschwert und die Betroffenen können psychisch sehr belastet sein. Aus diesem Grund wird der Bundesregierung empfohlen, eine an Kinderrechten orientierte Gesamtstrategie mit einer verlässlichen langfristig angelegten Infrastruktur gegen Diskriminierung und für die Akzeptanz von Vielfalt zu entwickeln.

Inzwischen gibt es eine Entwicklung hin zu mehr Sichtbarkeit, Offenheit und Anerkennung von trans*geschlechtlichen Personen. Die Tatsache, dass sich trans*geschlechtliche Personen – auch Kinder und Jugendliche – vermehrt outen, bedeutet nach aktuellem Kenntnisstand nicht, dass es mehr trans*geschlechtliche Personen gibt oder dass es sich um einen Trend handelt, von dem Kinder und Jugendliche »angesteckt« werden. Vielmehr ist davon auszugehen, dass es mehr Kinder und Jugendliche gibt, die genugend Sicherheit haben, sich als trans* Kinder und Jugendliche zu outen.

Auch in Bezug auf Behandlungsmöglichkeiten gibt es große Unsicherheiten und nach wie vor einen Mangel an Leitlinien und Konsens in der medizinisch-psychologischen Versorgungslandschaft. Dies führt zu Verunsicherung bis hin zu Verzweiflung bei jungen trans* Menschen und ihren Angehörigen. Sie brauchen dringend mehr Wissen und Verständnis für trans* Kinder und Jugendliche bei den professionellen Fachkräften.

Als Fachärztin für Kinder- und Jugendpsychiatrie bin ich im April 2015 erstmals intensiver mit der Thematik der Trans*identität bei Kindern und Jugendlichen in Berührung gekommen. Die Privatdozentin Frau Dr. Köhler hat sich als Endokrinologin in ihrer Habilitation mit inter* Personen beschäftigt. Diese haben von Geburt an körperliche Geschlechtsmerkmale, die sich nicht als nur männlich oder nur weiblich einordnen lassen. Man spricht auch von angeborenen Variationen der körperlichen Geschlechtsmerkmale. Im Jahr 2013 rief Dr. Köhler ein EU-Forschungsprojekt ins Leben (dsd-life), welches sich zum Ziel gesetzt hat, die Behandlungen von inter* Personen zu evaluieren, um ihre Lebensqualität zu verbessern. Dabei hat sie zunehmend auch Kinder und Jugendliche mit Trans*geschlechtlichkeit gesehen und die Kooperation mit uns als Kinder- und Jugendpsychiatrie gesucht.

Schon damals hat Köhler immer wieder darauf hingewiesen, dass ein großer Behandlungs- und Forschungsbedarf besteht. Damit hat sie in gewisser Hinsicht die Zukunft vorweggenommen. Leider ist sie 2016 viel zu früh verstorben. Nach ihrem Tod gab es eine bedauerliche Versorgungslücke. Wir haben die Sprechstunde seit Dezember 2018 neu strukturiert und interdisziplinär kinder- und jugendpsychiatrisch, endokrinologisch und phoniatrisch organisiert.

Seit ich mit dieser Sprechstunde betraut bin, habe ich mich sehr intensiv mit geschlechtlicher Vielfalt bei Kindern und Jugendlichen auseinandergesetzt. Denn nicht nur strukturell gab es viele Veränderungen, sondern auch inhaltlich mussten wir uns als Team mit der Weiterentwicklung des Themas auseinandersetzen. Dabei möchte ich besonders Sascha Bos, dem für die interdisziplinären Spezialsprechstunde verantwortlichen Kinder- und Jugendlichenpsychotherapeuten danken, der mich und uns alle mit hohem Engagement in den aktuellen Diskurs mitgenommen hat.

In diesem manchmal doch sehr unübersichtlichen Diskurs um geschlechtliche Vielfalt geben mir die Kinder und Jugendlichen, mit denen wir jede Woche in Beziehung treten, ausreichende Handlungssicherheit. Wir nehmen uns genügend Zeit, individuelle Lebenswege nachzuzeichnen, aktuelle Schwierigkeiten zu berücksichtigen und die einzelnen Behandlungsschritte zu planen. Zentral ist das Aufzeigen von Wegen, wie ein medizinisch-ethisch und rechtlich angemessenes Vorgehen aussehen kann. Dabei geht es um ein komplexes Abwägen des Leidensdrucks, des aktuellen Wohls und auch des zukünftigen Wohls der behandlungssuchenden Kinder und Jugendlichen mit dringlichen Geschlechtsidentitätsfragen. Beim Abwägen wird die Schaffung eines Bewusstseins für die Folgen von Entscheidungen sowohl für Handlungen als auch für Nicht-Handlungen angestrebt, wobei der altersangemessene Einbezug der Perspektive des Kindes und des Jugendlichen als zentrale Grundlage für etwaige Behandlungsschritte besonders im Fokus steht. Diese Teilhabe ist deshalb so wichtig, da die Selbstbestimmung der individuellen Identität und somit auch der Geschlechtsidentität zu den grundlegenden Menschenrechten und damit auch zu den Kinderechten gehört. Zudem ist der Einbezug der Angehörigen als soziale Unterstützung von sehr hoher Bedeutung. Durch die Forschung wissen wir, dass die elterliche Unterstützung eine der wichtigsten Rollen für die psychische Gesundheit von trans* Kindern und Jugendlichen spielt.

Elternschaft ist nicht immer leicht, das Sorgerecht für einen jungen Menschen innezuhaben, ist herausfordernd und kann eigene Grenzen aufzeigen. Gerade die Pubertät ist geprägt von Prozessen des Verlierens und Wiederfindens. Freiheitsbestrebungen und das Recht auf Selbstbestimmung junger Menschen kollidieren mit dem Verantwortungsgefühl Sorgeberechtigter. Nicht selten kommt es zu familiären Konflikten und

Auseinandersetzungen. Bei trans* Kindern und Jugendlichen sind diese Aushandlungen oftmals besonders aufgeladen. Sie fühlen sich in der überwiegenden Mehrheit nicht ausreichend ernst genommen, verstanden und unterstützt. Für viele Sorgeberechtigte stellt es eine große Belastung dar, mit ihrem Kind gemeinsam den Weg zu gehen und gegebenenfalls auch irreversible Entscheidungen mit ihm zu treffen. Aber nicht nur die Sorgeberechtigten, sondern auch alle anderen Personen, die trans* Kinder und Jugendliche begleiten und betreuen, sind aufgefordert, diese zu unterstützen und somit ihre psychische Gesundheit positiv zu beeinflussen.

Dieses Buch möchte die Lesenden bei diesen Aushandlungsprozessen unterstützen, wobei ich vor allem dafür plädieren möchte, den jungen Menschen mit Verständnis, Empathie und Interesse zuzuhören.

Während der ersten Wochen und Monate unserer Spezialsprechstunde durfte ich sehr viele Kinder und Jugendliche kennenlernen, deren Lebensgeschichten mich sehr beeindruckt haben. Häufig konnten sie sehr differenziert berichten, wann sie zum ersten Mal Gedanken hinsichtlich der Diskrepanz ihrer zugewiesenen und ihrer selbst empfundenen Geschlechtsidentität hatten. Als Ärztin musste ich lernen, dass es bei Kindern und Jugendlichen mit Fragen zur Geschlechtsidentität nicht in erster Linie darum geht, eine Diagnostik zur Geschlechtsidentität durchzuführen, auszuwerten und zu beurteilen, also eine Diagnose zu stellen. Vielmehr geht es darum, den Kindern und Jugendlichen ausreichend Raum zu geben, damit sie selbst Auskunft darüber geben können, wie sie ihre Geschlechtsidentität definieren. Dabei ist eine begleitende, annehmende und affirmative Haltung von ärztlicher Seite wichtig: Sie eröffnet den Kindern und Jugendlichen die Chance, eigene Ambivalenzen kennenzulernen und ihren eigenen Weg zu finden.

Beeindruckt hat mich die Selbstauskunft eines trans* Jungen, der sehr genau schildern konnte, wie er in der vierten Klasse erstmals Gedanken hatte, dass ihm zur Geburt das falsche Geschlecht zugewiesen wurde. Wie ein Forscher dokumentierte er in einem Tagebuch täglich, ob er sich eher als Mädchen oder als Junge fühlte. Erst als er über einen Zeitraum von zwei Jahren jeden Tag zu dem Ergebnis kam, dass er sich als Junge identifizierte, fühlte er sich sicher genug, sich seinen Eltern anzuvertrauen.

Nach der Selbstauskunft zur Trans*geschlechtlichkeit folgen in unserer Spezialsprechstunde Überlegungen zu nächsten individuellen Behandlungsschritten. An dieser Stelle möchte ich Mut machen, sich als professionelle Fachkräfte nicht als alleinig verantwortliche Person zu verstehen, sondern die Kinder und Jugendlichen sowie ihre Eltern aktiv in den Informations- und Entscheidungsprozess einzubeziehen. Je mehr Informationen ihnen zur Verfügung stehen, umso besser können sie eine informierte Entscheidung treffen. Wenn die Entscheidung zu den nächsten Behandlungsschritten gefällt ist, sind die professionellen Fachkräfte für die bestmögliche leitliniengerechte Behandlung im Sinne der Entscheidung der Kinder und Jugendlichen und deren Eltern verantwortlich.

Um den Kindern und Jugendlichen mit Trans*geschlechtlichkeit und ihren Eltern gerecht zu werden, hat sich eine interdisziplinäre Kooperation zwischen Kinder- und Jugendpsychiatrie, Kinder- und Jugendlichenpsychotherapie, Kinder- und Jugendendokrinologie und Logopädie sehr bewährt. Aus unserer Sicht wäre eine Erweiterung der Kooperation mit chirurgischen Fachdisziplinen und eine Möglichkeit der fächerübergreifenden Behandlung über das 18. Lebensjahr hinaus wünschenswert.

In diesem Buch werden in erster Linie die Eltern oder andere Betreuungspersonen von Kindern und Jugendlichen mit Trans*geschlechtlichkeit angesprochen. Mein Wunsch für dieses Buch wäre auch eine Verbreitung unter professionellen Fachkräften im Gesundheitssystem. Die Inhalte dieses Buches ermöglichen ein breit gefächertes Verständnis der Kinder und Jugendlichen mit Trans*geschlechtlichkeit und der umfassenden Bedarfe ihrer Eltern und Angehörigen.

In dem vorliegenden Buch wird immer wieder darauf hingewiesen, dass die professionellen Fachkräfte im Gesundheitswesen kein ausreichendes Wissen und kein ausreichendes Verständnis für geschlechtliche Vielfalt haben. Dies hat für Kinder und Jugendliche mit Trans*geschlechtlichkeit und ihre Eltern zur Folge, dass sie sich im Gesundheitssystem nicht gesehen und verstanden fühlen, sie unter Umständen Diskriminierungen ausgesetzt sind und ihr Zugang zu nächsten Behandlungsschritten eingeschränkt ist oder sie diesen gar nicht erhalten. Zunächst war ich von der ausgeprägten Kritik der Betroffenen an den professionellen Fachkräften irritiert, jedoch wurde ich dann zum Nachdenken gebracht. Jetzt hoffe ich auf einen Weckruf im Gesundheitssystem und auf die Verbreitung dieses Buch auch bei den professionellen Fachkräften. Aus meiner Sicht haben in den letzten Jahren das Wissen und das Verständnis für Kinder und Jugendliche mit Trans*geschlechtlichkeit unter den professionellen Fachkräften im Gesundheitssystem zugenommen, auch in unserer Klinik konnte ich das seit Beginn der interdisziplinären Spezialsprechstunde beobachten, was mich positiv stimmt. Jedoch braucht es noch weitere Anstrengung an

Fort- und Weiterbildungen der professionellen Fachkräfte, dazu gehören auch Erzieher*innen, Lehrer*innen und Sozialarbeiter*innen.

Trotz der zunehmenden Forschung zu Trans*geschlechtlichkeit bei Kindern und Jugendlichen und den AWMF-S3-Leitlinien für Kinder und Jugendliche, die hoffentlich noch in diesem Jahr verabschiedet werden, sind noch viele Fragen offen und es ist unabdingbar, dass unsere Forschungsanstrengungen weiterhin erhöht werden müssen.

Um die gesellschaftliche Bedeutung des Diskurses um Kinder und Jugendliche mit Trans*geschlechtlichkeit aufzuzeigen, hat der Ethikrat am 20.02.2020 in Berlin folgende Ad-hoc-Empfehlungen gegeben:

- Das allgemeine Persönlichkeitsrecht umfasst auch das Recht, ein Leben entsprechend der eigenen, subjektiv empfundenen geschlechtlichen Identität zu führen und in dieser Identität anerkannt zu werden.
- In allen Entscheidungsprozessen muss das Kind gehört und müssen seine Vorstellungen und Wünsche seiner Reife und seinem Alter entsprechend berücksichtigt werden. Diese Regel erhält umso mehr Gewicht, als es hier um Fragen der persönlichen Identität geht, über die die betroffene Person in letzter Konsequenz selbst zu entscheiden hat.
- Die therapeutische Interaktion mit dem Kind muss so gestaltet sein, dass es an die mit zunehmendem Alter folgenreicher werdenden Entscheidungen herangeführt wird. Die Sorge tragenden Eltern und die behandelnden Personen haben die Aufgabe, das Kind dabei bestmöglich zu unterstützen.
- Ist das Kind hinreichend einsichts- und urteilsfähig, um die Tragweite und Bedeutung der geplanten Behandlung zu verstehen, sich ein eigenes Urteil zu bilden und danach zu entscheiden, muss sein Wille maßgeblich berücksichtigt werden. Ohne seine Zustimmung oder gar gegen seinen Willen – allein aufgrund der Einwilligung seiner Eltern – darf das Kind nicht behandelt werden.
- Nutzen und Schaden der medizinisch-therapeutischen Maßnahmen, die im Einzelnen umstritten sind, müssen in jedem individuellen Fall sorgfältig abgewogen werden. Wie die Risiken, (Neben-)Wirkungen und langfristigen Folgen (einschließlich möglicher Infertilität), die dem/der Minderjährigen durch aktives medizinisch-therapeutisches Eingreifen entstünden, müssen auch solche berücksichtigt werden, die durch das Unterlassen von Maßnahmen drohen. Gerade angesichts der Streitigkeit einzelner Handlungsoptionen haben Betrof-

fene und ihre Eltern einen Anspruch auf eine ausgewogene Beratung und Aufklärung.

- Ein entstigmatisierender Umgang mit Trans*geschlechtlichkeit bei Kindern sollte gefördert und einer diskriminierenden Pathologisierung von Geschlechtsinkongruenz entgegengewirkt werden. Entsprechende Angebote psychosozialer Beratung und deren Kooperation mit medizinischen Einrichtungen sollen gestärkt werden.

Ich erhoffe mir von diesem Buch, dass es Kinder und Jugendliche jeglichen Geschlechts, ihre Eltern und Angehörigen und die verschiedenen Fachkräfte des Gesundheitssystems, des Bildungssystems und der Kinder- und Jugendhilfe sowie alle Interessierten erreicht, fundiertes Wissen und ein vertieftes Verständnis für geschlechtliche Vielheit schafft sowie einen Beitrag zur aktuellen politischen Diskussion leistet.

Den Fachkräften, Eltern und Angehörigen wünsche ich den Mut, sich mit Trans*geschlechtlichkeit auseinanderzusetzen, um mehr Offenheit, Wissen, Verständnis und Sensibilität für geschlechtliche Vielfalt zu entwickeln. Nur so kann die Perspektive der Kinder und Jugendlichen mit Trans*geschlechtlichkeit in den Fokus rücken und können Stigmatisierung und Diskriminierung von Kindern und Jugendlichen mit Trans*geschlechtlichkeit systematisch abgebaut werden.

Den Eltern wünsche ich bei allen Herausforderungen zunehmende Sicherheit in der Beziehung und im Umgang mit ihren Kindern sowie bei den gemeinsamen Behandlungsentscheidungen, damit sie ihre Kinder und Jugendlichen auf ihrem Weg bestmöglich unterstützen können.

Den Kindern und Jugendlichen mit Trans*geschlechtlichkeit wünsche ich Begegnungen mit Personen, die in Bezug auf geschlechtliche Vielfalt Wissen, Verständnis und eine offene und affirmative Haltung haben, damit sie ihren ganz individuellen passgenauen Weg finden können.

Ich schließe mit einer Abwandlung des Eingangszitats, um der dynamischen Entwicklung beim zunehmend besseren Verständnis für geschlechtliche Vielfalt gerecht zu werden:

Es könnte einfacher sein. – Ist es aber noch nicht.

Sibylle Maria Winter im September 2023
Professorin für Traumafolgen und Kinderschutz

1 Einführung

Wir fünf Autor*innen haben uns zusammengefunden, um gemeinsam ein Buch zu schreiben, eine Orientierungshilfe für Familien mit Kindern, Jugendlichen, Heranwachsenden, die sich als trans*, trans*geschlechtlich, nicht-binär verstehen oder darüber nachdenken, ob eine dieser Bezeichnungen, solch ein Erleben mit ihnen zu tun haben könnte. Wir wissen alle aus beruflicher und persönlicher Erfahrung, dass diese Familien vor großen Herausforderungen stehen und in unserer Gesellschaft eher mit Skepsis und Anfeindungen rechnen müssen, als dass sie Stärkung und Unterstützung erfahren. Wir wissen, dass die Lebenssituation jugendlicher, minderjähriger trans* Personen verstärkt im Fokus der gesellschaftlichen Aufmerksamkeit steht und ihr mit Vorurteilen, Unwissen und Fehlannahmen begegnet wird. Die Jugendlichen und ihre Eltern und Bezugspersonen müssen Orientierung finden in einer unübersichtlichen und widersprüchlichen Versorgungslage in Deutschland.

Wir Autor*innen haben alle in vielfältiger Weise erfahren dürfen, dass eine klare unterstützende Haltung gegenüber diesen Jugendlichen und Familien zu einer deutlich erhöhten Lebenszufriedenheit verhilft, zu einem gelingenden Aufwachsen. Vor diesem Erfahrungshintergrund vertreten wir eine klar an den Menschenrechten orientierte Haltung. Hierzu gehört das Recht auf eine selbstbestimmte geschlechtliche Identität. Die Rechte Minderjähriger, die Kinderrechte sind Teil der universellen Menschenrechte. Wir sind in unseren Lebensverläufen und unserer beruflichen Praxis immer wieder jungen Menschen begegnet, die sich besonnen, mutig, selbstfürsorglich, klug mit ihrer geschlechtlichen Identität auseinandergesetzt haben und für sich beeindruckende Lösungen gefunden und Lebensentscheidungen getroffen haben. Dabei haben sie Eltern begleitet, die überrascht waren, verunsichert, die sich mit verschiedensten Vorwürfen beschäftigen mussten und die Entscheidungen ihrer Kinder mitgetragen haben. Wir sind den Familien dankbar, die uns begegnet sind, die uns teilhaben lassen an ihren Überlegungen und Abwägungsprozessen und ihrem familiären Miteinander. Uns war es sehr wichtig, dieses Buch gemeinsam aus unseren unterschiedlichen Blickwinkeln als Elternteile, Psychotherapeut*innen, Aktivist*innen, trans* Person und Berater*innen zu schreiben. Es ging darum, möglichst viele wichtige Perspektiven zusammenzutragen und eine gemeinsame Stimme zu finden. Für eine respektvolle und gesundheitsfördernde Begleitung von minderjährigen trans* und nicht-binären Personen braucht es eine vertrauensvolle und fachlich kompetente Zusammenarbeit aller Beteiligten.

Was kann dieses Buch? Dieses Buch kann eine gute Orientierung dabei geben, wie das Thema eines trans*geschlechtlichen Aufwachsens derzeit in unserer Gesellschaft betrachtet und eingeordnet wird. Auch gibt es einen kurzen Einblick in die wissenschaftliche Debatte. Es formuliert wichtige Fragen, die sich Kinder, Jugendliche, Eltern und Bezugspersonen stellen können, um sich besser in diesem Thema und ihren Gefühlen zurechtzufinden. Es beschreibt die derzeitige Versorgungslage in Deutschland mit ihren Zugängen und Herausforderungen. Das Buch gibt vielfältige Anregungen für den Alltag, den Umgang mit strittigen Fragen, den Nachbar*innen, mit der Kita, der Schule, dem Sportverein oder der Kirchengemeinde.

Was kann dieses Buch nicht? Dieses Buch kann nicht auf alle Fragen zum Thema Trans* und Nicht-Binarität Antworten geben. Es erklärt trans* und nicht-binäre Personen, gleich welchen Alters, nicht für krank oder unnormal. Die Auffassung, dass trans* Personen psychisch krank seien, ist Geschichte, auch wenn diese Vorstellung noch immer bei vielen Menschen, die in der Gesundheitsversorgung, in Beratungsstellen und Jugendämtern arbeiten, nachwirkt. Dieses Buch behauptet nicht, dass alle trans* Personen körperliche Eingriffe brauchen, um sich wohler zu fühlen. Es kann auch nicht klären, ob jemand trans* ist, weil das die Person – in jedem Alter – immer nur selbst wissen kann. Das kann kein Buch oder Test und kein*e Expert*in. Und das Lesen dieses Buches macht auch nicht trans*, weil eine geschlechtliche Identität nicht von außen verändert oder erzeugt werden kann. Dieses Buch kann kaum Einblick geben in die Erfahrungswelten von Menschen mit Behinderung, BIPoC (Black, Indigenous and People of Color), nichtchristlicher religiöser Prägung und Einwanderungsbiografie, da uns die entsprechenden persönlichen und fachlichen Erfahrungen weitgehend fehlen.

Wie kann dieses Buch gelesen werden? Wir verstehen unser Buch als

Orientierungshilfe für Eltern, auch für andere wichtige Bezugspersonen und natürlich auch für neugierige Kinder, Jugendliche und Fachleute. Wir wollen von unserem Wissen und unseren Erfahrungen erzählen, ohne dabei in ein ungefragtes Rat-Geben zu verfallen. Wir freuen uns, wenn Sie dieses Buch als ein Buffet aus Erzählungen, der Darstellung von Fachwissen, Denkanstößen, Fragen, kleinen Verwirrungen und auch etwas Trost für Ihre herausfordernde Situation verstehen. Und wir freuen uns natürlich, wenn Sie etwas auf unserem Buffet finden, das Ihnen weiterhilft. Für individuellen Rat, für ein gemeinsames Beraten in Ihrer Situation empfehlen wir Beratungsstellen, die gut mit der Trans*community vernetzt sind.

Wir illustrieren das Buch mit Fallbeispielen, die sich aus einzelnen Erfahrungsberichten zusammensetzen, um die Anonymität der Personen zu gewährleisten. Alle darin genannten Namen sind selbstverständlich Pseudonyme.

Wir Autor*innen sind:

Mari Günther (sie)
Ich bin 1970 geboren, Väterin, Diplom-Gemeindepädagogin und Systemische Therapeutin. Ich arbeite seit 15 Jahren in der Begleitung und Beratung mit trans*geschlechtlichen und nicht-binären Kindern, Jugendlichen und ihren Familien. Zudem arbeite ich supervisorisch. Ich habe in meiner Arbeit zunehmend gelernt, den Selbsterkenntnissen und Entscheidungen meines Gegenübers zu vertrauen und es in seinem Vorhaben zu stärken. Ich werde in der Arbeit immer wieder an meine trans*geschlechtliche Identität und an meine Kindheit und Jugend erinnert. Das hilft mir besonders, die Anliegen junger Menschen ernst zu nehmen und den geschilderten Gedanken und Überlegungen folgen zu können. Für den Perspektivenwechsel, der nötig ist, um mich in die Erlebenswelt und die Sorgen der Eltern hineinversetzen zu können, stelle ich mir vor, wie es wäre, wenn mein eigenes Kind trans* wäre. Bei diesem Gedanken ist es für mich gar nicht schwer, festzustellen, dass dies eine völlig andere Situation ist, als »nur« mit dem eigenen trans*geschlechtlichen Erleben zurechtzukommen. Ich bin froh, schon so viele Erfahrungen in der praktischen Arbeit gesammelt zu haben: Das verschafft mir Gelassenheit zu bewundern, wie viele Familien mit trans* Kindern ihr Leben meistern. Über die Jahre hinweg kann ich jungen Menschen ein wenig beim Aufwachsen zuschauen, das freut mich sehr. Diese Erfahrungen lasse ich in die Arbeit an den medizinischen Leitlinien und für den Bundesverband Trans* einflie-

ßen. Zudem schreibe ich sogenannte Gutachten für die TSG[1]-Verfahren und hoffe, damit dieses entwürdigende Verfahren etwas weniger schädlich zu gestalten, solange es noch besteht.

Dr. phil. Kirsten Teren (sie)
Ich bin 1969 geboren, identifiziere mich als queer und arbeite als Psychologische Psychotherapeutin und Supervisorin. Seit 2012 bin ich in Berlin in freier Praxis schwerpunktmäßig mit trans*geschlechtlichen Behandlungssuchenden tätig und erstelle Gutachten im Rahmen des TSG zur Vornamens- und Personenstandsänderung, auch für Kinder und Jugendliche. Darüber hinaus bin ich in verschiedenen Arbeitsgruppen zur Erstellung der AWMF-Leitlinie[2] zu geschlechtsangleichenden chirurgischen Maßnahmen bei Geschlechtsinkongruenz und Geschlechtsdysphorie aktiv. Im Rahmen meiner Praxis erfahre ich viel über das Erleben und den Umgang mit dem Entdecken und dem Ausdruck der geschlechtlichen Identität sowie die Unsicherheiten, Befürchtungen, Hindernisse und hilfreiche Aspekte in den Identitätsfindungs-, Coming-out- sowie Transitionsprozessen. Hierbei begeistern mich immer wieder die vielfältigen kreativen Ansätze und Lösungen von Kindern, Jugendlichen und Familien, während sie sich mit dem Thema auseinandersetzen. Ich möchte Mut machen, sich auf unbekannte Wege einzulassen, offen zu sein, sich über die Vielfalt des Lebens zu freuen und dieser Raum zu geben.

Sascha Bos (er)
1981 als queeres Kind geboren, merkte ich schon früh, dass ich mit meinem So-Sein Irritationen in meinem Umfeld provozierte. Viele waren überfordert mit einem Jungen, der Filmdiven verehrte und im Märchen immer vom Prinzen gerettet werden wollte. Zunehmend versuchte ich, diesen beschämten Teil von mir zu verstecken. Stattdessen zeigte ich meine vom Umfeld besonders gelobte kreative Seite. Zeichnen wurde für mich eine wichtige Ressource. Ich studierte nach der Schule zunächst Grafikdesign. Nach zwei Semestern wechselte ich zur Kunst-

1 Gesetz zur Änderung von Vornamen und Personenstand in besonderen Fällen (Transsexuellengesetz).

2 Leitlinien der Arbeitsgemeinschaft wissenschaftlicher Fachgesellschaften e.V. (AWMF) dienen der Verbesserung spezifischer Versorgungsbedarfe und werden nach systematischer Bewertung des aktuellen Erkenntnisstandes entwickelt (AWMF, 2022).

therapie und absolvierte im Anschluss eine Ausbildung zum Kinder- und Jugendlichenpsychotherapeuten. Fortan setzte ich mich verstärkt mit psychologischen Theorien zu queerem Leben auseinander. Manche dieser Denkansätze empfand ich als irritierend und beschämend – ähnlich wie ich als Kind das Gefühl hatte, von meiner Umwelt wahrgenommen zu werden. Ich beschloss, die Theorien vermehrt aus einer queeren Perspektive neu zu denken. Mit Freude entdeckte ich, dass ich damit nicht allein war. Heute arbeite ich in einem großen Universitätskrankenhaus. Dort versorge ich in meiner klinischen Arbeit viele trans* und nicht-binäre Kinder und Jugendliche. Kreativität bestimmt noch immer meine Denk- und Arbeitsweise. Beispielsweise gestalte ich Forschung rund um queere Gesundheitsbedürfnisse. Ich erlebe heute, dass es ein wachsendes Wissen und Verständnis für queere Lebensrealitäten gibt und dass die Wissenschaft viele der beschämenden Theorien widerlegen konnte. Durch meine Arbeit möchte ich dazu beitragen, dass mehr queere Kinder in einem entwicklungsförderlichen Umfeld aufwachsen. Sie sollen sich als Glanz im Auge ihrer Eltern erleben und stolz sein auf ihr So-Sein.

Willy-Gerd Müller-Rehberg (er)

Ich bin 1963 geboren und lebe mit meinem Mann in Berlin. Als Diplom-Sozialpädagoge habe ich zunächst viele Jahre in einem queeren Projekt im betreuten Jugendwohnen gearbeitet. Nach einer tiefenpsychologisch fundierten Weiterbildung bin ich seit 2013 als approbierter Kinder- und Jugendlichenpsychotherapeut und Supervisor in eigener Praxis in Berlin und Angermünde tätig – in beiden Praxen schwerpunktmäßig mit Familien mit trans* und nicht-binären Kindern und Jugendlichen. Außerdem verfasse ich Gutachten im Rahmen des TSG für Vornamens- und Personenstandsänderungen. Meine ersten bewussten Begegnungen mit trans* Jugendlichen waren vor 25 Jahren im Zusammenhang mit meiner Tätigkeit als Wohngruppen-Berater und Einzelfallhelfer. Mit jeder neuen Begegnung durfte auch mein Erfahrungsschatz wachsen. Mich erstaunen immer wieder aufs Neue die Identitätenvielfalt, die mit jedem trans*, nicht-binären, genderfluiden oder anderen Outing einhergeht, und die enormen Ressourcen, die in den meisten Familien vorhanden sind.

Katrin Reiner (sie)

Ich bin 1969 geboren und lebe mit meiner Familie in Berlin. Ich bin Diplom-Sozialpädagogin, Coach und Elternbegleiterin. Bis vor einigen Jahren dachte ich, dass mich das Thema queer nicht persönlich betrifft. Als sich vor einigen Jahren eines meiner Kinder als trans* geoutet hat, war das zugegebenermaßen eine Herausforderung für mich, auch wenn ich mich immer als sehr liberalen und offenen Menschen empfunden habe. Ich bin dankbar, dass mein Kind mir und uns als Eltern das Vertrauen geschenkt hat und wir es auf seinem Weg begleiten dürfen. Der Austausch mit anderen Eltern von trans* Kindern hat mir damals sehr geholfen, wenn ich mich unsicher, traurig oder ängstlich gefühlt habe. Diese Hilfe versuche ich heute im Trans-Kinder-Netz e. V. an andere Eltern weiterzugeben. Es ist wunderbar zu erleben, wie wertvoll und einfach es ist, sich gegenseitig zu stärken und damit auch die Kinder.

2 Worte, Begriffe und respektvolle Sprache

Die Art und Weise, wie wir über trans*geschlechtliche Lebenswelten sprechen, ist durch gesellschaftliche sowie kulturspezifische Einflüsse geprägt und so vielfältig und individuell, wie es auch die trans*geschlechtlichen Identitäten und Ausdrucksweisen sind. Deshalb möchten wir einige Begrifflichkeiten und sprachliche Ausdrucksmöglichkeiten vorstellen, die zum einen eine Orientierung bieten, zum anderen eine respektvolle Haltung gegenüber trans*geschlechtlichen Lebensweisen und deren Vielfalt deutlich machen. Dazu gehören die Akzeptanz der Selbstbeschreibungen von trans* Kindern[3] und Jugendlichen sowie die Vermeidung von psychopathologisierenden Begriffen und stigmatisierenden Einordnungen des trans*geschlechtlichen Erlebens.

Mit den hier beschriebenen Begriffen erheben wir keinen Anspruch auf Vollständigkeit und Allgemeingültigkeit, sondern wollen eine Einführung in das Thema Trans* und eine Orientierung geben.

Die Zuordnung von *Geschlecht* erfolgt in der Regel bei Geburt anhand der äußeren Körpermerkmale durch Mediziner*innen, Geburtshelfer*innen, Eltern oder Bezugspersonen – häufig in der Zwei-Geschlechter-Kategorisierung: männlich oder weiblich. Jedoch gibt es viel mehr als nur diese beiden Geschlechter. Diese Zuweisung von außen muss nicht zwingend mit der erlebten geschlechtlichen Identität eines Kindes bzw. später der erwachsenen Person übereinstimmen. Gesellschaftlich werden wiederum vielfältige Einflüsse, Zuschreibungen, Klischees, Stereotype von Geschlecht wirksam und prägen Vorannahmen sowie Umgangsformen im Miteinander.

3 Wir nutzen die Kleinschreibung von trans* im Sinne eines Adjektivs, indem wir trans* als *einen* Aspekt neben vielen anderen der Person oder Thematik verdeutlichen wollen, zum Beispiel bei »trans* Kind«. Die Großschreibung verwenden wir, wenn wir das Trans*spezifische betonen wollen, wie bei »Trans*feindlichkeit«.

*Trans** mit Sternchen ist ein Überbegriff und steht für alle trans*geschlechtlichen Identitäten, die sich nicht, nicht immer oder nur teilweise dem bei der Geburt zugeordneten Geschlecht zugehörig fühlen und sich selbst mit einem anderen oder einer ganz persönlichen Selbstbeschreibung identifizieren. Das Sternchen * umfasst alle Selbstbeschreibungen und verdeutlicht die Vielfalt an trans*geschlechtlichen Selbstdefinitionen (wie transgender, transsexuell, transident, agender, nicht-binär, genderfluid, genderqueer). So kann sich beispielsweise ein Kind, das mit weiblichen Geschlechtsmerkmalen geboren wurde und sich als männlich identifiziert, als trans* Junge oder *trans*männlich* oder trans*maskulin bezeichnen. Ein Kind, das hingegen mit männlichen Geschlechtsmerkmalen geboren wurde und sich als weiblich identifiziert, kann sich als trans* Mädchen, *trans*weiblich* oder trans*feminin bezeichnen. Wenn sich ein Kind als nicht-binär beschreibt, kann es auch den Oberbegriff trans* verwenden. Des Weiteren ermöglichen Begriffe wie gendernonkonform oder gendervariant eine respektvolle Beschreibung eines Kindes, von dem wir nicht wissen, ob es mit einem Trans*-Label zufrieden wäre. Im Kontakt ist es hilfreich und respektvoll, Kinder und Jugendliche zu fragen, wie sie angesprochen werden möchten. Insbesondere nicht-binäre Personen bevorzugen teilweise keine Pronomen oder neutrale Pronomen wie im Englischen they/them/their oder ganz eigene.

Cis Personen hingegen fühlen sich größtenteils mit dem bei Geburt zugewiesenen Geschlecht im Einklang. Der Begriff *cis* bedeutet im Lateinischen »diesseits« zur Abgrenzung von *trans** (lateinisch für »jenseits«).

Trans* Personen, die sich als *nicht-binär* oder *nonbinary* identifizieren, finden sich nicht gut in der Zwei-Geschlechter-Zuordnung von männlich oder weiblich repräsentiert. Sie können sich als mehrgeschlechtlich (genderqueer), geschlechtslos (agender) und/oder wechselnd (genderfluid) in ihrem Geschlecht empfinden und ausdrücken.

Queere oder *genderqueere* Personen erleben sich einer Zwei-Geschlechter-Kategorie nicht zugehörig. Dazu können die kritische Infragestellung des Zwei-Geschlechter-Systems und der damit verbundenen Machtstrukturen gehören.

Den Begriff *»transsexuell«* verwenden wir im Sprachgebrauch nicht, da diese Bezeichnung historisch und teilweise noch heute in der Medizin und Psychologie psychopathologisierend im Sinne von »krank« geprägt wurde und wird. Zudem ist das Wort »sexuell« in der deutschen Sprache irreführend, da ein trans*geschlechtliches Erleben unabhängig von der sexuellen

Orientierung ist. Einige trans* Personen nutzen die Bezeichnung für sich, was wir in Anbetracht einer Selbstbeschreibung respektieren.

Die Begriffe *»intersexuell«* oder *inter** stehen für eine Vielzahl geschlechtlicher Variationen auf somatischer Ebene, zum Beispiel genetisch, hormonell, körperlich. Inter*geschlechtliche Personen haben auf körperlicher Ebene Merkmale, die sich im Zwei-Geschlechter-System nicht »eindeutig« den Kategorien »männlich« oder »weiblich« zuordnen lassen (Günther et al., 2021). Den Begriff »intersexuell« verwenden wir ebenfalls aufgrund der Pathologisierung nicht.

Die *sexuelle oder romantische Orientierung* beschreibt, in wen sich eine Person verliebt oder von wem sich eine Person sexuell angezogen fühlt. Dies kann zum Beispiel *heterosexuell, homosexuell, bisexuell, pansexuell* und/oder *asexuell* sein. Die sexuelle Orientierung kann sich im Laufe des Lebens wie auch im Rahmen eines Trans*coming-out oder einer Transition ändern oder aber gleichbleiben.

Als *Transition* bezeichnen wir den Prozess von trans* Kindern oder Jugendlichen vom Zuweisungsgeschlecht hin zum selbstbestimmten Geschlecht. Hierzu können Ausdrucksweisen (z. B. Kleidung, Haarschnitt), Coming-outs, körperliche Veränderungen (z. B. durch Hormontherapie) oder rechtliche Änderungen von Vornamen und Personenstand gehören.

Unter *Coming-outs* verstehen wir verschiedene Schritte der Selbstwahrnehmung (»innere« Coming-outs) sowie der Ausdrucksweisen und Mitteilungen (»äußere« Coming-outs) der erlebten geschlechtlichen Identität. Dabei handelt es sich häufig nicht um ein einmaliges Coming-out, sondern in bestimmten Situationen (z. B. Schulwechsel, Klassenfahrt) können wiederkehrend Fragen dazu auftauchen, ob ein Öffentlichmachen *(going public)* der trans*geschlechtlichen Identität notwendig, sinnvoll, erwünscht oder gefährlich ist.

Der Begriff *Passing* bedeutet »durchgehen als« und bezeichnet das Gesehen- oder Gelesen-Werden im gewünschten Identitätsgeschlecht, wobei auch hier wieder für die jeweilige Geschlechterrolle stereotype Annahmen prägend für ein vermeintlich mehr oder weniger gelungenes Passing sein können (Günther et al., 2021).

Der Begriff *stealth* bedeutet, dass eine trans* Person zwar ihr Trans*sein lebt, aber nicht nach außen geoutet ist (bzw. sich entschieden hat, das Trans*sein nur vertrauten Personen mitzuteilen) und somit in ihrer trans*geschlechtlichen Identität nicht sichtbar lebt und andere in der Annahme belässt, dass sie cis sei.

Wir nutzen den Begriff *Familie* in diesem Buch für vielfältige Lebensumfelder von Kindern und Jugendlichen und deren Bezugspersonen. Dies können Eltern von Kindern und Jugendlichen sein, wobei *Elternschaft* alle Personen in der Elternrolle einbezieht, unabhängig von Geschlecht und biologischer Abstammung (wie bei Adoptiv- und Pflegekindern), sowie alle Personen (z. B. bei Regenbogen-, Stieffamilien), die für das Aufwachsen von Kindern bzw. Jugendlichen Verantwortung übernehmen. Gleichermaßen können es auch Bezugspersonen in betreuten Einrichtungen (z. B. therapeutische Jugendwohngruppen) sein.

*Trans*negativität* und *Trans*feindlichkeit* verwenden wir für feindselige Strukturen und Haltungen gegenüber trans*geschlechtlichen Lebensweisen, aus denen diskriminierende, gewaltvolle oder ausgrenzende Handlungen entstehen. Damit nehmen wir die Perspektive derer ein, die durch diese Handlungen geschädigt werden. Umgangssprachlich ist der Begriff der *Trans*phobie* geläufiger, jedoch wird das Ausmaß von bewusst stattfindenden trans*feindlichen Handlungen mit dem Wortlaut der »Phobie« (Angst) nicht ausreichend sichtbar gemacht, sondern eher die Perspektive derer markiert, die letztlich trans*feindlich handeln.

Unter *Heteronormativität* verstehen wir die selbstverständliche und unreflektierte Annahme von heterosexuellen und geschlechternormativen Verhalten und Ausdrucksweisen sowie die Bewertung anderer Lebensweisen als »nicht normal« (Wolf & Meyer, 2017).

Geschlechtsinkongruenz beschreibt die Nichtübereinstimmung zwischen der selbstbestimmten Identität und dem bei der Geburt aufgrund bestimmter Körpermerkmale zugewiesenen Geschlecht.

Genderdysphorie/Geschlechtsdysphorie ist ein medizinisches Konzept, um das Leiden einer trans* Person in einem klinischen Verständnis zu erfassen und einen »krankheitswertigen« Leidensdruck zu beschreiben, der wiederum eine körperliche Behandlung rechtfertigen soll. Problematisch ist hierbei aus unserer Sicht, das individuelle Erleben mit einer als falsch erlebten Körperlichkeit und Umwelteinwirkungen wie zum Beispiel Diskriminierung, also einem Leiden an den gesellschaftlichen Umständen zusammenzuwerfen und damit die direkten und indirekten Gewalterfahrungen zu einer individuellen Diagnose zu verkürzen. Zudem schmälert dieses Konzept die Selbstbestimmung der Behandlungssuchenden, da der formulierte Behandlungswunsch und eine informierte Einwilligung als nicht ausreichend bewertet werden, sondern ein »Leiden« konstruiert werden muss.

Gendereuphorie hingegen ist ein Begriff aus dem Trans*aktivismus, der in Abgrenzung zu einer medizinischen und problemfokussierten Betrachtung die Freude, sich selbst verstanden zu haben – und mit diesem Wissen in der Öffentlichkeit sichtbar zu werden –, und den Stolz über das eigene So-Sein in den Mittelpunkt stellt (Beischel et al., 2022).

Ein*e *Psychiater*in* ist eine Person, die Medizin studiert hat. Nach der Genehmigung, den ärztlichen Heilkundeberuf eigenverantwortlich ausüben zu dürfen (Approbation) hat sie zusätzlich eine fachärztliche Ausbildung in Psychiatrie und Psychotherapie oder Kinder- und Jugendpsychiatrie und Psychotherapie absolviert. Sie kann nun psychiatrische Diagnosen stellen und psychiatrisch behandeln, dies beispielsweise durch medikamentöse Behandlungen. Aber sie hat auch die Möglichkeit, Patient*innen psychotherapeutisch zu begleiten, also durch die sogenannte sprechende Medizin.

Psychotherapie ist in Deutschland ein eigenständiger Heilberuf, der auch von nicht ärztlichen Personen ausgeübt wird. Für erwachsene Patient*innen stehen Psychologische Psychotherapeut*innen zur Verfügung. Der Begriff weist darauf hin, dass die Praktizierenden ein Studium der Psychologie abgeschlossen haben und anschließend eine mehrjährige Ausbildung mit anschließender Approbation durchlaufen haben. Psychologische Psychotherapeut*innen behandeln ausschließlich mit sprechender Medizin. Medikamente verschreiben können aktuell nur Ärzt*innen. Für Personen bis zum 21. Lebensjahr sind Kinder- und Jugendlichenpsychotherapeut*innen die Versorger*innen der Wahl. Sie haben zum Beispiel ein Psychologie- oder (Sozial-)Pädagogikstudium absolviert und analog zu den Psychologischen Psychotherapeut*innen über eine anschließende Ausbildung die Heilkundeerlaubnis (Approbation) erlangt.

Psychopathologisierung beschreibt alle Haltungen und Handlungen, die Verhaltensweisen, Wahrnehmungen, Empfindungen, Beziehungen, soziale Verhältnisse und bestimmte Körpermerkmale, insbesondere aus psychotherapeutischer/ärztlicher Sicht, für »krank« und »behandlungsbedürftig« erklären. Häufig werden Aspekte von Menschen pathologisiert, die nicht der mehrheitlichen gesellschaftlichen Norm entsprechen oder unerwünscht sind (z. B. Neurodiversität, Homosexualität oder Trans*identität).

Die *Approbation* ist die Zulassung, einen Heilkundeberuf wie Ärzt*in, Psychotherapeut*in oder auch Apotheker*in ausüben zu dürfen.

Neben den beschriebenen Heilkundeberufen wie Ärzt*in, Psychologische Psychotherapeut*in und Kinder- und Jugendlichenpsychotherapeut*in gibt es noch die *Heilpraktiker*innen*, die auch ohne Approbation psychotherapeutisch begleiten dürfen. Die anfallenden Kosten der Behandlung werden nicht von den gesetzlichen Krankenkassen finanziert. Hier können – anders als bei approbierten Psychotherapeut*innen – in der Regel keine wirksamen Stellungnahmen für geschlechtsangleichende Behandlungen angefordert werden, da diese nicht von den gesetzlichen Krankenkassen anerkannt werden.

3 Selbstverständnisse von trans* und nicht-binären Kindern und Jugendlichen

3.1 Selbstbeschreibungen

Aus unseren Erfahrungen präsentieren trans* und nicht-binäre Kinder und Jugendliche ganz unterschiedliche Erzählungen und Selbstbeschreibungen. Diese Vielfalt in den Begegnungen ist so wunderbar und spiegelt die Lebensrealität in all ihren Facetten wider. Das Selbstverständnis, mit dem Kinder und Jugendliche ihr trans*geschlechtliches Erleben beschreiben, die verschiedenen Möglichkeiten und Wege, die sie in ihrer Selbstfindung gehen, zeigen, dass es eben nicht *den* typischen oder untypischen »Verlauf« gibt – da es sich ja auch nicht um eine Krankheit handelt –, sondern eine unglaubliche Vielfalt, die auch überraschen kann.

Bei manchen Erzählungen und Selbstbeschreibungen von trans* Kindern und Jugendlichen können Eltern, Bezugspersonen, Erzieher*innen, Lehrer*innen, Fachkräfte etc. verunsichert sein, ob es *so* das »richtige« Trans*sein ist. Doch sind genau die unterschiedlichen Selbstbeschreibungen ein Abbild dessen, wie verschieden und individuell das menschliche Leben ist, sodass bestimmte »Schubladen« einfach nicht passend sind.

Schon in der Ausdrucksweise oder Begriffswahl *(Wording)* für das eigene Erleben können sich trans* und nicht-binäre Kinder unterschiedlich äußern. Die Selbstbeschreibungen hängen einerseits mit dem Entwicklungsalter, andererseits mit der Akzeptanz des Zuweisungsgeschlechts zusammen. So sagen Kinder beispielsweise: »Ich will ein Junge/Mädchen sein« oder »Ich bin ein Junge/Mädchen« oder »Ich will später mal ein*e Junge/Mann/Mädchen/Frau sein«. Manchmal äußern Kinder auch Fähigkeiten, die einem bestimmten Geschlecht zugeschrieben werden, zum Beispiel: »Ich will später auch mal Kinder kriegen (also im ›Bauch‹ haben).« Oft sind junge trans* Kinder noch davon überzeugt, dass ihnen beispielsweise ein Penis wachsen wird oder die Brüste nicht wachsen werden. Hin und wieder begegnen uns auch junge trans* Kinder, die sich den Penis abschneiden möchten. Bei einigen tritt erst mit der Pubertät und den damit einhergehenden unerwünschten körperlichen Veränderungen ein erschreckendes Gewahrwerden dessen ein, dass sich der Körper doch nicht in die gewünschte Richtung entwickelt. Dies kann mit der Erkenntnis verbunden sein, dass bisherige Versuche der Verdrängung nicht mehr helfen bzw. entlastende Strategien nicht mehr funktionieren. So kann es beispielsweise zu verzweifelten Wünschen trans*maskuliner Jugendlicher kommen, an Brustkrebs zu erkranken, in der Hoffnung, dass ihnen dann die Brüste abgenommen werden müssen.

Manche trans* Kinder und Jugendliche benötigen für ihre Selbstbeschreibung bestimmte Merkmale wie Name, Aussehen oder körperverändernde Maßnahmen. Für andere gibt es genauso ein ganz selbstverständliches So-Sein, das keiner besonderen Veränderungen und Erklärungen bedarf.

Wie sich trans* Kinder und Jugendliche in ihrer selbstbestimmten geschlechtlichen Identität präsentieren und zeigen, hängt oft von den jeweiligen Rahmenbedingung und der eingeschätzten Sicherheit ab, wie ihr Gegenüber bzw. das soziale Umfeld das trans*geschlechtliche Erleben und mögliche Behandlungswünsche respektieren werden. Das heißt: Kinder und Jugendliche schätzen sehr genau ab, ob eine Person sie akzeptiert und wie diese auf mögliche Offenbarungen reagieren wird.

Manche trans* Kinder haben schon sehr früh einen eigenen Namen für sich oder einen sogenannten Spitznamen, der geschlechtsneutral ist (wie »Sky« oder »River«) und somit eine Übergangslösung sein kann, bis eventuell ein neuer Name gefunden wird. Teilweise setzen sich Kinder und Jugendliche auch mit Eltern oder Geschwistern zusammen, um einen passenden Namen zu finden.

In den Identitätsbeschreibungen können sich wiederum ganz unterschiedliche Identitätsmodelle widerspiegeln. So können sich beispielsweise trans* Kinder und Jugendliche in einem Annäherungsprozess zu einem »cis« Geschlecht verstehen. Dieser Prozess kann eher gradlinig oder nicht linear verlaufen. So kann sich ein trans* Junge konsequent seinen Vorstellungen von Männlichkeit annähern. Jedoch kann er auch über ein nicht-binäres Probieren oder einen Versuch, noch einmal im Zuweisungsgeschlecht zu leben, zu seiner männlichen Identität kommen.

Andere Identitätsmodelle sind, Trans*sein als eine schon »immer« festgelegte oder bestehende Gegengeschlechtlichkeit zu sehen oder als eine Identität innerhalb eines Kontinuums von weiblich und männlich oder jenseits einer Annahme von männlich oder weiblich oder als etwas ganz Eigenes. Dabei können das Identitätserleben, die Selbstbeschreibungen, das Verhältnis zum Körper und zum Geschlechtsausdruck fluide sein. Es kann also Veränderungen geben, die aber nicht bedeuten, dass die jeweilige Person unsicher oder »nicht richtig trans*« ist.

Fallbeispiel

Jo kam erstmalig mit 16 Jahren in Begleitung der Mutter in die Sprechstunde und gab spontan an, dass er Unwohlsein mit dem weiblichen Zuweisungsgeschlecht verspüre. Jo war schon sozial transitioniert, das heißt geoutet, und wünschte sich männliche oder genderneutrale Pronomen zur Anrede. Jo trug maskuline weite Kleidung, um die geschlechtliche Zuordnung in eine für ihn angenehme Richtung hin zu beeinflussen. Seine Geschlechtsidentität sei nicht-binär und mehrheitlich auf dem männlichen Spektrum. Jo wünschte sich eine vermännlichende Hormonbehandlung. Seine Hoffnung war, dann besser als männlich gelesen zu werden. Im Verlauf der Testosteronbehandlung fühlte sich Jo zunehmend sicherer mit der Geschlechtsidentität und profitierte von der rückläufigen Geschlechtsinkongruenz. Weil er jetzt zuverlässiger männlich gelesen wurde, traute Jo sich nun, mit der sozialen Geschlechterrolle zu experimentieren, und trug beispielsweise immer öfter gemeinhin als feminin gelesene Kleidung. Diese stand nicht im Widerspruch zu seiner Geschlechtsidentität.

3.2 Selbsterleben im sozialen Umfeld

In den Erzählungen von trans* und nicht-binären Kindern und Jugendlichen hören wir immer wieder, dass sie lange Zeit mit einem Gefühl von »Anderssein« – »komisch«, »nicht zugehörig«, »falsch« oder »nicht richtig« zu sein – gelebt haben. Oft gibt es keine Worte für das eigene Empfinden, sodass diese Gefühle und Wahrnehmungen teilweise zur Verunsicherung geführt haben. Bei einigen kam es auch zu Einsamkeit – gerade bei solchen Erfahrungen und Erlebensweisen, sich nicht zu den Jungen zugehörig zu fühlen, aber auch nicht zu den Mädchen, mit den Jungen/Mädchen nicht mitspielen zu können oder zu wollen, weil es andere Interessen gibt (z. B. kein Interesse an Raufereien mit den Jungs oder kein Interesse, sich über Make-up auszutauschen). Häufig verstärkt sich das Gefühl der Nichtzugehörigkeit und Ausgrenzung mit zunehmender Geschlechterunterscheidung oder -trennung wie in der Schule, im Sport- und Schwimmunterricht oder im Sportverein. Nicht selten erleben trans* Kinder und Jugendliche in diesem Zusammenhang nicht nur ein inneres Gefühl der Nichtzugehörigkeit, sondern erfahren zudem Ausgrenzung und Ablehnung von anderen aufgrund ihres So-Seins. Dies wird als sehr belastend erlebt und kann zu sozialem Rückzug oder Vermeidungsverhalten bis hin zu körperlichen Beschwerden (z. B. Bauchschmerzen, Übelkeit, Kopfschmerzen) oder Kompensationsverhalten wie besonders angepasstem (»nicht auffallen«, »keine Angriffsfläche bieten«) oder leistungsorientiertem Verhalten führen. Somit kann sich das langanhaltende Gefühl von »Anderssein« auch auf andere Lebensbereiche auswirken.

Die Suche nach Worten und Erklärungen für das eigene Erleben kann zum einen ganz eigenständig erfolgen, indem im Internet über Suchmaschinen Fragen oder Wörter eingegeben werden, wie: »Bin ich lesbisch/schwul/bisexuell?« oder »falscher Körper« oder »Ich will ein Junge sein«. Manchmal erzählen trans* und nicht-binäre Kinder und Jugendliche, dass sie sich in bestimmten Beschreibungen oder medialen Bildern (z. B. finden trans* Jungen in medialen Darstellungen von femininen trans* Personen oder besonders überzeichneten Kunstfiguren kaum passende Identifikationsmodelle) gar nicht wiedererkennen, da diese nicht ihre eigene Lebensrealität (»normaler Alltag«) widerspiegeln oder eher Exotisierungen (im Sinne von übertrieben und klischeehaft) sind. Es kann aber auch ganz zufällige Begegnungen mit den zutreffenden Wörtern im Kontakt mit Freund*innen, in sozialen Medien, über Dokumentationen oder YouTube geben. Der Prozess der Selbsterkenntnis kann beispielsweise mit einem »Aha-Erlebnis« einhergehen und in der Folge eine intensive Auseinandersetzung mit dem Thema Trans* auslösen. Oft beschreiben Kinder und Jugendliche die innere Beschäftigung mit Fragen wie: »Ist es das?«, »Ist es das wirklich?«, »Wie kann ich das leben?«, »Wie sage ich es meinen Eltern?« Mit der Selbsterkenntnis kann es auch zu dem Zwiespalt kommen, einerseits erleichtert und froh zu sein, endlich zu wissen, was es ist, Worte dafür zu haben, aber andererseits auch erschrocken darüber zu sein, verbunden mit der Sorge, als »komisch« oder »Freak« angesehen zu werden, bzw. darüber, was die anderen denken könnten.

Wie wir alle sind auch trans* und nicht-binäre Kinder und Jugendliche mit geschlechterstereotypen Rollenerwartungen konfrontiert. Sie bekommen diese Rollenerwartungen schon früh vermittelt und wissen häufig sehr genau, was von ihnen erwartet wird bzw. welche Verhaltens- und Ausdrucksweisen erwünscht sind und welche weniger. So können Kinder schon sehr früh im Sinne einer »Gegenprobe« bestimmte Rollenmuster beobachten und sich

»abschauen«. Fühlen sich Kinder und Jugendliche in bestimmten sozialen Kontexten sicher, können sie sich in ihrem individuellen geschlechtlichen Erleben ausprobieren und ausdrücken oder ihre ganz eigene Rolle entwickeln. Biografische Schwellensituationen, wie ein Klassen- oder Schulwechsel, können durch den Verlust des sicheren Umfeldes zur Verunsicherung beitragen. Teilweise berichten Kinder- und Jugendliche davon, sich den Rollenerwartungen anzupassen, um dazuzugehören oder nicht aufzufallen und damit Diskriminierungen zu entgehen. Nicht wenige versuchen, doch noch im Zuweisungsgeschlecht zurechtzukommen, indem sie sich noch einmal richtig bemühen. Häufig stellt sich nach einer mehr oder weniger langen Zeit doch das Gefühl und die Erfahrung ein, dass sich eine zunehmende Klarheit hinsichtlich der eigenen geschlechtlichen Identität entwickelt und das Wissen darum, was sich passend und stimmig anfühlt. Mit der Erkenntnis taucht häufig die Frage auf, wie die eigene trans* Identität gelebt werden will und kann. Das kann sich sowohl in Näherungsversuchen zu einem trans*geschlechtlichen Erleben ausdrücken als auch in einem Hin- und Herpendeln oder in einer Orientierung an Klischees. Das Abweichen von Klischees oder Stereotypen kann als schwieriger erlebt werden, weil über die Darstellung von Klischees häufig eine Gruppenzugehörigkeit ausgedrückt und manifestiert wird.

Hinsichtlich der Transition, also dem inneren Gewahrsein und Bewusstwerden der selbstbestimmten Identität und dem Ausdruck dieser im Rahmen der sozialen Transition kann es ganz unterschiedliche zeitliche Verläufe geben. Diese richten sich nach den individuellen Bedürfnissen des Kindes, sind ebenso durch die schon erwähnten strukturellen Schwellensituationen (z. B. Einschulung, Klassenwechsel, Umzug) sowie ein mehr oder weniger akzeptierendes soziales Umfeld beeinflusst.

Das Coming-out (Kapitel 6.1) kann etappenweise erfolgen, zum einen können sich trans* Kinder und Jugendliche für sich ausprobieren, zum anderen »tasten« sie ihr Umfeld darauf hin ab, wie es mit dem »Anderssein« umgeht und ob es eine Akzeptanz ihres Trans*seins gibt.

3.3 Bedeutung von Internet und sozialen Medien

Nicht selten erfolgt die Suche nach der Einordnung des eigenen Erlebens über das Internet. Für viele ist das eine hilfreiche Möglichkeit, unkompliziert und schnell an Informationen zu gelangen und sich mit anderen trans* Personen auszutauschen. Zudem ist in Kitas und Schulen geschlechtliche

Vielfalt noch zu selten Thema, sodass auch hier eine Sichtbarkeit und Offenheit hinsichtlich der Trans*geschlechtlichkeit fehlt.

Über YouTube oder soziale Medien können Kinder und Jugendliche anderen trans* Personen folgen, sich über Transitionsschritte informieren und diese erklären lassen sowie trans* Personen sehen, die schon an einem anderen Punkt ihrer Transition stehen und vielleicht Bestätigung für ihren eigenen Weg erfahren.

Häufig nutzen trans* Kinder und Jugendliche in Online-Spielen, Discords oder Foren und Chats erste frei gewählte Namen und Pronomen oder Avatare, sodass sie im Internet teilweise schon viel früher in ihrem Identitätsgeschlecht auftreten oder sich ausprobieren. Dieser Probierraum ist für die Entwicklung der eigenen Identität ausgesprochen wichtig, da trans* und nicht-binäre Kinder und Jugendliche in ihrem sozialen Umfeld häufig keine für sich passende Rollenvorbilder und Lebenswelten zur Verfügung haben. Zudem haben sie für ihr nicht geschlechtertypisches Auftreten und Verhalten vielfach schon abwertende oder kritische Äußerungen erfahren (z. B. »Zieh dich doch mal wie ein richtiges Mädchen an!« oder »Jungen tragen keinen Nagellack.«), sodass sie sich in der virtuellen Welt freier und unbefangener bewegen können. Hier können sie entscheiden, wann und wo sie ihre Stimme oder ihr Äußeres preisgeben. Teilweise erfahren sie dabei auch erste Anerkennung in ihrer selbstbestimmten Identität.

Manchmal kann es auch zu einem Rückzug in die virtuelle Welt kommen, in der trans* Kinder und Jugendliche einen sicheren Schutzraum gefunden haben, der in der Realität eventuell nicht existiert. Für viele ist dieser Schutzraum eine wichtige Überlebensstrategie, insbesondere wenn sie in sozialen Situationen (wie in der Schule) massivem Mobbing, Diskriminierung und Gewalt ausgesetzt sind (Kapitel 9.1). Häufig reden Kinder und Jugendliche nicht mit ihren Eltern darüber. Dafür kann es unterschiedliche Gründe geben. Oft ist Diskriminierungserleben schambesetzt, und das Sprechen darüber würde ein noch nicht geoutetes Trans*sein öffentlich machen. Des Weiteren können Kinder das Bedürfnis spüren, ihre belasteten Eltern zu schützen, indem sie ihnen nicht noch eine »Last« aufbürden.

So hilfreich der Zugang über das Internet ist, so besteht auch die Gefahr, dass unseriöse und nicht altersgerechte Informationen auftauchen sowie das Risiko, sexualisierter Gewalt ausgesetzt zu sein. Daher sollten sorgeberechtigte Personen die Internetaktivität ihrer Kinder im Blick haben und über die Gefahren aufklären. So können bei Kindern entsprechende Filter aktiviert werden, bei jüngeren Jugendlichen kann hin und wieder ge meinsam gesurft werden und bei älteren Jugendlichen direkt das Gespräch gesucht werden. Dabei sollte das Recht auf Privatsphäre gewahrt werden.

Beim Thema Internet möchten wir auf den in den Medien oft verwendeten Mythos der »sozialen Ansteckung« eingehen. Hier konstruieren einige selbstberufene Fachleute, dass sich ein trans*geschlechtliches Erleben allein durch eine soziale Übertragung aus der Suche nach Informationen über Transition im Internet entwickeln könne – ein Argument, das wiederum von populistischer Seite instrumentalisiert wird. Diese Aussage ist unwissenschaftlich (Nichols, 2020). Vielmehr sehen wir hier die Not von trans* Kindern und Jugendlichen, dass sie genau auf diese Informationen und Kontakte im Internet zurückgreifen müssen und sich dort intensiv damit beschäftigen, weil es eben in ihrer Lebensrealität kaum Vorbilder oder Rollenbilder für ihr eigenes geschlechtliches Identitätsempfinden gibt, wohingegen cis Kinder und Jugendliche überall in Filmen, Büchern, Werbung, Familien, Schulen etc. Vorbilder zum Abgleich mit ihrem Geschlechtsidentitätserleben finden können.

3.4 Trans* Jugendliche in romantischen und intimen Beziehungen

Vielen trans* und nicht-binären Jugendlichen gelingt es sehr gut, sich auf Beziehungen, intime oder romantische Kontakte einzulassen, auch wenn sie mit sich selbst teilweise hoch unsicher sind. Dabei scheint es ihnen zu gelingen, Intimität oder Sexualität so zu gestalten, dass sie ihre eigenen Bedürfnisse und Grenzen gut wahrnehmen und äußern können (Kapitel 6.5). Hier spielt häufig ein*e »beste*r Freund*in« eine große Rolle dabei, Erfahrungen auszutauschen, sich auszuprobieren und Nähe gestalten zu können.

Trotzdem gibt es eine Vielzahl von trans* Jugendlichen, die große Schwierigkeiten mit bestimmten Körperregionen oder körperlichen Merkmalen haben, die zu einem starken dysphorischen Erleben führen können, wodurch der Zugang zum eigenen Körper teilweise durch Selbsthass oder Ekel erschwert ist. Dadurch können der Kontakt zu anderen, körperliche Nähe und Berührungen von anderen als unangenehm erlebt werden oder gar unmöglich sein. Manche trans* Personen entscheiden sich, zeitweise oder dauerhaft asexuell zu leben und eventuell in romantischen Beziehungen Nähe und Vertrautheit zuzulassen (Günther et al., 2021).

Die sexuelle Aufklärung erfolgt in vielen Bereichen häufig noch sehr hetero- und cis-normativ, sodass der Zugang zu Informationen über sexuelle Vielfalt und Orientierung erschwert ist. Diese Lücke wird häufig über Online-Medien geschlossen, in denen es wiederum zahlreiche Informationen gibt.

Für den Austausch mit trans* Jugendlichen wollen wir noch einmal betonen, dass die Geschlechtsidentität erst einmal nichts über die Sexualität aussagt und umgekehrt. Deshalb ist es auch nicht notwendig, irgendeine Form von Sexualität zu leben, um eine Trans*identität zu bestätigen oder zu widerlegen. Solche in der Praxis noch häufig gestellten Forderungen sind fachlich falsch und menschenrechtsverletzend. Jedoch erfahren jenseits von solchen Zwängen manche trans* Jugendliche mehr über ihr Trans*sein, indem sie ihre Sexualität leben.

Fallbeispiel

Eine sich als weiblich vorstellende, 14-jährige Patientin kam gemeinsam mit ihren Eltern zum Erstgespräch. Saskia empfinde seit Beginn des Stimmbruchs psychologischen Stress aufgrund der maskulinen Stimmfarbe. Sie wünsche sich eine geschlechtsangleichende Hormonbehandlung oder zumindest eine Unterdrückung der aktuell stattfindenden Pubertätsentwicklung. Sie nehme die zunehmende Vermännlichung sehr negativ wahr und erlebe zunehmend Diskriminierung in der Schule. Sie sei doch kein »richtiges Mädchen«, werde ihr dort entgegnet. Sie sei schon in einem anderen Zentrum für trans* Jugendliche gesehen worden. Die vorherige Therapeutin habe sich gegen die sogenannten Blocker ausgesprochen und stattdessen empfohlen, erst einmal die Pubertät zu durchleben und sexuelle Erfahrungen im Zuweisungsgeschlecht zu machen. Das würde im Verlauf weitere Klarheit über Transsexualität generieren. Die Therapeutin habe ihr zusätzlich empfohlen, mit Mädchen intim zu werden, obwohl Saskia ihr klar berichtet habe, sie hätte, wenn überhaupt, ein Interesse an Jungen. Eigentlich wolle sie auch mit niemandem Sex haben. Sie verstehe nicht, was es mit ihrer Sexualität zu tun habe. Sie fühle sich in ihrer sexuellen Selbstbestimmung beeinträchtigt und habe das Gefühl, zu sexuellen Erfahrungen genötigt zu werden, da sie ansonsten keine Behandlung bekomme. Der Stimmbruch sei schon irreversibel, und wenn ihr Kreuz noch breiter würde und der Bartwuchs voranschreite, wisse sie nicht mehr weiter.

Im Rahmen der Identitätsentwicklung können sich Einstellungen zu romantischen und intimen Beziehungen wie auch das sexuelle Begehren oder der Begehrensstandpunkt ändern. Beispielsweise kann sich eine jugendliche Person mit weiblichem Zuweisungsgeschlecht zu Frauen hingezogen fühlen und sich zunächst als »lesbisch« labeln. Nach einem Trans*coming-out als maskulin kann sich die Person weiterhin zu Frauen hingezogen fühlen, sich aber jetzt hinsichtlich der sexuellen Orientierung als »hetero« verorten. Viele trans* Jugendliche berichten, dass so ein »Label« für sie selbst nicht passend gewesen sei, es damit jedoch eine erste Akzeptanz seitens des Umfeldes für nicht geschlechterstereotype Ausdrucksweisen gegeben habe.

Im Zusammenhang mit Selbstentwertungen vor dem Hintergrund verinnerlichter trans*feindlicher Haltungen und möglicher Unsicherheiten bzw. dem Wunsch nach Bestätigung in der selbstbestimmten Identität kann es zu ungesunden und schädigenden Kontakten kommen, indem zum Beispiel trans* Jugendliche ihre persönlichen Grenzen und Bedürfnisse nicht gut kommunizieren und deutlich machen können. Hier sollten trans* Jugendliche in ihren Selbstbehauptungskompetenzen (das heißt: Rechte, Gefühle und Bedürfnisse effektiv und selbstbewusst ausdrücken zu können) bestärkt und eine mögliche internalisierte Trans*feindlichkeit reflektiert werden. Dies kann beispielsweise im Rahmen einer beraterischen oder psychotherapeutischen Begleitung erfolgen sowie im Austausch mit anderen trans* Personen.

4 Psychologische Verstehensversuche

4.1 Geschichtlicher Hintergrund der Psychopathologisierung von Trans*geschlechtlichkeit

Im Laufe der menschlichen Zivilisation gab es immer wieder kulturelle Konzepte zur Teilhabe genderqueerer, inter*geschlechtlicher und homosexueller Personen. Die Hijra (Scobey-Thal, 2014) in Indien sind nur ein Beispiel bis heute bestehender Rollenmodelle jenseits der starren zweigeschlechtlichen Ordnung. Heute würden wir diese Personen vielleicht als trans*weiblich lesen. Historisch wurden queere Lebensweisen durch verschiedene Ideologien – wie Ein-Gott-Religionen – immer wieder benachteiligt und bekämpft. Die Kolonialisierung importierte queerfeindliches Gedankengut dann in die ganze Welt. Dies wirkt bis heute nach. Wie Milton Diamond, Professor für Anatomie und reproduktive Medizin, einmal sinngemäß sagte: *Die Natur liebt Diversität, die Gesellschaft hasst sie!* Diese negative Einordnung beeinflusste lange auch, wie queere Personen in der Medizin bewertet und behandelt wurden.

*Inter*geschlechtliche* Personen sind aufgrund ihrer Chromosomen, ihrer Genitalien oder ihrer Hormone nicht eindeutig der vorherrschenden männlichen bzw. weiblichen Körpernorm zuzuordnen. Inter*geschlechtliche Personen repräsentieren somit das Spektrum zwischen dem männlichen und weiblichen Körpergeschlecht. Sie wurden früher Zwitter oder Hermaphrodit genannt. Heute können sich viele inter* Personen nicht mit diesen Begriffen identifizieren oder lehnen diese sogar ab. In der Medizin wurde bis vor Kurzem Inter*geschlechtlichkeit durch Operationen unsichtbar gemacht. Inter* Personen wurden in diese Behandlungen häufig nicht mit einbezogen. Meist waren sie noch Babys und konnten noch nicht gefragt werden, ob sie das möchten. Seit Mai 2021 gibt es ein entsprechendes Gesetz (BGB, 2021) das Personen vor solchen ungefragten Eingriffen schützen soll.

Homosexuelle Personen lieben gleichgeschlechtlich. Eine Frau fühlt sich beispielsweise intellektuell, körperlich oder romantisch von einer anderen Frau angezogen und möchte vielleicht eine Beziehung mit einer Frau führen. In der Medizin und der Psychologie gab es neben dem oben genannten Dogma der ausschließlichen Zweigeschlechtlichkeit auch eines darüber, wer wen lieben darf. Menschen sollten dabei nur gegengeschlechtlich lieben. Ziel war eine heteronormative Beziehung, aus der bestenfalls Kinder entstehen.

Gleichgeschlechtlich zu begehren wurde zunächst kriminalisiert und später pathologisiert. Die romantische Dimension von Homosexualität wurde von der Medizin ignoriert (Krell & Oldemeier, 2017). Erst 1991 wurde Homosexualität von der Weltgesundheitsorganisation (WHO) offiziell aus dem Katalog der Krankheiten gestrichen. Es war jedoch weiterhin möglich, sogenannte Konversionsbehandlungen durchzuführen. So sollte eine sexuelle Hinwendung zum anderen Geschlecht erreicht oder zumindest homosexuelles Verhalten unterbunden werden. Die Techniken führten nicht zum gewünschten Ergebnis. Die Praxis verschärfte die soziale Ächtung und strafrechtliche Verfolgung der Personengruppe. Konversionsbehandlungen schaden nachhaltig der seelischen Gesundheit und sind seit Mai 2020 verboten (KonvBG, 2020).

*Trans** Personen ist bei Geburt aufgrund ihres Körpers ein binäres Geschlecht zugewiesen worden, das jedoch nicht zu ihrer Geschlechtsidentität passt. Trans* zu sein galt lange als krank und abnorm. In der Psychologie und Medizin wurde dieser Zustand *Transsexualismus* genannt und als eine Persönlichkeits- und Verhaltensstörung eingeordnet (Dilling et al., 2015). Auch für trans* Personen gab und gibt es Konversionsversuche. Hier wird versucht, eine »Aussöhnung« mit dem Zuweisungsgeschlecht zu erreichen. Wissenschaftliche Studien haben gezeigt, dass diese Behandlungen einen großen Schaden für die seelische Gesundheit herbeiführen. Insbesondere vorpubertäre Kinder, die solchen Konversionsversuchen ausgesetzt waren, hatten ein erhöhtes Risiko für lebenslange Suizidalität (Turban et al., 2020).

Für solche Behandlungsansätze werden immer noch psychologische Konzepte entwickelt, die erklären wollen, warum eine Person trans* geworden sei. Die Annahmen beruhen auf Vorurteilen gegenüber trans* Personen. Sie gehen beispielsweise davon aus, dass eine homosexuelle Entwicklung abgewehrt werden solle oder aufgrund von traumatischen Erfahrungen Weiblich-Sein mit Stress verbunden werde (Gunther et al., 2021).

Solche Sichtweisen und das defizitäre Verständnis von trans* als psychische Erkrankung lösen sich womöglich erst im Laufe der Zeit auf, sodass es immer noch vereinzelt Fachpersonen gibt, die trans* weiter als krankheitswertigen Lösungsversuch oder sogar als Trend sehen wollen. Unser politisches System lässt solche Einzelmeinungen zu. Das Grundgesetz toleriert auch unwissenschaftliche, diskriminierende oder irreführende Meinungen. Jedoch sollten Eltern solche unwissenschaftlichen Haltungen nicht zulassen und für ihr Kind eine fachgerechte Versorgung einfordern (siehe Kapitel 10.1).

Durch das Bemühen von Wissenschaftler*innen, Menschenrechtler*innen und insbesondere Trans*verbänden war es möglich, trans* ähnlich wie in den 1990er Jahren Homosexualität zu entpathologisieren. Das heißt, es wurde offiziell von der Weltgesundheitsorganisation festgestellt, dass trans* zu sein »normal« bzw. »gesund« ist. Bei einigen Personen bedarf es allerdings körpermodifizierender Behandlungen in Form von Hormonbehandlungen oder Operationen, um die Gesundheit positiv zu beeinflussen.

Heute wissen wir, dass starre Kategorien wie »Frauen sind so« und »Männer sind so« nicht hilfreich sind. Das gilt auch für trans* Personen.

Abb. 1: Gender-Unicorn (Trans Student Educational Resources, 2015)

Geschlecht setzt sich dabei aus mehreren Dimensionen zusammen. Diese entwickeln sich unabhängig voneinander, befinden sich jeweils auf einem Spektrum und können unterschiedlich ausgeprägt sein (Abb. 1).

In der Psychologie und in der Medizin ging man lange davon aus, dass die Dimensionen nicht unabhängig voneinander existieren. Hier galt das Primat der Zweigeschlechtlichkeit. Einfach gesagt: Es gab nur Männer und Frauen. Dazu wurde erwartet, dass sich jede Person entsprechend ihres Geschlechtes verhält: Ein Mädchen spielt beispielsweise mit Puppen und ein Junge mit Autos. Das war der »gesunde« Zustand. Alles, was dieser Norm nicht entsprach, war dieser Logik nach »krank«. Es gab weitere starre Verknüpfungen: Eine Geschlechtsidentität entwickelt sich entsprechend der Genitalien, und Menschen im »gesunden« Zustand lieben und begehren ausschließlich gegengeschlechtlich.

Heute sind Psychologie und Medizin darum bemüht, queere Personen mit ihren Lebensrealitäten sowie ihren spezifischen Gesundheitsbedürfnissen besser zu verstehen. Dies verdanken wir unter anderem auch vielen queeren Menschen selbst. Sie und ihre Verbündeten arbeiten und forschen heute sichtbarer denn je in Psychologie, Medizin, Soziologie, Gesundheitswissenschaften, Gender Studies, Pädagogik, sozialer Arbeit usw.

4.2 Diagnostizieren versus Selbstauskunft

Beeinflusst durch Forschung zu trans* Personen und ihren spezifischen Gesundheitsbedürfnissen ist eine neue Diagnose entwickelt worden. Sie soll sicherstellen, dass auch weiterhin der Zugang zu medizinischen Maßnahmen möglich ist. Die neue diagnostische Einordnung für trans* Personen heißt *Geschlechtsinkongruenz im Jugend- und Erwachsenenalter bzw. Geschlechtsinkongruenz im Kindesalter* und wird nicht mehr als psychische Erkrankung missverstanden (Romer & Lempp, 2022). Ein weiterer Ansatz besteht in dem etwas älteren Verständnis von Trans*geschlechtlichkeit in der Einordnung als *Geschlechtsdysphorie*. Er versucht, das Leiden am Zuweisungsgeschlecht als sicheres Merkmal eines trans*geschlechtlichen Erlebens zu erfassen.

Das einzige sichere Merkmal für trans* ist jedoch die Selbstauskunft. Trans*sein kann nicht durch einen diagnostischen Fragebogen ermittelt werden. Das Ausfüllen von Fragebögen, um ausschließlich hierdurch die Diagnose *Geschlechtsinkongruenz* vergeben zu können, ist unwissenschaft lich. Es gibt kein Messinstrument, das feststellen kann, ob eine Person trans* ist (Güldenring, 2013).

Bei der Selbstauskunft geht es darum, die individuelle Lebensgeschichte zu verstehen und dabei zu erfahren, welche Überlegungen, Erfahrungen, Erkenntnisse und Gewissheiten über die eigene geschlechtliche Identität schon gewonnen wurden sowie welche Unsicherheiten und offenen Fragen noch bestehen. Ein solches Gespräch erfordert Vertrauen in die Kompetenz des jungen Menschen und in dessen Selbsteinschätzung. Diagnostizierende Personen können dabei nichts im Sinne einer Fremdeinschätzung prüfen, messen oder ausschließen.

Auch wenn es bei Behandler*innen ein Verständnis darüber gibt, dass Fragebögen und Messinstrumente nicht hilfreich sind, können sie trotzdem unsicher sein und versuchen manchmal aus Angaben der jungen Menschen oder Eltern Informationen herauszuhören, die eine »sichere« Trans*geschlechtlichkeit bestätigen oder widerlegen sollen. Es wird wieder nach psychologischen Gründen für die trans* Identität gesucht, und es wird eine möglichst weit zurückreichende und eindeutige Erzählung erwartet.

Weil die neue Sicht auf trans* so stark von der alten Einschätzung abweicht, sprechen Fachleute auch von einem Paradigmenwechsel (Meyenburg, 2019). Manchmal führt die Schwierigkeit, diesen Paradigmenwechsel zu vollziehen, bei Behandler*innen zu eigenwilligen Annahmen.

Angelehnt an die Resolution der amerikanischen Psychologischen Vereinigung zur Behandlung homosexueller Klient*innen (APA, 2021), schätzen wir ein, dass Konversionsbemühungen beginnen, wenn Hypothesen über die Ursachen der Geschlechtsidentität entwickelt werden. Denn nur wenn trans* nicht als normal und gesund anerkannt wird, ist ein Konzept für Ursachen notwendig.

4.3 Trans*geschlechtlichkeit und psychische Belastungen

Ein trauriger Fakt ist es, dass trans* Personen häufiger als andere Personen von seelischen Erkrankungen betroffen sind. Sie leiden dreimal häufiger an depressiven Erkrankungen, haben ein stark erhöhtes Risiko, Angststörungen oder Suizidgedanken zu entwickeln. Sie verletzen sich häufiger selbst und haben öfter Essstörungen als Gleichaltrige. Auch die Zugehörigkeit zum Autismus-Spektrum (Nichols, 2020) scheint im klinischen Setting häufiger. Nicht selten treten viele dieser seelischen Beeinträchtigungen gemeinsam auf. Früher hat das bei Therapeut*innen oft zu der Annahme geführt, die Person sei psychisch außerordentlich belastet, ihre Persönlichkeit krank, und deswegen sei die Geschlechtsidentität »unsicher« oder gar entstanden, beispielsweise als Lösungsversuch für andere seelische Probleme. Das führte dazu, dass die seelischen Erkrankungen in der Hoffnung behandelt wurden, dass sich mit zunehmender Stabilisierung der Seele die Trans*identität wieder auflöse. Diese Einschätzung ist fachlich falsch und aus heutiger Perspektive auch trans*feindlich.

Heute wissen wir um die Mehrbelastungen, denen queere und insbesondere trans* Personen ausgesetzt sind. Diese werden als *Minderheitenstress* bezeichnet (Hendricks et al., 2012). Dazu gehören beispielsweise trans*spezifisches Mobbing, Gewalterfahrung aufgrund des Geschlechts oder auch das Infragestellen der Geschlechtsidentität oder Misgendern (Anrede mit unerwünschten Namen und Pronomen). Oft erleben trans* Personen so etwas zeitlebens und in allen Lebensbereichen. Dieser andauernde Stress kann zu seelischen Erkrankungen führen. So können Ängste, Selbstverletzungen oder Schuldistanz als eine Reaktion auf ein trans*feindliches Umfeld und unzureichend gute Erfahrungen mit Gleichaltrigen verstanden werden.

Auch negative Reaktionen der Bezugspersonen können sich auf die seelische Gesundheit und die Beziehung zum Körper auswirken. Diskriminierung, wie das Ablehnen der Geschlechtsidentität, stehen beispielsweise mit Körperunzufriedenheit in Zusammenhang (Tabaac et al., 2018). Im Einzelfall muss genau geschaut werden, ob und in welchem Umfang Diskriminierung und Stigmatisierung eine seelische Erkrankung, geringes Selbstwertgefühl oder Körperunzufriedenheit mit verursacht oder verschlimmert hat. Wenn aufgrund einer Aufmerksamkeitsstörung und schulischer Misserfolge beispielsweise schon der Selbstwert herabgesetzt war, kann Minderheitenstress den negativen Effekt noch verstärken. Eigenständige und von der Geschlechtsinkongruenz unabhängige Erkrankungen sollten je nach Krankheitsbild auch psychiatrisch, das heißt medikamentös, mit behandelt werden (Romer & Lempp, 2022).

Wenn eine trans* Person anhaltend solch einen äußeren Stress erlebt, besteht zudem das Risiko, das eigene Trans*sein und alles, was eine Person damit verbindet, negativ zu verinnerlichen. Das nennen wir dann verinnerlichte Trans*negativität (Wolf & Meyer, 2017). Trans* Kinder und Jugendliche zeigen so etwas häufig, indem sie sich selber abwerten, ihre Leistungen schlecht bewerten oder ihre Bedürfnisse zurückstellen. In diesem Fall existieren äußere und innere Belastungsfaktoren gleichzeitig. Eine trans*kompetente Psychotherapie sollte die Linderung solch einer internalisierten Negativität in den Fokus nehmen.

Dennoch haben trans* Jugendliche neben der seelischen Gesundheit zusätzlich einen erhöhten Gesundheitsbedarf im Bereich sexuelle und reproduktive Gesundheit. Beispielsweise haben einzelne Behandlungsschritte mitunter Auswirkungen auf die Fruchtbarkeit. Heranwachsende trans* Jugendliche stehen – wie alle Jugendlichen – vor der Herausforderung, ein gutes Selbstbewusstsein zu entwickeln. Die zusätzliche gesellschaftliche Stigmatisierung provoziert dabei bei vielen Schuld- und Schamgefühle in Bezug auf ihre Identität. Gleichzeitig besteht häufig Druck, den familiären, den alters- und auch den geschlechtsspezifischen Normen zu entsprechen wie erste Partnerschaften einzugehen. Viele erleben ihr Trans*sein als Stigma und versuchen es geheim zu halten. In intimen Beziehungen ist dies kaum möglich.

Trans*negative Erfahrungen können zu Selbststigmatisierung und selbstschädigendem Verhalten führen, was wiederum mit einem höheren Risiko für sexuell übertragbare Krankheiten einhergeht (WHO, 2015). So kann beispielsweise ein trans* Mädchen ungeschützten Sexualverkehr haben, weil sie sich selbst für wertlos hält oder sich nicht traut, Schutz einzufordern. Entwicklungsschritte wie die Aufnahme von romantischen Beziehungen sollten also insbesondere auf trans*spezifische Belastungen hin sensibel begleitet werden.

Die anhaltende Belastung durch Minderheitenstress, beispielsweise im privaten Umfeld oder im Gesundheitswesen, wird ebenfalls mit einem erhöhten Risiko für weitere stressassoziierte Erkrankungen in Verbindung gebracht. Dazu zählen Bluthochdruck, Rückenschmerzen, Asthma, Migräne und andere körperliche Erkrankungen (Kasprowski et al., 2021).

Abschließend ist an dieser Stelle noch zu würdigen, dass die allermeisten trans* Kinder und Jugendlichen zumeist ohne Trans*vorbilder oder ohne ein die Trans*entwicklung förderndes Umfeld auskommen mussten. Sie haben oft unter erschwerten Bedingungen ihre Trans*identität anerkennen, entwickeln und äußern müssen. Die hieraus häufig entstehende Belastbarkeit und Kompetenz sollte wertgeschätzt werden. Bei guter Unterstützung und Gewährleistung des Zugangs zu Behandlungen können trans* Jugendliche ein ganz selbstverständliches Leben führen.

4.4 Forschungsergebnisse zur Lebensqualität

Wissen zur Lebensqualität, besonders von minderjährigen, trans* Personen ist noch wenig vorhanden. Bisher war es aus psychologischer Perspektive schwierig einzuschätzen, ob bei Kindern vor ihrer Pubertät der Wunsch nach einem Rollenwechsel, einer sozialen Rollenerprobung unterstützt werden sollte. Begründet wurde die Zurückhaltung mit dem Verweis auf die bisher wichtigsten epidemiologischen Studien zur »Persistenz« (Andauern) von Trans*identität, die eine niedrige Persistenzrate bei Kindern bis ins Jugend- und junge Erwachsenenalter nahelegten. Es ging also um die Sorge, dass Kinder später mit höherer Wahrscheinlichkeit einen Rollenwechsel »zurück« machen müssten. Aktuelle Studien berichten jedoch von einer höheren Persistenzrate bei Minderjährigen und stellen die bisherige Zurückhaltung infrage. Darüber hinaus haben neuere Evaluationen (Beurteilungen) gezeigt, dass Kinder, die eine soziale Transition vollzogen haben, im Vergleich zu Kindern, die im Zuweisungsgeschlecht leben (mussten), weniger internalisierende Psychopathologie, zum Beispiel Depressionen, aufweisen (De Castro et al., 2022).

Viele Eltern empfinden den Behandlungswunsch ihres Kindes zunächst als einen Widerspruch zu ihrem elterlichen Bedürfnis. Sie wollen die körperliche Unversehrtheit des Kindes schützen. Es ist manchmal schwer, sich vorzustellen, dass eine Operation, die vielleicht Teile eines vermeintlich gesunden Körpers verändert, langfristig einen gesundheitlichen Nutzen hervorbringen soll. Gesundheit und insbesondere Trans*gesundheit bezieht sich dabei idealerweise auf den gesamten Menschen. Dazu gehören der Körper sowie die Seele. Körperliche Veränderungen können die Lebensqualität günstig beeinflussen (Meyer et al., 2020; De Vries et al., 2014).

Nicht von diesen Abwägungen zu trennen sind auch die gesellschaftlichen Teilhabechancen, weil auch ein soziales Eingebundensein die Gesundheit verbessert. Es geht darum, wie gut eine Person in der Schule zurechtkommt oder ob ausreichend gute Freundschaften bestehen. Dazu gehören beispielsweise auch Hobbys oder eine Vereinszugehörigkeit (siehe Kapitel 9.3). Ein trans* Junge hat vielleicht vor einer Mastektomie keine Möglichkeit, mit Freund*innen oder in der Schule schwimmen zu gehen oder Sport zu treiben, wenn das Unwohlsein mit den Geschlechtsmerkmalen Grund für die Vermeidung sozialer Kontakte ist. Das Gleiche gilt für trans* weibliche oder nicht-binäre Personen. Leidensdruck können auch Stimme oder Bartwuchs erzeugen, wenn dadurch das empfundene Geschlecht nicht gestärkt, sondern infrage gestellt wird. Eine soziale Isolation sorgt für eine zusätzliche Gesundheitsbelastung (Yadegarfard et al., 2014).

Die soziale Teilhabe meint auch, wie schwer oder leicht es ist, intime oder romantische Beziehungen zu führen. Hierbei ist das Zusammenspiel aus dem Gefühl der Selbstsicherheit, das sich aus der Zufriedenheit mit sich selbst speist, und den Erfahrungen, die in Beziehungen gemacht werden, bedeutsam. Geschlechtsangleichende Behandlungen können jungen trans* Personen dabei helfen, ihre sexuellen und romantischen Erfahrungen zu erweitern (Bungener et al., 2020).

Viele junge trans* Personen erhoffen sich durch eine Behandlung ein besseres Passing. Das führt bei vielen zu einem angenehmen Gefühl und auch zu mehr Selbstsicherheit und weniger Diskriminierung (Feigl et al., 2018). Insbesondere der Zugang zu körperlichen Behandlungen in einem frühen pubertären Stadium kann das Passing sehr günstig beeinflussen – wenn das gewünscht ist. Für viele trans* Jugendliche ist es entlastend, nicht so sichtbar als trans* Person zu sein. Sie werden so womöglich weniger misgendert und erleben im besten Fall weniger psychischen Stress (Göth, 2021). Viele spüren einen drängenden Wunsch, »ganz normal« zu sein und auch so behandelt zu werden.

Die Verweigerung einer geschlechtsangleichenden Behandlung trans* und genderqueerer Jugendlicher kann hingegen das Risiko von Stress und Suizidalität erhöhen und das Wohlbefinden verringern (Roberts, 2022). Diesen Erfahrungen entsprechend wird von der Weltgesundheitsorganisation eine sogenannte gender-affirmative Behandlung empfohlen (WHO, 2022b). Das meint sowohl die Akzeptanz der Geschlechtsidentität als auch das Bereitstellen einzelner medizinischer Maßnahmen, welche die empfundene und selbstbestimmte Geschlechtsidentität unterstützen sollen – wie zum Beispiel Hormonbehandlungen.

Eine zeitgemäße Herangehensweise richtet die Aufmerksamkeit auf spezifische Belastungsfaktoren und Schwellensituationen. Eigentlich beginnt nachvollziehbarerweise erst nach Zugang zu allen für die einzelne Person notwendigen Transitionsschritten die Heilungs- bzw. Erholungsphase. Unterm Strich sind insbesondere die elterliche bzw. soziale Unterstützung und Anerkennung maßgebliche Faktoren, die zu einer gesunden Entwicklung beitragen (Olson et al., 2016).

Fallbeispiel

Die nunmehr 16-jährige Patientin (Marie-Luise) kam in Begleitung ihrer Bezugserzieherin zum Erstgespräch. Sie berichtete von einer vorangegangenen »Odyssee«. Sie habe sich mit 13 Jahren das erste Mal um Therapie bemüht. Sie habe solche Angst gehabt in den Stimmbruch zu kommen und auch vom Körper her zu vermännlichen. Sie habe damals ein »super Passing« gehabt und sei in der Klasse als Mädchen angenommen gewesen. Die Schule sei auch ok damit umgegangen, und wenn sie misgendert worden sei, hätten die Mitschülerinnen oft die Lehrkräfte korrigiert. Zu Hause habe sie keine Unterstützung erfahren. Die Therapeutin habe ihr damals zurückgemeldet, sie könne keine psychischen Probleme bei ihr feststellen, weswegen sie nicht an eine Psychotherapie denke. Eine Indikation für eine Hormonbehandlung wollte die Therapeutin nicht ausstellen, da sie Angst gehabt habe, es könne sich vielleicht noch verwachsen und dafür wolle sie keine Verantwortung übernehmen.

Die Patientin ging in ihrer Verzweiflung zum Kinderarzt und suchte noch diverse Orte auf. Niemand wollte ihr einen Zugang zu medizinischer Behandlung ermöglichen und oft bekam sie zu hören, sie solle abwarten. Viele hätten schließlich in der Pubertät mit den Veränderungen des Körpers zu kämpfen. Die Patientin kam letztlich in den Stimmbruch und brach nervlich zusammen. Sie habe daher unter Suizidgedanken gelitten, sich selbst verletzt und sei nicht mehr regelmäßig in die Schule bzw. aus dem Haus gegangen. Im weiteren Verlauf sei sie, nach zwei vollstationären Aufenthalten in einer Kinder- und Jugendpsychiatrie, aus der Familie genommen worden. Sie lebe nun in einer queeren Wohngruppe und wünsche sich endlich Zugang zu einer Hormonbehandlung. Sie nehme Logopädie in Anspruch, um ihre Stimme wieder femininer klingen zu lassen. Im Rahmen der Wohngruppe habe sie sich Fertigkeiten angeeignet, um sich weniger selbst zu verletzen. Aktuell leide sie unter wiederkehrenden depressiven Episoden mit lebensmüden Gedanken.

4.5 Unseriöse Deutungen

Obwohl oder gerade weil Trans*sein nun offiziell von der Weltgesundheitsorganisation (WHO) entpsychopathologisiert wurde – also nicht mehr als psychische Krankheit oder als krankheitswertiger Lösungsversuch für psychische Probleme verstanden wird –, gibt es immer wieder Bemühungen, Trans*sein aus medizinischer Sicht in »echtes« und »nicht echtes« Trans*sein aufzuspalten. Dadurch soll die Macht des Diagnostizierens aufrechterhalten werden. Damit werden Unsicherheiten bei den trans* Personen selbst provoziert und ausgenutzt. Zur Stärkung solcher Positionen wird medienwirksam vor den neuen Entwicklungen gewarnt. In den USA schaffte es die gesellschaftliche Diskussion um mehr Rechte für trans* Personen 2014 auf das Cover des *Time Magazine*. Im Jahr 2022 sind die zivilen Rechte von trans* und queeren Personen dort in vielen Teilen wieder rückläufig. Das sogenannte »Don't say gay«-Gesetz (Goodrich, 2022) verbietet dabei Lehrkräften im Staat Florida, mit Kindern über queere Lebensrealitäten zu sprechen. In Texas werden Eltern, die ihre Kinder unterstützen, trans*spezifische Gesundheitsleistungen in Anspruch zu nehmen, kriminalisiert (Gordon, 2022). Das sind nur zwei Beispiele zahlreicher politischer Bemühungen, die Menschenrechte von trans* Personen und insbesondere Minderjährigen und ihren Eltern einzuschränken.

In Deutschland gibt es eine ähnliche Entwicklung, die sich mit der Ankündigung eines neuen Selbstbestimmungsgesetzes noch einmal zuzuspitzen scheint, wobei eine mediale Verzerrung ähnlich wie in den USA ihren Anteil hat (Nichols, 2020). Um den Anspruch der Heteronorm ideologisch zu untermauern, werden immer wieder negative Mythen reproduziert. Dabei werden häufig sogenannte Dammbruchargumente angeführt und Katastrophen herbeigeredet. Es wird der Teufel* an die Wand gemalt.

Beispielsweise wird die Bedrohung verbreitet: »Wenn Männer einfach so ihren Geschlechtseintrag wechseln, würden sie Schutzräume von Frauen wie öffentliche Toiletten oder Frauenhäuser gefährden.« Für solche Behauptungen gibt es keine Erfahrungswerte, auch nicht aus Staaten, die schon längere Zeit eine vergleichbare gesetzliche Regelung haben (z.B. Dänemark, Spanien, Portugal, Irland, Argentinien, Malta). Zudem werden hier zusammenhangslos Straftäter*innen mit trans* Personen in Verbindung gebracht. Tatsächlich nimmt gerade die Gewalt gegen trans* Personen stetig zu. Eine in unseren Augen besonders perfide Auswirkung hat solch eine Ideologie auf trans* und nicht-binäre Kinder und Jugendliche, die manchmal berichten, schon morgens vor der Schule nichts mehr zu trinken, um bis zur Heimkehr nicht auf eine öffentliche Toilette gehen zu müssen.

Eine weitere unseriöse Deutung steckt in der Warnung vor pubertätsverzögernden Wirkstoffen, den GnRH-Analoga. Diese bieten die Möglichkeit, die teilweise unumkehrbaren pubertären körperlichen Veränderungen aufzuhalten. Die unseriöse Deutung besteht darin, zu problematisieren, dass fast alle Jugendlichen, welche die Hormonblocker-Behandlung in Anspruch nehmen, später auch die gegengeschlechtlichen Hormone nutzen. Aus diesem Zusammenhang wird abgeleitet, dass die Pubertätsblocker die Trans*geschlechtlichkeit verstärken und aufrechterhalten. Damit wird den

Jugendlichen die Kompetenz, zu einer verantwortlichen Entscheidung und selbstbestimmten Identität zu gelangen, abgesprochen. Zudem liegt diesem Argument ein anhaltendes Krankheitsverständnis zugrunde, also die Annahme, dass es doch besser wäre, wenn das Trans*sein noch einmal wegginge. Ein wohlwollendes und gesundheitsorientiertes Verständnis dieses Zusammenhangs, also dass sich die Jugendlichen gut mit sich auseinandergesetzt haben, ein verständnisvolles Gegenüber dafür hatten und schon ihren ersten Schritt für die Blocker gut abgewogen haben, wird hier unterschlagen. Als weiteres Scheinargument wird auf die ausgebremste pubertäre Reifeentwicklung des Gehirns verwiesen, wenn eine Zeitlang die Sexualhormone geblockt werden (Mahfouda et al., 2017). Doch ist diese Reifeentwicklung von weiteren Faktoren abhängig und wird nachgeholt, sobald die gewünschten Sexualhormone wirksam werden (Romer & Lempp, 2022). Die Reifung geschieht unabhängig davon, durch welche Hormone sie anregt wird. Pubertätsblocker haben keine nachweislich schädigenden Auswirkungen auf körperliche und psychische Gesundheit (Kreukels & Cohen-Kettenis, 2011).

In der letzten Zeit wurde in der Fachöffentlichkeit, aber auch in den Medien diskutiert, dass in den Behandlungszentren und psychotherapeutischen Praxen augenscheinlich ein deutlich höherer Anteil von jungen Jugendlichen mit weiblichem Zuweisungsgeschlecht vorstellig wurde. Aus dieser Wahrnehmung wird hin und wieder abgeleitet, dass diese Jugendlichen nicht mit ihrer Weiblichkeit oder ihrem Lesbisch-Sein zurechtkommen und trans* zu sein als Lösungsversuch für ihre Probleme bzw. als eine »Mode« wählen. Zu der wahrgenommenen Häufung möchten wir anmerken, dass diese insbesondere dann deutlich wird, wenn man die anderen Altersgruppen nicht mit einbezieht. Die Zahlen der beiden Geschlechter gleichen sich an, umso älter die Jugendlichen werden (James et al., 2019). Damit wird deutlich, dass sich trans* Mädchen durchschnittlich etwas später outen. Dies kann damit erklärt werden, dass sie später in die Pubertät kommen, also ihre innere Not etwas später unerträglich wird. Hinzu kommt der Aspekt, dass ein weiblicher Geschlechtsausdruck bei »Jungen« stärker gesellschaftlich geächtet wird als umgekehrt (Krell & Oldemeier, 2017). In einfachen Worten: Wenn ein »Mädchen« mit Hose und kurzen Haaren in die Schule geht, erlebt es weniger negative Reaktionen als ein »Junge«, der mit Kleid zum Unterricht erscheint. Die Befürchtung solcher Ausgrenzung führt nicht selten zu einer weiteren Verzögerung eines Coming-out. Insgesamt outen sich trans* Jugendliche immer früher, da sie eher an Informationen kommen, die sie dazu ermutigen. Allerdings scheinen sie auch anfälliger für verinnerlichte Stigmatisierungen zu sein (Mizock & Mueser, 2014). Die irrtümliche Behauptung, dass Jugendliche mit ihrem trans*männlichen Coming-out ihre Probleme lösen wollten, verweist auf die große Unkenntnis bezüglich trans* Lebensrealitäten und der Innenperspektive von trans* Jugendlichen. Sehr viele Jugendliche und junge Erwachsene berichten uns davon, dass sie solche Gedanken schon lange probiert hatten, bewusst weibliche Rollenerwartungen erfüllt hatten, eine lesbische Identität erprobt hatten und selbst froh gewesen wären, »wenn es *nur das* gewesen wäre«. Hier wird deutlich, dass Jugendliche ihr trans*geschlechtliches Erleben selbst lange Zeit hinterfragen, bevor sie damit an die Öffentlichkeit gehen. Damit haben sie häufig schon verschiedene Lösungsansätze für ihre Probleme erprobt.

Eine weitere unseriöse bzw. für viele verletzende Behauptung ist, trans* als sogenannten »Trend« oder »Mode« zu sehen. Es ist zeitgemäß und wichtig, wenn eine individuelle und ergebnisoffene Auseinandersetzung mit Sexualität und Geschlecht selbstverständlicher Teil der Jugendkultur wird. Mit zunehmender gesellschaftlicher Akzeptanz wird es Kindern und Jugendlichen einfacher gemacht, sich selbst zu verstehen, zu akzeptieren, eine selbstbestimmte sexuelle und geschlechtliche Identität zu leben und bei Unsicherheiten Unterstützung in Anspruch zu nehmen. Daher ist es nicht angemessen und letztlich schädlich, ein trans*geschlechtliches Selbstverständnis als »Trend« oder »soziale Ansteckung« abzuwerten. Dies wird von den seriösen Forschungsaussagen (Nichols, 2020) auch nicht so eingeschätzt. Angesichts der vielen Belastungen, die trans* Kinder und Jugendliche rund um das Outing noch immer erleben, ist es vor dem Hintergrund unserer Erfahrungen nicht nachvollziehbar, dass sie dies aus einem »Trend« heraus auf sich nehmen würden.

Vor einiger Zeit ist eine Forscherin aber dieser Frage nachgegangen (Littman, 2018). Sie wollte über Informationen, die sie von Eltern gesammelt hat, prüfen, ob sich so eine soziale Ansteckung oder eine durch das Internet ausgelöste trans* Identität nachweisen lässt. Für ihre Studie hat sie ausschließlich Eltern befragt und konnte ihre These bestätigen. Allerdings fehlen die Aussagen der betroffenen Jugendlichen. Das wurde kritisiert (Restar, 2020), und die Ergebnisse werden heute fast ausschließlich für trans*negative Berichterstattungen verwendet.

Was hat sie der Kritik nach falsch gemacht? Zur Erklärung: Wenn wir Eltern nach der Entwicklung ihres Kindes fragen, hören wir, es habe die Idee aus dem Internet, oder eine »coole« Person sei trans* und ihr Kind deswegen jetzt auch. Stellen wir die Aussagen der Jugendlichen daneben, hören wir ganz andere Zusammenhänge heraus (Krell & Oldemeier, 2017) – zum Beispiel, dass sie im Internet mit der Frage recherchiert haben, ob sie wirklich trans* sind. Oder sie haben erst im Netz oder durch spontanes Kennenlernen einer trans* Person erfahren, dass es dies überhaupt gibt. Manche berichten, danach in einen regelrechten Selbsterkenntnisprozess geraten zu sein. Eltern bekommen – altersentsprechend aufgrund von Unsicherheit und Schamgefühlen – häufig nichts davon mit. Dieser Effekt gehört zum pubertären Aufwachsen und wird von vielen Familien berichtet.

Für die Forschung ist es wichtig, differenzierte Untersuchungsfragen zu formulieren. Immer häufiger werden daher trans* Wissenschaftler*innen in moderne Forschungskonzepte mit einbezogen. So sollen solche Fehler, wie unbewusste Vorurteile, vermieden werden. Durch die Reflexion der eigenen Haltung als Forschende und durch Hilfe aus Fachverbänden, wie beispielsweise dem Bundesverband Trans*, kann Trans*gesundheitsforschung heute und in Zukunft noch besser gestaltet werden. So wird mehr hilfreiches Wissen produziert. Davon werden die Psychologie, die Medizin und die künftigen Generationen von trans* Kindern profitieren.

Wir hören manchmal von Eltern, dass diese unseriösen Informationen sehr verunsichernd sein können. Das ist auch das Ziel dieser häufig verkürzten und reißerisch präsentierten Darstellungen. Daher empfehlen wir, sich hin und wieder mit anderen Eltern oder Berater*innen dazu auszutauschen, um die »alternativen Fakten« als solche gut zu erkennen.

4.6 Seriöse Informationsquellen

Wenn Familien nach Informationen suchen, sind sie häufig mit einer Fülle von teilweise widersprüchlichen Aussagen und Meinungen konfrontiert. Daher ist die Fähigkeit, gute Informationen zu erkennen, hilfreich.

Es existieren allgemeine Gütekriterien, anhand derer persönliche Meinungen von allgemeingültigen und nachgewiesenen Zusammenhängen unterschieden werden können. Sie gelten beispielsweise für wissenschaftliche Artikel oder Zeitschriften. Dabei sollen Quellenangaben für Behauptungen angegeben werden, damit diese nachvollziehbar sind und überprüft werden können. Nicht alle Personen sind jedoch darin geübt, wissenschaftliche Texte zu lesen und diese einzuschätzen.

Wir empfehlen beim Lesen eines Textes darauf zu achten, welche Leser*innen angesprochen und welche Interessen von den Autor*innen vertreten werden. Wenn im Text beispielsweise Erklärungsversuche für Trans*sein beschrieben werden, die diesen Zustand als krank oder als ungünstige Entwicklung erklären wollen, haben wir es mit fachlich falschen oder nicht zeitgemäßen Einschätzungen zu tun (Romer & Lempp, 2022). Wenn zusätzlich keine oder ältere Literaturquellen (z. B. aus den 1990er Jahren) angegeben sind, würde dies ebenfalls darauf hinweisen.

Folgende Fragen können bei der Einschätzung hilfreich sein:

- Ist der Text differenziert? Werden zum Beispiel Trans*lebenswege individuell dargestellt, und fühle ich mich mit meinen widersprüchlichen Gefühlen als Bezugsperson anerkannt?
- Wird der aktuelle Wissensstand einbezogen? Konkret heißt das im deutschsprachigen Raum: Wird auf die ICD-11[4] oder die medizinischen Leitlinien (Kapitel 10) verwiesen?
- Wird unter dem Paradigma der Entpathologisierung und Entstigmatisierung geschrieben?
- Wenn nicht, wird trans* als krankheitswertiger Zustand beschrieben, beispielsweise als krankheitswertiger Lösungsversuch für andere psychische Probleme?
- Werden normative und zweigeschlechtliche Narrative reproduziert? Oder gibt es auch nicht-binäre oder gendernonkonforme Geschlechtsidentitäten bzw. Rollenvorbilder?
- Beinhaltet der Text für mich und mein Kind stärkende, hilfreiche und beruhigende und Orientierung stiftende Informationen?

Letzten Endes ist das Prüfen eines Texts auf Seriosität eine – selbst für geübte Leser*innen – herausfordernde und nicht immer einfach zu lösende Aufgabe. Eigentlich müssten sie in vielerlei Hinsicht schon Expert*innen sein, um seriöse Quellen erkennen zu können.

4 Die ICD-11 ist die elfte Version der internationalen statistischen Klassifikation der Krankheiten und verwandter Gesundheitsprobleme, welche seit Januar 2022 gültig, aber in Deutschland noch nicht umgesetzt ist. Trans*geschlechtliches Erleben ist nicht mehr als »Transsexualismus« unter dem Kapitel der »Psychischen- und Verhaltensstörungen« pathologisiert, sondern in einem neuen Kapitel »Zustände in Bezug mit sexueller Gesundheit« unter *Geschlechtsinkongruenz* eingeordnet.

Bei anhaltender Unsicherheit empfehlen wir den Austausch mit Beratungsstellen und anderen Eltern von trans* Jugendlichen. Unsere Erfahrung zeigt, dass Eltern zumeist ein gutes Gefühl für ihr Kind haben und auf ihre Fürsorgekompetenz vertrauen können.

5 Ethische Perspektiven – Handeln versus Nicht-Handeln

Wir wollen in diesem Kapitel eingangs ethische Perspektiven aus der medizinethischen Fachliteratur darstellen, die von einem breiten Konsens getragen sind (Hädicke, 2023; Faissner et al., i. Dr.). Im Anschluss stellen wir Überlegungen zur praktischen Umsetzung an.

Der Begriff der Ethik kann hier so verstanden werden, Entscheidungen für oder gegen eine medizinische Behandlung so zu treffen, dass sie allen Beteiligten möglichst »guttun«, die persönlichen Rechte und Wünsche der Patient*innen dabei eine zentrale Bedeutung haben und eine große Sicherheit in der Entscheidung besteht.

5.1 Aussagen der medizinischen Fachliteratur

Im Folgenden werden Aussagen zu ethischen Überlegungen dargestellt und aus unserer Perspektive kommentiert. Drei wichtige Perspektiven wollen wir an den Anfang stellen:

Erstens wird betont, dass hinsichtlich der langfristigen Auswirkungen Nutzen und Schaden abgewogen werden sollen, die durch das Durchführen einer Behandlung und gleichermaßen durch deren Unterlassen entstehen. Ein Nicht-Behandeln ist keine neutrale Option.

> »Bei der Behandlung der GI/GD [Geschlechtsinkongruenz/Geschlechtsdysphorie] im Jugendalter müssen ethische Abwägungen von Nutzen und Schaden im Falle einer möglicherweise verfrüht ebenso wie einer zu spät indizierten somatomedizinischen Behandlung im Kontext der Adoleszenzentwicklung vorgenommen werden. Dabei geht es auch darum, mit bleibenden Ungewissheiten umzugehen« (Romer & Lempp, 2022, S. 315).

Zweitens sollen die unterschiedlichen Entwicklungsverläufe trans*geschlechtlichen Selbsterlebens so verstanden werden, dass eine dem individuellen Bedarf angepasste Versorgung stattfindet.

> »Körpermedizinische Maßnahmen sind zur Unterstützung einer sozialen Transition zwar nicht immer, jedoch bei den meisten Patienten mit GI [Geschlechtsinkongruenz] im Behandlungsverlauf sinnvoll und notwendig. Sie sind individualisiert zu indizieren. Starre Ablaufschemata hinsichtlich der Reihenfolge von Transitionsschritten und der Erfüllung vorgegebener Zeit- und Alterskriterien gelten für eine fachgerechte Indikationsstellung medizinischer Transitionsbehandlungen als überholt« (ebd., S. 310).

Drittens soll dabei eine Pathologisierung trans*geschlechtlichen Erlebens unbedingt verhindert werden.

> »Dieser Paradigmenwechsel erfordert ein grundlegendes Umdenken aller im Gesundheitswesen professionell Tätigen: frühere Annahmen, wonach eine vom zugewiesenen Geschlecht abweichende Geschlechtsidentität durch eine psychopathologische ›Fehlentwicklung‹ verursacht sein könnte, haben sich als wissenschaftlich nicht haltbar erwiesen. Der bisherige Begriff einer ›Störung der Geschlechtsidentität‹ war und ist für Trans-Personen diskriminierend und deshalb obsolet« (ebd.).

Wir verstehen diese Aussagen so, dass ein Handeln, also zum Beispiel ein Behandeln mit Pubertätsblockern oder geschlechtsangleichenden Hormonen, genauso schaden oder nutzen kann wie das Unterlassen solch einer Behandlung. Eine Nicht-Behandlung hat nicht weniger Wirkung als eine Behandlung. Damit gibt es keine Option, die irgendwie weniger »schlimm« wäre als die andere, und damit ist auch ein »Abwarten« keine neutrale Position. Da es immer um die ganz individuelle Lebenssituation der jugendlichen Person geht, kann man nicht argumentieren: »Diese Behandlung nützt.« oder »Diese Behandlung schadet.« – weil es eben immer um den Einzelfall geht. Die Erzählungen der Jugendlichen und ihrer Eltern sollen nicht mit dem Verständnis gehört werden, als gehe es um eine Erkrankung, sondern mit dem Interesse, die ganz individuelle Entwicklung zu verstehen, auch wenn es im ersten Moment für die zuhörende Person ungewöhnlich klingt. Es wäre also unethisch zu formulieren: »Dem Behandlungswunsch wird nicht entsprochen, weil ein untypischer oder ungewöhnlicher Verlauf vorliegt.«

Für die Notwendigkeit und den richtigen Zeitpunkt einer somatischen Behandlung sollen sich Therapeut*innen und Ärzt*innen einen umfangreichen Eindruck von der trans* Person verschaffen und Unterstützung im Reflexionsprozess anbieten. Dafür sollen sie alle Informationen zur Verfügung stellen, um eine selbstbestimmte Entscheidung – nach Möglichkeit im Co-Konsens zwischen Kind und Eltern – zu gewährleisten.

> »Entsprechend hängt die psychosoziale Bewältigung einer Transition im Jugendalter entscheidend von der Unterstützung durch die Eltern ab. Bei anhaltenden Akzeptanzproblemen der Eltern sollte im Interesse der Gesundheitsprognose der betreffenden Jugendlichen daher kein therapeutischer Aufwand gescheut werden, durch intensive Eltern- und Familienarbeit die Gründe für die Nichtakzeptanz zu explorieren und nach Möglichkeit aufzulösen« (ebd., S. 314).

Für die Therapeut*innen bedeutet besonders die Unterstützung im Reflexionsprozess eine gute Selbstreflexion, also zu überlegen und zu besprechen, wie sehr der Gedanke an geschlechtsbezogene körperliche Eingriffe das eigene Selbstverständnis berührt, ob es persönliche Ängste und Selbstunsicherheit gibt, da diese sich auch mit den Ängsten der Eltern vermischen würden. Bei der Zurverfügungstellung der Informationen soll darauf geachtet werden, dass sie ein junger Mensch gut verstehen kann. Es kann nicht einfach ein medizinischer Fachtext sein, sondern vielleicht ein Aufklärungsbuch direkt für Kinder und Jugendliche, Videos, Erzählungen von anderen trans* oder nicht-binären Jugendlichen bei (Online-)Gruppentreffen oder eine Trans*beratung.

Als grundlegendes Persönlichkeitsrecht für solch einen Entscheidungsprozess wird das Recht auf Selbstbestimmung über den eigenen Körper angenommen. Dieses gilt für alle medizinischen und psychotherapeutischen Interventionen. Diese unterliegen der Einwilligungserfordernis durch die minderjährige Person selbst oder im Falle ihrer Einwilligungsunfähigkeit den sorgeberechtigten Eltern (Hädicke, 2023). Das entspricht auch der 1992 von Deutschland ratifizierten UN-Kinderrechtskonvention.

Solche Aussagen helfen uns, immer wieder klar zu sehen, dass niemand anders als die trans* Person selbst entscheidet, ob sie eine Behandlung möchte oder nicht. Das ist besonders wichtig, wenn Ärzt*innen oder Therapeut*innen sagen, sie können die Verantwortung für eine solche Behandlung nicht übernehmen. Denn darum geht es nicht. Diese Verantwortung tragen sie nicht. Sie können aber die Verantwortung übernehmen, dass alle Informationen vorliegen und so vermittelt werden, dass die jugendliche trans* Person sie verstehen kann, darüber reden kann und damit selbst einwilligungsfähig ist.

Im Folgenden wird nun geschaut, was eine Einwilligungsfähigkeit bei Minderjährigen ausmacht und wie eine stellvertretende Einwilligung durch Sorgeberechtige möglich ist. Dabei wird in einwilligungsfähige und einwilligungsunfähige Minderjährige unterschieden.

Im Regelfall soll natürlich eine gemeinsame Entscheidungsfindung der Minderjährigen und ihrer Sorgeberechtigten stattfinden. Ob im Zweifelsfall eine einwilligungsfähige minderjährige Person solche Entscheidungen ohne Zustimmung der Eltern treffen kann, ist rechtlich zwar strittig, wobei aber die Argumentation, dass auch minderjährige einwilligungsfähige Jugendliche ein alleiniges Entscheidungsrecht haben, überwiegen. Ausgeschlossen soll sein, dass Eltern gegen den Willen ihrer einwilligungsfähigen Kinder handeln. Unter der Einwilligungsfähigkeit wird die Fähigkeit einer Person verstanden, Wesen, Bedeutung und Tragweite einer Handlung zu verstehen und ihren Willen danach zu bestimmen (Möller et al., 2018).

Um diesen Prozess der Willensbildung zu unterstützen, führen wir immer wieder Gespräche mit den Jugendlichen und ihren Eltern. Dabei beschreiben wir die Wirkungen einer Behandlung und tragen gemeinsam zusammen, was das für die Zukunft, zum Beispiel in der Schule, für das körperliche und psychische Wohlbefinden und für die Sexualität bedeuten kann.

Solch eine Fähigkeit umfasst gleichermaßen kognitive und emotionale Aspekte und kann nicht mit Intelligenz gleichgesetzt werden. Die individuelle Einwilligungsfähigkeit ist dabei immer von der jeweiligen Fragestellung abhängig, also in was für eine Behandlung gerade eingewilligt werden soll (ebd.).

Hier wird verdeutlicht, dass die Einwilligung in eine Behandlung zum Beispiel mit Pubertätsblockern – also eine komplett reversible Behandlung – eine andere individuelle Reife und Kompetenz erfordert als die Einwilligung in eine geschlechtsangleichende Hormonbehandlung mit teilweise unumkehrbaren Folgen.

Für die Einschätzung, ob eine individuelle Einwilligungsfähigkeit für die anstehende Behandlung besteht, gibt es keinen allgemeingültigen Maßstab. Es sollen wiederholte Gespräche erfolgen, unterstützt durch schriftliches Informations- und Aufklärungsmaterial. Dabei soll darauf geachtet werden, dass die Informationen verstanden werden, dass die minderjährige Person in der Lage ist, das Verstandene zu bewerten, also für sich abzuwägen, und auf dieser Grundlage eine nachvollziehbare Entscheidung zu treffen (Faissner et al., i. Dr.).

Aber auch Minderjährige, die (noch) nicht einwilligungsfähig sind, haben ein Recht auf Partizipation. Sie müssen in allen sie betreffenden Angelegenheiten gehört und entsprechend ihrem Alter und ihrer Reife berücksichtigt werden (Möller et al., 2018).

Hier denken wir auch an Minderjährige, die wegen einer Erkrankung, einer Entwicklungsverzögerung oder einer kognitiven Einschränkung nicht allein einwilligungsfähig sind. Gerade sie benötigen ein unterstützendes Umfeld und eine sorgfältige und passgenaue Wissensvermittlung. Ihre Willensäußerungen müssen sehr ernst genommen werden, weil gerade diese Jugendlichen nicht selten schon die Erfahrung gemacht haben, dass sie nicht für voll genommen werden und deswegen kaum noch versuchen, zu ihrem Recht zu kommen.

Die Einwilligung erfolgt jedoch stellvertretend durch die aufgeklärten Sorgeberechtigten. Sie müssen ihre Entscheidung am Wohl des Kindes orientieren, den Willen und die subjektive Einschätzung des Kindes berücksichtigen (ebd.). Im Grunde soll bei allen Entscheidungen ein Co-Konsens angestrebt werden, also eine gemeinsame Entscheidung von Kindern und Eltern. Ein Co-Konsens ist auch wichtig, weil damit die Unterstützung der jugendlichen Person für die Bewältigung der anstehenden Aufgaben gesichert ist (Romer & Lempp, 2022).

Die Unterscheidung zwischen der gemeinsamen Entscheidung von Eltern und noch nicht einwilligungsfähigen Minderjährigen und von Eltern und bereits einwilligungsfähigen Minderjährigen kann man folgendermaßen beschreiben: Im ersteren Fall entscheiden die Eltern möglichst im Einklang mit den Wünschen des Kindes, im zweiten Fall entscheidet die minderjährige Person möglichst im Einklang mit den Vorstellungen der Eltern.

Insgesamt helfen uns solche ethischen Überlegungen zu verstehen, wer in welcher Situation welche Verantwortung übernehmen und wie ein guter Prozess angeregt werden kann, wenn Elternteile oder Therapeut*innen unsicher sind, ob sie dem jugendlichen Behandlungswunsch zustimmen sollten oder (noch) nicht. Die klare Betonung des Selbstbestimmungsrechts der minderjährigen Person fordert aber in der Praxis heraus, allen Beteiligten alle Informationen verständlich zur Verfügung zu stellen, sodass eine informierte und selbstbestimmte Gesundheitsentscheidung möglich ist.

Nach unserem Verständnis gelingt eine gute Entscheidungsfindung mit einem Konzept der geteilten Verantwortung, die zu einer gemeinsamen Entscheidung führen sollte. Die Aufteilung der Verantwortungsbereiche ist so vorstellbar, dass die Therapeut*innen die Verantwortung dafür tragen, dass alle Informationen für eine Entscheidungsfindung zugänglich und verständlich sind. Die behandelnden Ärzt*innen haben die Verantwortung für eine körperliche Untersuchung, Aufklärung und die fachgerechte Behandlung. Die jugendlichen Patient*innen haben die Verantwortung für die eigene Entscheidung für oder gegen die Behandlung, die Sorgeberechtigten tragen die Entscheidung oder treffen bei noch nicht einwilligungsfähigen Jugendlichen die Entscheidung im Sinne ihres Kindes.

5.2 Medizinethische Aspekte

Für solche Prozesse der Entscheidungsfindung gibt es verschiedene Modelle, die helfen, alle wichtigen Aspekte im Blick zu behalten. So gibt es den Ansatz, die vier medizinethischen Prinzipien des *Nutzens* (Benefizienz) und *Nichtschadens* (Non-Malefizienz), der *Autonomie* und der *Gerechtigkeit* als Maßstab zu verwenden (Beauchamp & Childress, 2009), um die Selbstbestimmungsmöglichkeiten von Patient*innen in gesundheitsrelevanten Entscheidungsprozessen zu stärken (Empowerment). Die Bedeutungen von Schaden und Nutzen einer hormonellen Behandlung oder Nicht-Behandlung sind in hohem Maße abhängig von der subjektiven Bewertung durch die betroffene Person selbst. Daher ist ihre Kompetenz, Entscheidungsfreiheit und Selbstbestimmungsfähigkeit – unabhängig von ihrem Alter – zu stärken und damit ihre Autonomie zu respektieren (Oommen-Halbach & Fangerau, 2019; Faissner et al., i. Dr.).

Hinzu kommt bei Heranwachsenden die besondere Herausforderung, sich angesichts fortschreitender pubertärer körperlicher Veränderungen entscheiden zu müssen und zusätzlich mit einem Zeitdruck zurechtzukommen. Nur die Anwendung von pubertätsunterdrückenden Wirkstoffen kann für eine begrenzte Zeit Raum verschaffen, durchdachte und damit gereifte Entscheidungen für teilweise unumkehrbare Schritte zu treffen (Möller et al., 2018). Wenn sie *ihre eigenen* Entscheidungen treffen konnten, wird es ihnen auch leichter fallen, die Konsequenzen der Entscheidung und auch Irrtümliches dabei besser zu ertragen und damit zurechtzukommen (Günther et al., 2021).

Eine weitere Orientierung bietet die *Ad-hoc-Empfehlung des Deutschen Ethikrats* zur Trans*identität bei Kindern und Jugendlichen (Deutscher Ethikrat, 2020), von denen wir hier nur einen kleinen Auszug zitieren:

> »Das allgemeine Persönlichkeitsrecht umfasst auch das Recht, ein Leben entsprechend der eigenen, subjektiv empfundenen geschlechtlichen Identität zu führen und in dieser Identität anerkannt zu werden.
>
> In allen Entscheidungsprozessen muss das Kind gehört und müssen seine Vorstellungen und Wünsche seiner Reife und seinem Alter entsprechend berücksichtigt werden. Diese Regel erhält umso mehr Gewicht, als es hier um Fragen der persönlichen Identität geht, über die die betroffene Person in letzter Konsequenz selbst zu entscheiden hat« (ebd., S. 3).

Wir betrachten es als eine sehr große Herausforderung, besonders junge Jugendliche in ihren Entscheidungen zu begleiten, sie vor verfehlten Entscheidungen zu schützen und gleichermaßen ihre Autonomie zu wahren und ihnen kompetente Entscheidungen zuzutrauen. Etwas leichter wird es durch die persönlichen Begegnungen und die Erfahrung, im Gespräch nachdenkliche, teilweise erstaunlich reife und mutige Jugendliche kennenzulernen, die ihr Leben meistern und dabei nichts Wichtiges auf die leichte Schulter nehmen.

5.3 Die praktische Umsetzung

Wie kann ein solcher Entscheidungsprozess in der Praxis aussehen? In aller Regel braucht es zwei bis drei Termine, wobei auch einmal ein getrennter Termin für die jugendliche Person und die Eltern sinnvoll sein kann. Vor dem Hintergrund unserer Erfahrungen können wir einschätzen, dass qualifizierte Trans*beratungsstellen neben gut fortgebildeten Psychotherapeut*innen dafür geeignet sind. Für die Gespräche sollte jeweils eine Stunde Zeit sein.

Mit folgenden Fragen kann die Einwilligungsfähigkeit in einem gemeinsamen Gespräch eingeschätzt werden:

Was wird sich durch die Hormontherapie verändern? Auf was freust du dich? Was befürchtest du?
Die Jugendlichen zählen nun die Veränderungen auf, und es wird deutlich, was ihnen am meisten helfen würde und ob es etwas gibt, was ihnen noch nicht bekannt ist. Das wird hinzugefügt und besprochen. Bei den befürchteten Veränderungen wird deutlich, wie das eigene Selbstbild aussieht und wie es mit der Hormonbehandlung in Beziehung gesetzt wurde. Zum Beispiel kann die stärker werdende Körperbehaarung bei einer Testosteronbehandlung freudvoll erwartet werden, weil man dadurch männlicher wirkt oder aber als etwas unangenehm, weil man nicht *so sehr* männlich wirken möchte. Doch es ist den Jugendlichen bewusst, dass sie sich die einzelnen Wirkeffekte nicht aussuchen können.

Welche Erwartungen sind realistisch, welche nicht?
Während des Gesprächs über die Wirkungen wird auch rückgemeldet, wenn eine Erwartung unrealistisch erscheinen sollte. So erhoffen sich manchmal trans*männliche Jugendliche erneutes Längenwachstum durch Testosteron, auch wenn der Wachstumsprozess schon abgeschlossen ist. Das wäre dann unrealistisch. In den allermeisten Fällen werden die zu erwartenden Wirkungen jedoch realistisch eingeschätzt. Hinsichtlich der Linderungseffekte auf psychische Krankheitssymptome sind Jugendliche manchmal etwas überrascht, wenn sie hören, dass sich da etwas verbessern könnte. Äußerst selten glaubt eine junge Person, dass mit einer Hormonbehandlung »alles« wieder gut werden würde. Wenn wir in solch einer Situation genauer nachfragen und aufklären, reflektieren Jugendliche recht gut, wie sie mit ihrer Sehnsucht nach Veränderung in dieses Bild hineingeraten sind.

Welche Veränderungen sind reversibel und welche nicht?
Manchmal sind Jugendliche noch etwas unsicher, ob die zu erwartenden körperlichen Veränderungen ihnen ganz sicher helfen würden, sich besser zu fühlen. Insbesondere dann, aber auch in allen anderen Gesprächen wird erklärt, welche körperlichen Veränderungen wann etwa eintreten und welche davon nicht mehr umkehrbar wären. So können besonders vorsichtige Jugendliche sich mit niedrigen und selbst eingenommenen oder

aufgetragenen Wirkstoffen dem Punkt annähern, an dem unumkehrbare Veränderungen eintreten würden. Dabei handelt es sich um den Stimmbruch, die Bartbehaarung, das Wachstum des Clit, möglichen Haarausfall auf dem Kopf bei einer maskulinisierenden und das Brustwachstum bei feminisierenden Behandlungen.

Was machst du, wenn du dich geirrt haben solltest?
Wir finden es hilfreich, mit den Jugendlichen einmal durchzusprechen: *Was wäre wenn?* Also gemeinsam zu überlegen, wie sie mit den nicht umkehrbaren Veränderungen umgehen würden, wenn sie sich doch geirrt hätten oder wenn sie nach einigen Jahren eine andere geschlechtliche Identität leben wollten. Manche denken dann ganz pragmatisch und würden den Bart rasieren oder epilieren und ein Stimmtraining für eine wieder höhere Stimme machen, trans* Mädchen überlegen, ob sie dann wieder ein maskulines Brustprofil haben wollten. Natürlich sagen die Jugendlichen bei diesem Thema, dass es für sie nicht zutreffen wird, aber es wird im Gespräch eben deutlich, dass zumindest in der Vorstellung die Kompetenz besteht, mit einem Irrtum zurechtzukommen und weiterzuleben. Nach dem bisherigen Forschungsstand beträgt die Rate derer, die Transitionsschritte abbrechen oder rückgängig machen wollen, etwa zwei Prozent (AWMF, 2018). Genitalangleichende Operationen spielen für die Jugendlichen allermeist noch gar keine Rolle. Die Auseinandersetzung mit Entscheidungen für oder gegen solche Eingriffe gehört daher nicht in die aktuellen Entscheidungsprozesse.

Wie beendest du eine Behandlung?
Zwar ziemlich selten, aber hin und wieder überlegen Jugendliche, eine Hormontherapie wieder abzusetzen, manchmal für eine gewisse Zeit, manchmal vollständig. Einigen gehen die Veränderungen zu schnell, andere schätzen ein, dass es nicht der richtige Weg zu sein scheint, mit sich stimmiger zu werden. Zu einer informierten Einwilligung gehört es auch dazu, sich noch einmal neu entscheiden zu können. Wir empfehlen dann, das Absetzen in der ärztlichen Praxis anzukündigen oder abzusprechen, möglicherweise mit körperlichen und psychischen Umstellungseffekten zu rechnen, und wir vermitteln an dieser Stelle noch einmal nicht-binäre Vorstellungen von Geschlecht, damit Jugendliche solche Entscheidungen nicht als ein Versagen betrachten müssen. Gegenüber den Eltern ist es von Bedeutung zu vermitteln, solch eine Entwicklung *nicht* als Irrtum, ihren Fehler, sondern als eine nicht ungewöhnliche Suchbewegung nach Lebenszufriedenheit zu betrachten.

Wie denkst Du über deine Sexualität?
Mit dieser Frage gehen Jugendliche je nach individuellem Entwicklungsstand ganz unterschiedlich um. Manche denken noch lange nicht an Sexualität und sagen einfach: »Das weiß ich noch gar nicht, aber das macht mir gerade auch keine Sorgen.« Doch viel häufiger als erst einmal vermutet haben sich Jugendliche dazu Gedanken gemacht und berichten davon, was sie probieren oder sich für die Zukunft vorstellen, und was gar nicht geht. Wir erzählen davon, dass Sexualität mal mehr, mal weniger wichtig im Leben sein kann, dass die Lust auf Sex in gewissem Maß vom Hormonstatus geprägt ist, dass Sexualität viel mehr ist als immerzu auf die Genitalien fixiert zu sein, dass sich Partner*innen finden, auch wenn manche Suche etwas länger dauern kann, und dass die eigene Sexualität lebenslang neue Entdeckungen bereithält.

Was denkst du über einen späteren Kinderwunsch?
Bei dieser Frage erzählen wir von trans* Männern, die – auch nach längerer Hormonbehandlung – schwanger werden und als Mann ein Kind gebären. Wir erzählen von trans* Frauen, die ihre Samen für eine spätere Zeugung einfrieren lassen. Solche Informationen finden ziemlich viele trans* Jugendliche etwas schräg und für sich unpassend. Eigene Kinder sind meist gar nicht vorstellbar. Aber sie wissen auch, dass sich die Einstellung zum Kinderhaben später ändern kann. Sie kennen die Möglichkeit der Adoption, und wir fügen die Vielfalt von Patchwork-, queeren und Mehrelternfamilien hinzu. Über die Bedeutung einer genetischen oder sozialen Verwandtschaft haben Jugendliche häufig schon nachgedacht und eine Haltung dazu.

Welche Nebenwirkungen und Risiken können auftreten?
Leider gibt es hierzu noch wenig und kaum jugendgerechtes Aufklärungsmaterial. Wir erklären und verweisen auf die Informationen aus den Standards of Care (WPATH, 2012), die in Kapitel 11 wiedergegeben sind. Dabei merken wir jedoch an, dass diese Daten bei möglicherweise anderen Wirkstoffen und Dosierungen gewonnen wurden und dass einige Wirkstoffe aktuell in etwas geringeren Dosierungen angewendet wurden als noch vor einigen Jahren. Als Dilemma muss markiert werden, dass insbesondere Diskriminierungserfahrungen eine zusätzliche Gesundheitsbelastung darstellen und daher nicht ganz eindeutig ist, ob bestimmte Gesundheitsrisiken (z. B. Herz-Kreislauf-Erkrankungen) durch die Hormonbehandlung oder/und als Folge von Diskriminierung entstehen.

Wie kannst du in Zukunft das Gesundheitswesen nutzen, um gesund zu bleiben/werden?
Angesichts einer erhöhten Gesundheitsbelastung sehen wir hier einen zentralen Aspekt für die zukünftige Lebensqualität. Trans* Personen sind aufgrund ihrer lebensbegleitenden Hormonversorgung genötigt, aber auch eingeladen, das Gesundheitssystem aktiv zu nutzen, um die Folgen zu minimieren. Wir ermuntern, sich Versorger*innen zu suchen, die auf dem aktuellen Stand der Wissenschaft arbeiten, empathisch gegenüber den individuellen Versorgungsanliegen sind und die den androzentrierten Blickwinkel der Medizin (der »normale« Patient ist ein weißer cis Mann) gründlich hinterfragen.

Warum kommst du jetzt (erst)?
Diese Frage klingt vielleicht etwas ungewöhnlich, führt aber dazu, dass Jugendliche bereit sind, zu schildern, welchen inneren Prozess und welche Erprobungen sie hinter sich haben und die sie benötigt haben, sich ihrer Sache sicherer zu werden. Sie können von Hindernissen und Zweifeln erzählen und haben dabei nicht das Gefühl etwas beweisen zu müssen. Das hilft, gut im Gespräch zu sein und Anerkennung für das bisher Geleistete auszudrücken.

In der Praxis ist nach unseren Erfahrungen ein Co-Konsens, also eine gemeinsame Entscheidung von der jugendlichen Person und den Eltern, recht selbstverständlich. Die Eltern haben sich mit den medizinischen Wirkungen und Risiken beschäftigt und können die Beweggründe ihres Kindes nachvollziehen. Manchmal ist es aber nicht so einfach. Die Elternpersonen verstehen zwar, was ihr Kind will und was jetzt anstehen würde, aber sie sind innerlich zerrissen, ob sie dem zustimmen sollen. Manchmal sind es innere Glaubenssätze, Ängste, eigene Erziehungserfahrungen oder die Furcht vor Schuldzuschreibungen, die ihnen eine Zustimmung unmöglich machen. Wir hören dann solche oder sinngemäße Aussagen:

- »Ich habe Angst davor, dir zu schaden.«
- »Ich habe Angst vor der Verantwortung.«
- »Wenn ich es nicht verstehe, kannst du es auch nicht verstehen.«
- »Vielleicht geht es noch weg.«
- »Du kannst meine Unsicherheit nicht beruhigen.«

- »Ich lasse dich erst los, wenn ich es will. Ich will kein schlechtes Elternteil sein.«
- »Ich habe Angst vor einer falschen Entscheidung.«
- »Ich kann dir nicht vertrauen. Du bist zu jung.«
- »Welcher medizinischen Empfehlung soll ich folgen?«
- »Ich traue dir die Entscheidung nicht zu.«
- »Ich weiß, was gut für dich ist. Ich will, dass du glücklich wirst.«

Die Jugendlichen stehen dem hilflos, ratlos, wütend, traurig, aber auch verständnisvoll gegenüber und kommen etwa zu solchen Aussagen:

- »Ich habe Angst vor einem falschen Körper.«
- »Ich habe Angst, mein Identitätsgeschlecht nicht leben zu können.«
- »Ich will selbst entscheiden.«
- »Ich bin doch auch unsicher.«
- »Ich hoffe, dass es das richtige ist. Ich kann es dir nicht beweisen.«
- »Ich habe Angst, dass du mir nicht glaubst.«
- »Du weißt nicht, wie es mir geht.«
- »Ich weiß, was ich will. Es ist meine Zukunft.«
- »Ich muss damit leben.«
- »Ich habe mich schon so lange damit beschäftigt.«
- »Ich will glücklich sein.«
- »Ich kann deine Unsicherheit nicht beruhigen. Du musst mir vertrauen.«

Eine Annäherung aus diesen Positionen heraus bedeutet für die Jugendlichen häufig, die Verantwortung zu übernehmen, ihre Eltern immer wieder anzusprechen, sie »mitzunehmen«, ihre Scham zu überwinden und recht intime Bedürfnisse auszusprechen. Dabei müssen sie mit erneuten Missverständnissen, Misstrauen und emotionalen Verletzungen rechnen. Für Eltern bedeutet es, ihrem Kind mehr als bisher zuzutrauen, seine Eigenständigkeit anzuerkennen, eigene Wünsche und Ängste als ganz persönliche Themen zu verstehen und die eigene Verletzbarkeit und Unsicherheit auszuhalten.

6 Schlüsselthemen

6.1 Coming-outs – Perspektiven von Kindern und Eltern

Manche Kinder wissen sehr früh, manchmal mit drei oder vier Jahren, dass sie einem anderen Geschlecht angehören als dem, das die Hebamme oder der Geburtshelfer eingetippt hat. Sie könnten über ihr trans*geschlechtliches Erleben sagen: »Ich habe es schon immer gewusst.« Es gibt aus ihrer Perspektive kein »davor« oder ein »da war ich noch …«. Sehr viele Kinder und Jugendliche jedoch haben ein Coming-out-Erleben. Sie haben bisher versucht, die Geschlechterrolle zu leben, die ihnen aufgrund ihres Körpers zugedacht wurde. Es kann nun sehr viele Möglichkeiten geben, zu bemerken, dass dies nicht mehr geht, nicht mehr stimmt, nicht mehr guttut. Rückblickend beschreiben viele Jugendliche und Erwachsene, dass sie mit ihrer Kindheit ein Gefühl verbinden, dass »irgendetwas nicht stimmte«, »ich anders bin«, »ich nicht dazu gehöre«, dass »ich lieber allein bin, weil ich mich dann richtiger fühle«. Manchmal wird dieses Gefühl als sehr belastend erinnert, manchmal als einfach dazugehörig, weil es ja nie anders war. Aber so ein Gefühl muss nicht unbedingt dazugehören. Weit verbreitet ist auch eine Suche, verbunden mit einer Unruhe, nicht zu wissen, »was los ist«, aber auch verbunden mit dem Wunsch, das herauszubekommen. So berichten viele trans* Personen, im Internet, bei Suchmaschinen ihre Fragen in der Art wie: »Warum fühle ich mich als Junge, obwohl ich ein Mädchen bin?« oder »Warum ziehe ich gern Mädchenkleider an?« oder »Warum empfinde ich meinen Körper als so falsch?« eingegeben zu haben. Meist dauert es nicht lange, bis sie auf Begriffe wie »transsexuell«, »transgender«, »nicht-binär«, »queer« und »genderfluid« stoßen und dabei eine neue Welt von Begriffen und Geschichten von Gleichaltrigen oder älteren Jugendlichen entdecken. Die Entdeckung von Worten, von cool klingenden, nicht so ekligen Begriffen scheint sehr dabei zu helfen, das eigene bisher schwer zu fassende Gefühl zu benennen. Häufig wird dies als erleichternd erlebt. Kinder und Jugendliche können »plötzlich« klar und stolz etwas benennen, was vorher »nicht da war« und keinen Namen hatte. Manche allerdings fragen sich gleich, ob ihnen ihre Eltern oder Freund*innen überhaupt glauben würden. Manche finden es auch schlimm, so zu sein, selbst das zu erleben, was sie da lesen oder sehen. Sie schrecken zurück und wollen mit viel Willenskraft doch die Geschlechterrolle leben, die sie und ihre Umwelt bisher für die richtige hielten. Manchmal kann so ein Versuch ein bis zwei Jahre dauern, meist stellen diese Kinder und Jugendlichen aber nach einigen Monaten fest, dass es nicht geht. Die Gedanken, »trans*« zu sein, bleiben im Kopf und arbeiten weiter, bis sie es sich doch eingestehen, dass es sie betrifft, dass sie selbst trans* sind. Wenn es ein respektvolles Umfeld gibt, suchen diese Kinder und Jugendlichen spätestens dann nach einem Weg, sich zu outen, auszusprechen, zu zeigen, wer sie sind. Bei Kindern und jüngeren Jugendlichen sind häufig die Eltern die ersten, die es erfahren, bei den etwas älteren ist es sehr oft die beste Freundin, manchmal der beste Freund. Es kann aber auch die Großmutter sein oder ein älteres Geschwister, Lehrpersonal oder ein*e Psychotherapeut*in. Solch ein Coming-out kostet unglaublich viel Überwindung, und die Kinder und Jugendlichen haben dabei Furcht, nicht ernst genommen, nicht respektiert zu werden. Manche schreiben einen Brief oder nehmen ein Video auf und sind sehr angespannt, wie ihr Gegenüber reagieren wird. Aus der Perspektive der Kinder und Jugendlichen ist es eine existenzielle Mitteilung darüber, »wer ich bin«, und eine Hoffnung: »Ich möchte von dir geliebt sein – so, wie ich bin.« Aus der Perspektive der Eltern kann es eine existenzielle Konfrontation mit der bisherigen Sicherheit sein, »doch zu wissen, wer mein Kind ist«. Manchmal sind Eltern dann sehr irritiert, und ihre Welt gerät in Schieflage. Die Vorstellungen von der Zukunft des Kindes, dem Glücklichsein, dem Behütetsein scheinen zusammenzubrechen. Es entstehen Gedanken wie: »Besser wäre es doch, wenn es nicht stimmt, wenn es nur eine Phase ist, wenn es eine fixe Idee aus dem Internet ist …« Manchmal stellt sich für Eltern aber auch eine Klarheit ein: »Endlich wissen wir, was los ist.« Sie waren über lange Zeit in Sorge, was ihr Kind unglücklich und manchmal auch krank gemacht hat. Letztlich ist ein Coming-out ein Start in ein neues Leben, für alle Beteiligten. Und ein Coming-out ist immer ein Geschenk, ein Vertrauensbeweis, eine Bestätigung, wie wichtig doch die Beziehung zueinander ist. Das ist nun aber eine Perspektive, die Eltern manchmal nicht ohne Weiteres einnehmen können, sondern erst das Ergebnis eines Auseinandersetzungsprozesses. Für diesen ist es häufig wichtig, sich austauschen zu können. Jedoch kann der Gedanke, nach Gesprächspartner*innen zu suchen, sehr schambesetzt sein. Es geht schließlich um »Geschlecht«. Es können Gedanken eine Rolle spielen wie: »Haben wir in der Erziehung etwas falsch gemacht?«, »Was ist, wenn wir als Eltern mit unserem Beratungsanliegen nicht ernst genommen oder der falschen Erziehung beschuldigt werden?« Auch können Erinnerungen an die eigene Kindheit, Pubertät und Unsicherheiten hinsichtlich des erotischen Hingezogenseins und der Geschlechterrolle in den Sinn kommen. Damit kann das aktuelle Geschehen auch aus Elternperspektive ganz schön verwirrend und unübersichtlich werden.

Manche Jugendliche erleben zudem auch mehrere Coming-outs. So können sie zuerst benennen, »auf wen sie stehen«, und sich als bi- oder homosexuell erleben. In einer Beziehung erproben sie sich dann vielleicht als »geschlechtliches Gegenüber« und bemerken dabei, dass ihr Begehren zwar schon das Richtige ist, aber noch nicht ihre eigene geschlechtliche Position. Erst wenn sie ihre geschlechtliche Identität »verschieben«, wird sie richtiger. Dann kann es zu einem weiteren Coming-out als trans* kommen. Solche Erzählungen hören wir recht häufig, sie gehören mit dazu.

Fallbeispiel

Im Rahmen einer Therapie lernte ich Alex kennen. Alex hatte ein weibliches Zuweisungsgeschlecht und kam ursprünglich aufgrund von Selbstwertproblemen und sozialer Ängstlichkeit in meine Praxis. Im Verlauf ging Alex eine Beziehung mit einer guten Freundin (Alice) ein. Gemeinsam machten sie erste intime Erfahrungen, und Alex outete sich vor mir, vor Freund*innen und der Familie als lesbisch. Alex definierte sich anfänglich als Butch bzw. als maskuline lesbische Frau. Die Beziehung zur Freundin sowie die Unterstützung des Umfeldes stärkten Alex' Selbstbewusstsein und Alex explorierte mit großer Freude seine männliche Seite. Im weiteren Verlauf schien die erfolgte Stärkung rückläufig, und Alex begann sich zurückzuziehen. Das Umfeld, ich einbezogen, war schon in Sorge und konnte die neuerliche Krise nicht einordnen. Irgendwann traute sich Alex, im Rahmen der Therapie darüber zu sprechen, was los war. Alex machte sich seit geraumer Zeit Gedanken darüber, dass Alex trans* sei. Die Beziehung sei super, das sei nicht das Problem. Zunehmend sei es

> Alex bewusster, wie angenehm und wichtig es sei, als Mann gelesen zu werden und wie sehr Alex gehofft hatte, nicht trans* zu sein. Der Gedanke lasse sich nicht mehr verdrängen und produzierte neue Bedenken. Alex gab an, Sorge darüber zu haben, was aus der Beziehung zu Alice werde. Sie habe sich in Alex als Frau verliebt, und Alex wolle um alles in der Welt weiter mit Alice zusammen sein. Allerdings konnte sich Alex auch nicht vorstellen, weiter als Frau zu leben …

Wir haben noch nie davon gehört, dass eine Person behauptet hat, trans* zu sein, und dabei einen Witz machen wollte, jemanden vorsätzlich verletzen wollte oder von anderen »wichtigeren Dingen« ablenken wollte. Das Thema der geschlechtlichen Zugehörigkeit ist so zentral, dass es immer ernst damit ist. Daher sollte es auch immer ernst genommen werden von denen, die davon erfahren. Wenn sich also ein Kind, eine jugendliche Person outet, ist es ernst. Diese Person weiß, dass sie nicht dem Geschlecht angehört, das ihr zugedacht, zugewiesen wurde. Was diese Erkenntnis allerdings alles bedeuten kann und was nicht, dass ist in solch einem Moment häufig noch nicht ganz klar. Dies herauszubekommen, kann die Aufgabe der kommenden Monate und Jahre sein. Dafür brauchen Kinder und Jugendliche gute Unterstützung. So kann es darum gehen, zu überlegen, wie es die Geschwister erfahren sollen, die Großeltern, wichtige Freund*innen der Familie. Hier ist es natürlich toll, wenn Eltern mit überlegen und ihre Unterstützung anbieten. Trans* Kinder und Jugendliche genießen es sehr, wenn sie nicht allein, sondern mit gestärktem Rücken über sich und ihre Gefühle dabei sprechen können.

Wenn trans* Kinder und Jugendliche in solch einer Situation die Erfahrung machen, dass ihnen nicht geglaubt wird, zieht es ihnen den Boden unter den Füßen weg. Häufig haben sie lange mit sich selbst gerungen, sich selbst zu glauben und die eigenen Zweifel zu überwinden. Die Skepsis, die Zweifel des Gegenübers verstärken dann wieder die eigene Unsicherheit und Verzweiflung. Manchmal ziehen sich Jugendliche dann zurück und denken auch an Suizid. Doch häufig wollen sie versuchen, sich zu erklären, zu rechtfertigen und viele wichtige Argumente anzubringen, die ihre Identität bestätigen sollen. Damit versuchen sie etwas, das eigentlich unmöglich ist. Sie wollen ihr Trans*-*Sein* beweisen. Aber das geht eben nicht. Genauso wenig, wie ein Cis-*Sein*, ein Hetero-*Sein* bewiesen werden kann, kann das bei einem Trans*-Sein funktionieren. Es gibt nur die eigene Gewissheit und später Lebenserfahrung, die sich richtig und stimmig anfühlen. Das ist genau so, wie bei jeder anderen geschlechtlichen Identität. Wenn ein Kind, eine jugendliche trans* Person in die Situation gebracht wird, sich »beweisen« zu müssen, erlebt sie sich als ratlos, hilflos, wütend, ungenügend und einer gesellschaftlichen Mehrheit ausgesetzt, die entscheidet, wer »normal« ist und sich also nicht erklären muss (heterosexuell, cis-geschlechtlich) und wer »was zu erklären hat«, sich also outen muss (homo-, bisexuell, trans*). Wenn ein 16-jähriger Junge sagen würde, dass er auf Mädchen steht, würde man sich schon fast darüber wundern, dass er das überhaupt gesagt hat. Das ist so normal, dass es keiner Erklärung und schon gar keiner Begründung bedarf. Daher gibt es auch für Eltern keine andere Möglichkeit, als ihrem trans* Kind zu glauben und es genauso wie das eigene Kind auszuhalten, dass man es nicht erklären kann und niemand weiß, wo das Trans*sein herkommt.

Wenn eine jugendliche trans* Person in die Beratung kommen und sagen würde, dass ihr das Trans*sein in der Familie nicht geglaubt wird, würde man diese Person trösten, ihre Selbstauskunft akzeptieren und überlegen, welche Ansprache die Eltern bräuchten und von welcher Seite, damit sie ihr Kind ernst nehmen und respektvoll behandeln. Man würde nicht auf Zeit spielen und meinen, die Eltern bräuchten bestimmt nur noch etwas Zeit, oder der*die Jugendliche solle es wieder und wieder probieren und Verständnis aufbringen. Solch ein unbestimmtes Warten und verzweifelnde Erfahrungen sind einem jungen Menschen nicht zuzumuten. Es würde das eigene Erleben wieder infrage stellen und erneut verunsichern. Daraus entsteht eine psychische Belastung, die krank machen kann, das ist nicht vertretbar (Kapitel 4). Nach dem Coming-out ihres Kindes können sich Eltern ganz ähnlich wie ihre Kinder fühlen – auch erst einmal allein und hilflos bei der Frage, wo sie sich hinwenden sollen. Die anderen Eltern im Umfeld kennen die Situation oft nicht. Daher würden wir Eltern empfehlen, sich mit Eltern auszutauschen, die gerade vergleichbare Erfahrungen sammeln. Solche Begegnungen können von Beratungsstellen und dem Verein Trans-Kinder-Netz vermittelt werden. Wenn deutlich wird, dass eine Familie mehrere große Belastungen oder Themen zeitgleich bewältigen muss, und daher das Trans*coming-out gerade nicht gut aufgenommen werden kann, sollte sie ihren Anspruch auf weitere Unterstützungsangebote wie eine Familienhilfe oder Familientherapie deutlich machen.

Für nicht-binäre Jugendliche kann es eine besondere Herausforderung sein, ihren Eltern deutlich zu machen, wie sie sich erleben, also dass sie in die Vorstellung von männlich und weiblich nicht wirklich hineinpassen.

Man könnte auch sagen, ihnen ist es gar nicht wichtig, ans andere Ufer zu kommen, also von »Frau zu Mann« oder umgekehrt. Sondern es ist ihnen wichtig, baden zu gehen, manchmal zwischen den Ufern und manchmal auf hoher See, wenn gar keine Ufer mehr da sind. Eltern können solch eine Positionierung ganz unterschiedlich aufnehmen. Manche denken dann, dass es also »doch nicht ganz so schlimm ist«, »mein Kind ist nur ein bisschen trans*«, und hoffen, dass ihr Kind vielleicht gar nicht so sehr körperliche Eingriffe braucht, um sich stimmig mit sich selbst zu fühlen. Dieser Gedanke muss zwar nicht unbedingt stimmen, und trans* Jugendliche denken bei einem Coming-out oft noch lange nicht an körperliche Veränderungen, aber er kann helfen, das eigene Kind auch in dieser geschlechtlichen Identität zu lieben und zu verstehen (Köller & Schautz, 2022). Andererseits können Eltern beim Thema Nicht-Binarität noch mehr verwirrt sein. Sie können verunsichert sein, wenn ihre Vorstellung »Wir helfen unserem Kind ans andere Ufer, zum anderen Geschlecht, und wenn es angekommen ist, merkt es niemand mehr« nicht funktioniert. Hinter solch einem Gedanken steht aber nicht selten der Wunsch, das eigene Kind vor allzu viel Diskriminierung schützen zu wollen und die »Zwei-Geschlechter-Gesellschaft« nicht zu sehr zu »verärgern«. Der Gedanke eines glücklichen Kindes, das statt »als Frau« »als Mann« lebt, ist deutlich besser vorstellbar als der Gedanke »Mein Kind wird irgendwie dazwischen oder ganz anders sein«. Dafür gibt es keine allgemeingültigen Bilder und damit kaum beruhigende Zukunftsvorstellungen. Auch die Vorstellung, dass eine als nicht-binär gelesene Person dauerhaft in der derzeitigen Gesellschaft Diskriminierungen ausgesetzt ist (Johnson et al., 2020), kann sehr verunsichern.

Aus der Beratungsperspektive lässt sich hier beitragen, dass junge Menschen, die sich als nicht-binär erleben, manchmal einen doppelten Erkenntnisweg bewältigt haben. Sie haben ihr Trans*sein akzeptiert, versucht, sich in einem eher binär gedachten Geschlechterverhältnis einzuordnen und dabei bemerkt, dass die eine Schublade etwa genauso eng ist wie die andere. Dabei hatten sie sich aber schon so weit verstanden und selbst akzeptiert, dass sie sich eingestehen konnten, dass solch eine enge Schublade kein guter Ort zum Leben ist. Manche nicht-binäre Jugendliche können solch einen Erkenntnisweg direkt beschreiben, manche scheinen eher intuitiv unpassende Zukunftsoptionen auszusortieren. Aus der Perspektive der Begleitung betrachtet beinhaltet solch ein nicht-binäres Selbstkonzept auch die Sorge um Diskriminierung, aber auch eine gewisse Erleichterung, weil hier weniger die Wahrscheinlichkeit zu bestehen scheint, dass sich Jugendliche eher an binär geprägten Geschlechterklischees orientieren und es ihnen dabei schwerer fallen könnte, die ganz eigenen Bedürfnisse im Blick zu behalten.

Letztlich scheinen sehr viele trans* Personen ein gewisses nicht-binäres Selbstverständnis zu entwickeln, weil sie wissen, dass sie mit ihren Angleichungsschritten letztlich keine »Cis-Kongruenz« erreichen können, dass alle sozialen, rechtlichen und medizinischen geschlechtsangleichenden Schritte die individuelle Akzeptanz stärken, aber nicht ersetzen können.

6.2 Soziales Erproben

Mit einem Coming-out stellt sich für trans* Kinder und Jugendliche die Frage des going public, des Sichtbarwerdens in der Öffentlichkeit, zuerst vielleicht im nahen vertrauten Umfeld, in sozialen Medien, dann auf der Straße, in der Schule, im Verein. Etwas anders ist es vermutlich für Kinder, die sich schon immer ganz selbstverständlich so zeigen, wie sie sind.

Nach unserer Vorstellung ist das Erleben der eigenen Geschlechtsidentität ohne eine soziale Einbettung nicht gut vorstellbar. Menschen schreiben sich gegenseitig geschlechtsspezifische Rollenerwartungen zu, wie etwa das Verhalten beim Miteinander-Reden, beim Feiern, beim Verlieben oder in Konfliktsituationen. Zudem machen sie sich untereinander auch Komplimente, kritisieren oder bewundern »untypisches« Verhalten. Diese Rückmeldungen und Bewertungen geben Orientierung und Sicherheit bei der Frage, ob man sich in der erlebten Geschlechtsidentität so verhält, dass die anderen Menschen mit weiblicher, nicht-binärer oder männlicher Geschlechtsidentität signalisieren: »Du gehörst dazu.« Ohne solch eine Zugehörigkeit erleben sich Menschen allermeist als sehr einsam und »fremd« oder »falsch«. Daher ist die soziale Sichtbarkeit, der Zugang zu einem Eingebunden-Sein von zentraler Bedeutung für das Wohlbefinden. Es ist nachweislich schädlich (Olson et al., 2016), trans* Kindern und Jugendlichen das Erproben und Leben ihrer geschlechtlichen Identität zu verweigern. Auch wenn sich die geschlechtliche Identität im Laufe des Heranwachsens weiterhin verändern kann, ist diese Wahrscheinlichkeit kein Grund, das, was jetzt als stimmig und richtig erlebt wird, nicht zu leben. Ganz im Gegenteil, denn soziale, »gelebte« Erfahrungen sind wichtig für die weitere Auseinandersetzung mit der Frage: »Wer bin ich und wie lebe ich es?« Hinsichtlich der Frage, ob ein erneuter Rollenwechsel für Kinder und Jugendliche nicht eine zu große Belastung wäre, sodass sie durch einen »zu frühen« Rollenwechsel festgelegt wären und somit die »offene Entwicklung« verstellt wäre, antworteten einmal trans* Jugendliche, bei einer Jugendfreizeit auf diese Fragestellung angesprochen: »Warum sollen wir zweimal vor demselben Angst haben?«

Vonseiten der Psychologie oder Medizin wird anlässlich des going public teilweise noch immer die Notwendigkeit einer Alltagserprobung gefordert. Früher bestand auch die Vorstellung eines »Alltagstests« – so formuliert es überholte medizinische Literatur. Doch ist dies eine eigenwillige Vorstellung. Dahinter steht die Idee, es gebe eine »richtige«, »gesunde«, »normale« Gesellschaft, die den Alltag vorgibt und damit die Normen setzt. In diesem Alltag werden die »unnormalen« trans* Personen getestet, erprobt und müssen sich beweisen, sich richtig verhalten, das Trans*geschlecht auch »richtig« leben, und Vertreter*innen der »normalen« Gesellschaft, zum Beispiel Psychiater*innen, bewerten es dann. Das ist natürlich eine sehr diskriminierende und überhebliche Vorstellung. Das, was trans* Personen alltäglich erleben, ist leider häufig eine Aneinanderreihung von Unverständnis, Exotisierung, Vorurteilen und Diskriminierung.

Unabhängig davon sind trans* Personen häufig stolz, wenn sie mit sich klarer geworden sind. Sie wollen sich ihrer Umwelt zeigen und präsentieren und in ihrem Geschlechtsausdruck Anerkennung erfahren. Daher haben sie ein großes Interesse daran, sichtbar zu sein, ihr Junge-Sein, Mädchen-Sein, Nicht-binär-Sein zu zeigen und dabei Rollen und Stile auszuprobieren. Hier können wir auch von Gendereuphorie sprechen.

Für die Vorbereitung oder Begleitung eines Sichtbarwerdens, eines going public ist es sehr empfehlenswert, die bisherige Umwelt gedanklich darauf zu prüfen, inwiefern mit Unkenntnis oder gar Feindlichkeit zu rechnen ist. Das betrifft die Kita und die Schule als zentrale Lebensräume, aber auch viele andere Orte wie den Sportverein und die Zahnärztin. Kinder und Jugendliche können häufig recht gut einschätzen, was sie wo erwartet, aber Eltern haben hier die wichtige Aufgabe, mit zu überlegen und Diskriminierungen, die absehbar sind, vorzubeugen. Es ist gut, mit dem eigenen Kind zusammen zu beraten, wo es eine mögliche Konfrontation allein bewältigen könnte und wo die Eltern und Verbündete unterstützen sollten. Das können eine direkte Ansprache, ein direkter Anruf sein, das Mitnehmen von Aufklärungsmaterial oder die persönliche Begleitung bei einer ersten unberechenbaren Begegnung (siehe auch Kapitel 9). Trotz einer fürsorglichen Vorbereitung und Begleitung geschieht es, dass Kinder und Jugendliche Stigmatisierung, Diskriminierung und Gewalt erfahren. Solch eine Vorstellung kann Eltern manchmal dazu verleiten, ihr trans* Kind nicht in der für sie stimmigen, richtigen Bekleidung in die Öffentlichkeit zu lassen oder einen neuen Haarschnitt zu verbieten. Das ist zwar mit Blick auf die elterliche Sorge sehr verständlich, aber für die weitere Entwicklung nicht sehr hilfreich, weil so der junge Mensch nicht lernen kann, mit Schwierigkeiten zurechtzukommen und diese zu bewältigen. Es könnte eher ein Gefühl von Unvermögen entstehen. Doch die Kompetenz, Anfeindungen und deren Folgen zu bewältigen, ist eine wichtige Fähigkeit für das gesamte Leben von trans* Personen. Dabei zu erleben, wie Eltern bei Bedarf Unterstützung leisten, stärkt zusätzlich. Kinder und Jugendliche können aufgrund diskriminierender Erfahrungen unsicher und ängstlich werden, sich zurückziehen wollen und weniger Kontakt zu Freund*innen wollen. Solch ein Erleben sollten Eltern nicht aus Versehen mit ihrem Schutzinstinkt verstärken, sondern ihr Kind ermutigen und selbst auch diskriminierende Personen und Institutionen direkt ansprechen und mit ihrem Verhalten konfrontieren. Es gibt kein Recht, trans* Kinder und Jugendliche respektlos zu behandeln, sie mit einem falschen Namen oder Pronomen anzusprechen oder ihre geschlechtliche Identität infrage zu stellen. Das gilt für Lehrer*innen, Psychotherapeut*innen und Ärzt*innen genauso wie für alle anderen Menschen auch. Familien sind gegenüber Institutionen nicht in der Rolle von Bittsteller*innen, die hoffen dürfen, dass sie gut behandelt werden, sondern sie können sich auf den Diskriminierungsschutz, Landesschulgesetze und die ethischen Grundlagen in der medizinischen Versorgung berufen. Sollte die Familie kein Gehör finden, sollte ein Wechsel von Kita, Schule, Therapie in Betracht gezogen werden.

Fallbeispiel

Elena hatte sich als trans* geoutet und wurde in der Folge von der Therapeutin immer wieder falsch, also mit dem alten Pronomen und Namen angesprochen. Die Therapeutin hatte dabei die Idee, aus der Gegenwehr, aus dem Widerstand gegen dieses falsche und krankende Ansprechen ablesen zu wollen, ob es sich bei Elena wirklich um eine Person mit trans*geschlechtlichem Erleben handle. Dahinter schien die irrige Vorstellung zu stecken, mit diesem Verhalten ein Trans*sein von außen als Diagnose bestätigen zu können. Aus dieser unfachlichen Haltung wurde also die Rechtfertigung abgeleitet, eine Person diskriminieren zu dürfen. Elena hat mit Unterstützung ihrer Eltern die Zusammenarbeit richtigerweise beendet.

Manche trans* Kinder und Jugendliche verstehen ihre neu gelebte Rolle als einen Wechsel und manche eher als eine Erweiterung ihres geschlechterrollenspezifischen Verhaltens oder Kleidens. Das kann viel damit zu tun haben, welche Mode und welches Rollenverhalten in der Peergruppe gerade angesagt ist, welche eigenen Vorstellungen und Vorlieben bestehen und ob es die Befürchtung gibt, nicht akzeptiert zu werden, wenn man »es übertreiben« oder »sich nicht genug Mühe geben« würde. Die Vorstellung eines Rollenwechsels ist daher ohne die jeweiligen Bedingungen des sozialen Umfeldes nicht gut verstehbar. Manche Kinder und Jugendliche empfinden einen Rollenwechsel und überhaupt diese Idee völlig unpassend für sich. Sie machen häufig die Erfahrung, dass ihre Peers, ihre Umwelt die neue geschlechtliche Selbstpositionierung, eventuell einen neuen Namen und ein anderes Pronomen oder dessen Weglassung zur Kenntnis nehmen und selbstverständlich umsetzen. Eine weitere Thematisierung finden dann trans* Kinder und Jugendliche manchmal unnötig und unpassend.

Für andere Kinder und Jugendliche kann solch ein Rollenwechsel jedoch eine sehr große Bedeutung haben. Ein erstes Sichtbarwerden in der Öffentlichkeit kann von einer großen Aufregung und Anspannung geprägt sein. Der Schritt vor die Wohnungstür bedeutet ein dauerhaftes Sichtbarsein, dem man sich nicht mehr entziehen kann. Für solch einen Schritt braucht es manchmal großen Mut. Eine Begleitung bei den ersten »Schritten«, dass Nicht-Alleinsein kann dabei sehr helfen, die Anspannung auszuhalten. Daher empfehlen wir, gemeinsam zu überlegen, wie das Kind bei diesem Schritt gut unterstützt werden kann. Sollte ein Elternteil oder eine vertraute Person begleiten oder sind die besten Freund*innen dafür die bessere Idee? Für den Fall, dass die Anspannung zu groß wird oder eine bedrohliche Situation entsteht, kann überlegt werden, wie das Kind, die jugendliche Person schnell wieder in Sicherheit kommen kann. Vielleicht geht es um einen Kontakt per Telefon oder etwas Geld für ein Taxi, flache Ballerinas für den Heimweg oder eine erwachsene Person, die in »Bereitschaft« ist. Nach den ersten Erfahrungen in der Öffentlichkeit werden die Anspannung und Unsicherheit meist schnell weniger. Für die »Eroberung« neuer sozialer Bereiche wie die Anmeldung bei einem Sportverein, eine Reise allein, ein Festival etc. sollte jedoch immer wieder durchgespielt werden, welche Schwierigkeiten auftreten könnten und ob der Zeitpunkt passt. Die eigentlich naheliegende Idee, bei Problemen Sicherheitspersonal oder Polizei anzusprechen und um Hilfe zu bitten, kann jedoch zu Diskriminierungen führen und ist damit allein nicht immer ausreichend. Trans* Personen sind nach unserer Erfahrung etwas mehr vor Diskriminierungen geschützt, wenn sie nicht allein unterwegs sind.

Gerade trans* Mädchen kann es anlässlich ihrer ersten »Exkursionen« passieren, dass sie mit Ihrer Kleidung und dem Make-up so stark experimentieren, dass Eltern sich große Sorgen machen, ihr Kind so gehen zu lassen. Obwohl es sich auch hierbei um eine ganz legitime Suchbewegung handelt, müssen trans* Mädchen leider erfahren, wie sehr Mädchen und junge Frauen in der Öffentlichkeit sexualisiert werden und sich gegen Übergriffigkeit behaupten müssen. Trans* Jungen können hingegen schnell mit Gewaltandrohungen konfrontiert werden. Geschlechtlich nicht eindeutig gelesene Jugendliche – ganz gleich, wie sie sich selbst positionieren – werden sehr häufig respektlos behandelt und mit unangemessenen Fragen konfrontiert.

6.2.1 Kontakt zu anderen trans* Personen

Der Kontakt zu anderen trans* Personen wird von trans* Kindern und Jugendlichen recht unterschiedlich bewertet. Manche verstehen sich in der Begegnung mit anderen erst selbst und sind für das Zusammentreffen mit diesem »Vor-Bild« sehr dankbar, da sie nun eine bessere und beschreibbare Vorstellung von sich selbst haben. Manche Kinder und Jugendlichen freuen sich, wenn sie untereinander zwar über ihr Trans*sein reden können und dabei nicht immer alles erklären müssen, aber eben auch einfach ein Gefühl von Zugehörigkeit haben können, ohne viel darüber zu reden. Wir denken, dass es für trans* Kinder und Jugendliche hilfreich ist, möglichst viele verschiedene trans*geschlechtliche Lebensentwürfe und -wege kennenzulernen, sodass sie für sich verschiedene Ideen und Möglichkeiten sehen. So wie cis Kinder und Jugendliche ganz selbstverständlich viele Rollenmodelle zur Verfügung haben, sollten das trans* Kinder und Jugendliche auch haben. Manche trans* Kinder und Jugendliche haben kaum oder gar kein Interesse an anderen. Einige davon können wiederum gut benennen, warum, andere nicht. So hören wir von Jugendlichen, dass sie genug Freund*innen hätten und mit sozialen Verpflichtungen gut ausgelastet seien oder dass ihr Trans*sein einfach nicht so wichtig sei, als dass es groß thematisiert werden müsste. Wir können nur Vermutungen anstellen, welche Begründungen es hier geben könnte. Wir vermuten, dass Kinder und Jugendliche möglicherweise unsicher dabei sind, sich gegenüber anderen trans* Personen zu präsentieren. Sie könnten allerdings auch eine verinnerlichte Ablehnung gegenüber dem Thema Trans* überhaupt und auch gegenüber sich selbst und ihrem So-Sein erleben. Solche verinnerlichten ablehnenden Gefühle sind nichts Ungewöhnliches in einer Gesellschaft, in der trans* Personen häufig abwertend und als seltsam dargestellt werden. Solch ein »Normalisierungsdruck« und ein eigener Wunsch, so zu sein wie alle anderen, sind schwer voneinander zu trennen. Das ist derselbe Effekt, der dazu führt, dass Mädchen ihre Mathe-Kompetenz als unzureichend einschätzen oder kinderlose Paare ihr Leben als weniger wert. Gesellschaftliche Normsetzungen führen, wenn man diesen nicht zu entsprechen glaubt, zu verinnerlichten Selbstabwertungen. Hier hilft es trans* Kindern und Jugendlichen sicherlich, Zeit und Informationen zu haben, nach und nach die Vielfalt trans*geschlechtlichen Lebens kennenzulernen. Eltern können dabei wiederum »Vor-Bilder« sein, indem sie sich mit anderen trans* Personen oder Familien mit trans* Kindern in Verbindung setzen und damit die Schwelle, anderen trans* Kindern zu begegnen, niedriger machen.

Sehr viele trans* Jugendliche sind unserer Einschätzung nach online gut mit anderen trans* Jugendlichen und jungen Erwachsenen vernetzt. Manchmal ergibt es sich einfach, und manchmal ist es nötig, um die etwas isolierte Lebenssituation im ländlichen Raum zu durchbrechen. Auch suchen sich Jugendliche ihre Vorbilder in den sozialen Medien, folgen ihnen und schauen deren Clips und Videos. Das scheint zwar im ersten Moment eine »Einweg«-Bekanntschaft zu sein, aber Follower vernetzen sich auch untereinander und schaffen sich geschützte Orte.

6.2.2 Stealth leben

Stealth (als trans* nicht sichtbar) zu leben, kann von verschiedenen Seiten betrachtet werden. So leben trans* Kinder seit der früheren Kindheit ihre Trans*geschlechtlichkeit in ihrem Habitus, ihrer Rolle und finden es völlig unangemessen, darüber zu sprechen oder ungefragt über sich Auskunft zu erteilen. Sie haben mit ihren Freund*innen, der Bekämpfung von Monstern und Orks oder dem Austricksen ihrer Eltern alle Hände voll zu tun.

In ihrer kindlichen Welt scheint die Geschlechtszugehörigkeit auch jenseits ihres kindlichen Körpers selbstverständlich und »nicht der Rede wert«. Hier beschreiben Eltern manchmal ein Erstaunen über die scheinbare Unbekümmertheit ihres Kindes. Wenn die Eltern jedoch anlässlich von Einschulung, Schwimmunterricht, Übernachtung bei Freund*innen die mögliche Konflikthaftigkeit von Körper und den Erwartungen der unzureichend informierten Menschen ansprechen, erleben sie nicht selten eine vehemente Abwehr des Kindes, darüber zu sprechen, einen Plan zu entwickeln, sich mit den Reaktionsmöglichkeiten der anderen auseinanderzusetzen. Hierbei wird nach unserer Einschätzung deutlich, wie klar und bewusst diesen Kindern das Spannungsfeld ist, dass sie aber einfach keine Lösung dafür sehen. Sie verstehen nicht, warum gerade sie für eine Diskrepanz von Körperlichkeit und gesellschaftlichen Rollenerwartungen, die sie selbst nicht erklären können und die sie auch manchmal verunsichert, Verantwortung übernehmen sollten. Damit wissen sie um ihre Moglichkeiten und Grenzen, wirken aber von außen betrachtet vielleicht etwas eigensinnig. Wir gehen davon aus, dass die Kompetenz dieser Kinder mit ihrem Lebensalter und durch die Vielfalt ihrer sozialen Erfahrungen wächst. Sie wissen um die Spannungen, die sich daraus ergeben, dass sie ein »Geheimnis« tragen, und suchen selbst nach Möglichkeiten, diese zu lindern. Daher sollten diese Kinder Zeit haben und in ihren Überlegungen gelassen begleitet werden. Die (anstehenden) körperlichen Veränderungen anlässlich der Pubertät verschärfen meist den Auseinandersetzungsprozess.

Eine andere Art, stealth zu leben, ergibt sich aus der Nutzung körperlicher geschlechtsangleichender Maßnahmen wie einer Hormontherapie und operativer Eingriffe oder dem Abbinden des Brustgewebes mit einem Binder. Gerade bei einer frühzeitigen Intervention können trans* Jugendliche ein Cis-Passing erlangen, das es ihnen ermöglicht, sich in ihrer Umwelt bis hin zu intimen Beziehungen als cis zu zeigen, also zuverlässig als ihr empfundenes Geschlecht gelesen zu werden. Damit haben sie einerseits das Privileg, trans*spezifischer Diskriminierung zu entgehen und »nur noch« cis-geschlechtsspezifische Diskriminierung zum Beispiel als Frau erleiden zu müssen. Andererseits müssen sie ein »Geheimnis« verwahren und sind immer wieder angehalten zu überlegen, mit welchen Menschen sie was für eine Vertrautheit entstehen lassen können. Daher entscheiden sich viele dieser trans* Personen für eine geteilte Strategie. Ihr nahes und vertrautes Umfeld ist über die trans*geschlechtliche Biografie im Bilde, nicht so zentrale Bezugspersonen wie zum Beispiel Arbeitskolleg*innen, Sportkamerad*innen, ein Bekanntenkreis nicht. Auch aus solch einer teilweisen Stealth-Lebensweise ergeben sich manche Herausforderungen, da die informierten Angehörigen und Zugehörigen in das »Geheimnishüten« einbezogen sind. Auch sie müssen sich vielleicht an bestimmten Stellen dahingehend kontrollieren, wem sie sich anvertrauen. Dieses Involviertsein kann als unterschiedlich herausfordernd und solidarisch erlebt werden. So beschrieb einmal eine Mutter:

> »Fynn war in der Schule out, hatte sich aber fürs Studium entschieden, vorerst stealth zu leben, und genoss das sichtlich. Mich freute das einerseits zu sehen, wie glücklich er damit ist, andererseits musste ich echt aufpassen, wenn ich die neuen Peers aus der Uni kennenlernte, dass ich mich nicht bei irgendwas verplappere, und war innerlich etwas angespannt, wenn auch noch andere Familienmitglieder dabei waren, die sich ungewollt verplappern könnten. Bilder von früher, die eigentlich wieder hängen durften, hab ich auch wieder abgenommen. Es war schön und anstrengend zugleich.«

6.3 Wunsch nach körperlichen Veränderungen

Trans* Kinder und Jugendliche erleben ihren Körper recht häufig als nicht den ganz richtigen, nicht den, der ihre Geschlechtsidentität bestätigt, sondern fast im Gegenteil, als den, der sie »verrät«, der verhindert, dass sie sich ganz und richtig fühlen können, dass sie sich ungezwungen anderen Menschen nähern können, dass sie »einfach sein« können. Es bedarf immer eines besonderen Augenmerks, einer Kontrolle, wie der Körper gerade wirkt, welche Attribute, Proportionen hervortreten und die körperlichen Geschlechtsmerkmale »verraten« könnten. Daher denken viele trans* Kinder und Jugendliche über Möglichkeiten nach, entweder die zu erwartenden »falschen« körperlichen Entwicklungen zu verhindern oder die als falsch erlebten Merkmale zu verändern. Sobald sie sich intensiver damit auseinandersetzen, bemerken sie, dass es da realistische und unrealistische Vorstellungen gibt. Zugleich wünschen sie sich mehr Akzeptanz von ihrer Umwelt hinsichtlich ihres So-Seins. Aber auch hier müssen sie sich manchmal unrealistische Erwartungen eingestehen.

Für das Abwägen haben die Haltungen wichtiger Bezugspersonen eine große Bedeutung. Es geht im Grunde um die Frage: »Wie viel körperliche Veränderungen, Angleichungen brauche ich gerade, um mich mit mir stimmiger zu fühlen, und was – glaube ich – erwartet, ›braucht‹ meine Umwelt, damit sie mich sicherer, besser in meinem richtigen Geschlecht ›lesen‹ und anerkennen kann?« Dies ist natürlich keine Entweder-oder-Frage, sondern eher ein Abwägen mit zwei Waagschalen, bei dem die Seite »für mich« etwas schwerer sein sollte, damit es eine gute Entscheidung wird. Wenn wichtige Bezugspersonen wie Eltern oder Freund*innen sagen: »Wir akzeptieren dein Junge-Sein, dein Mädchen-Sein so wie du bist, einfach dadurch, dass du es uns sagst«, kann die*der trans* Jugendliche vermutlich eine entspanntere Entscheidung für sich treffen. Wenn hingegen jemand sagen würde: »Ich kann dich erst mit dem neuen Namen und Pronomen ansprechen, wenn du auch so aussiehst oder eine tiefe Stimme hast«, würde Druck von außen für eine Behandlung entstehen.

Für den Beginn einer pubertätsaufhaltenden Behandlung mit sogenannten Pubertätsblockern (GnRH-Analoga) geht es noch um ein Vermeiden der drohenden oder noch zu erwartenden und als falsch erlebten körperlichen Veränderungen. Es ist eine Entscheidung *gegen* etwas. Bei einer maskulinisierenden oder feminisierenden Hormonbehandlung oder bei operativen Eingriffen geht es um aktive Veränderungen, um Entscheidungen *für* etwas. Erstere Entscheidungssituation kann als besser überschaubar, einfacher erlebt werden, bei der zweiten handelt es sich um eine Entscheidung für die Zukunft.

6.3.1 Angst vor körperlichen Veränderungen und Eingriffen

Sehr viele trans* Kinder und Jugendliche haben sicherlich bisher kaum Erfahrungen mit Operationen, Narkosen und länger anhaltenden Schmerzen. Und auch die körperlichen Veränderungen aufgrund einer Pubertät wurden manchmal noch nicht erlebt. Jedoch müssen sie für eine reflektierte Position eine Vorstellung davon bekommen, was auf sie zukommt. Natürlich kennen Heranwachsende auch Erzählungen von schweren Komplikationen und unerwünschten Resultaten bei medizinischen Maßnahmen. Daher überlegen Jugendliche genau, ob sie den Schritt einer trans*spezifischen Hormonbehandlung wagen sollten. Sie äußern Furcht vor manchen Veränderungen wie verstärkte Körperbehaarung oder Haarausfall, und sie sind sich unsicher, ob die erhofften Veränderungen tatsächlich ihre Lebenszufriedenheit verbessern. Der Beginn einer hormonellen Behandlung kann gleichermaßen eine große Erleichterung bedeuten und von einer Sorge begleitet werden, ob diese Entwicklung die richtige sein wird. Für beide Gefühlslagen und die jeweiligen Fragestellungen sollte Raum sein. Manchmal scheint es Zeit und eine Anwendungsart von Hormonpräparaten zu benötigen, die Jugendlichen ein »Probieren« ermöglicht. Dann geht es darum, anhand langsamer körperlicher Veränderungen mehr Sicherheit für die eigene Entscheidung zu finden. Bei einer unangenehmen Entwicklung kann es sinnvoll sein, die Hormontherapie zu unterbrechen oder zu beenden, bevor unumkehrbare körperliche Veränderungen eingetreten sind.

Für Eltern allerdings ist die Vorstellung, dass das eigene Kind in den bis dahin meist als gesund wahrgenommenen Körper »eingreifen« möchte, die körperliche hormonelle Entwicklung in eine andere Richtung führen möchten, sehr häufig schmerzhaft und bedrohlich. Gleichermaßen erleben Eltern und andere wichtige Bezugspersonen sehr häufig mit, wie ihr trans* Kind sich mit den geschlechtsrollenspezifischen Anforderungen plagt, versucht mit körperlichen Merkmalen zurechtzukommen und damit eine große Belastung trägt. Nicht selten führen diese psychischen Belastungen auch zu körperlichen Beschwerden, die manchmal als Selbstverletzungen oder Essstörungen sichtbar werden. Auch eine gekrümmte Körperhaltung, das Vermeiden von sportlichen Aktivitäten, Bewegung im Freien oder überhaupt, Kontakte zu anderen Menschen wirken auf den Körper, die körperliche und psychische Entwicklung und damit auf die Zufriedenheit mit sich selbst ein. Eltern, die ihr Kind vielleicht schon durch eine schwere Erkrankung hindurch begleiten mussten, wissen, wie fragil Gesundheit sein kann, wie schwer es ist, medizinische Empfehlungen abzuwägen, können angesichts der Fragestellung einer trans*geschlechtlichen körperlichen Entwicklung eine erneute schwere und schwer einschätzbare Situation vor sich sehen.

Wir denken, dass es insbesondere für Eltern eine große Herausforderung ist, ihr Kind auch bei dieser Fragestellung als ein Wesen zu sehen, bei dem sich das körperliche und das psychische, seelische Dasein nicht voneinander trennen lassen, und dabei zu verstehen, dass die Suche nach einer guten Lösung die Einbeziehung verschiedener Ebenen erfordert. Hinzu kommt, dass die jetzigen Jugendlichen ihr ganzes langes Erwachsenenalter von ihren heutigen Entscheidungen profitieren können sollten. Eine Transition ist ein lebenslanger Prozess, der in unterschiedlichen Lebensphasen verschiedene Gewichtungen hat. Zu Beginn stehen häufig die wichtigen Fragen der körperlichen Angleichung im Fokus. Sie müssen in einer Situation bewältigt werden, die von Unsicherheit bezüglich der Verantwortung und Pathologisierung gezeichnet ist.

Wenn wir uns dann die »Arbeit« vergegenwärtigen, die letztlich über die Lebensspanne hinweg nötig ist, um ein sicheres, zufriedenes Leben als trans* Person zu führen, finden wir weitere Aufgabenstellungen auf vielen Ebenen. Für die Einleitung einer hormonellen Behandlung brauchte es eine gewissenhafte Auseinandersetzung für eine informierte Entscheidung auf der Grundlage des aktuell vorhandenen Wissens. Die körperlichen Veränderungen müssen verkraftet werden, das Verhältnis zum Körper bleibt dabei im Grunde ein lebenslanges Thema der Integration und inneren Auseinandersetzung, weil es ein »trans*geschlechtlicher Körper« ist und bleibt. Später kann die Hormonversorgung für das Wohlbefinden verändert werden, operative Eingriffe können auch nach Jahren eines trans*geschlechtlichen Lebens Bedeutung bekommen. Die medizinischen Weiterentwicklungen in der Chirurgie und Endokrinologie werden verfolgt und hinsichtlich der eigenen Lebensqualität abgewogen. In diesen Zusammenhängen geht es auch darum, Sexualität zu gestalten und über eine familiäre Zukunft nachzudenken. Dazu kommen immer wieder die Aufgaben abzuwägen, wie man sich in der Gesellschaft, im Beziehungs- und Berufsleben bewegen möchte. Es kann darum gehen, sichtbar und unsichtbar zu sein, sich zu öffnen oder zu schützen.

Das Abwägen von körperlichen Eingriffen ist für Heranwachsende eine große Herausforderung, da sie Entscheidungen für eine Zukunft treffen, die sie noch nicht sehen können. Aus einer anderen Perspektive können wir jedoch daneben stellen, dass der Zugang zu geschlechtsangleichenden Maßnahmen in jungen Jahren ein großes Geschenk ist, da für die geschlechtliche Zukunft ein großer Gestaltungsspielraum zur Verfügung steht und unerwünschte Veränderungen nicht ertragen werden müssen.

6.3.2 Kinder- und Enkelwunsch

Vor dem Beginn von hormonellen Behandlungen sollte immer thematisiert werden, dass hierdurch die Fertilität, die Fruchtbarkeit der heranwachsenden Person entweder nicht eintritt – bei einer frühen Anwendung von GnRH-Analoga – oder dass sie unterbrochen wird – bei späterem Behandlungsbeginn und bei identitätsbestätigenden Hormonbehandlungen. Obwohl hierdurch die Fruchtbarkeit erfahrungsgemäß »nur« ausgesetzt wird und nicht unwiederbringlich verschwindet, bleibt es doch ein erheblicher Eingriff in die Wahrscheinlichkeit, später ein Kind zeugen oder gebären zu können. Hinzu kommt natürlich gleichermaßen die Frage, ob trans* Jugendliche überhaupt ein Kind zeugen oder gebären wollen, da dieses Geschehen ja ihr »altes Geschlecht«, das Zuweisungsgeschlecht zu bestätigen scheint. Trans* Jugendliche müssen sich häufig sehr früh mit einer komplexen Fragestellung auseinandersetzen: »Kann ich es mir überhaupt vorstellen, jemals ein Kind zeugen oder gebären zu wollen, und was tue ich heute schon dafür?« Erstaunlich viele Jugendliche haben nach unserer Erfahrung schon darüber nachgedacht, wenn sie sich mit Hormonbehandlungen beschäftigen. Sie haben an Adoptionen gedacht, wobei sie häufig die heutigen bürokratischen und trans*feindlichen Hürden unterschätzen, und sie können sich ein Leben in einer Patchworkfamilie vorstellen. Manche erleben es als entlastend, wenn sie hören, dass auch trotz einer Hormontherapie noch Möglichkeiten der natürlichen oder assistierten Fortpflanzung bestehen. Entlastend ist es, wenn ihnen ihre Eltern signalisieren können, dass sie ihr Kind auch ohne das Geschenk von Enkeln lieben und dessen heutige Entscheidung respektieren. Selbstverständlich wissen viele trans* Jugendliche, dass ihre heutigen Gedanken zu eigenen Kindern später anders aussehen können, doch ist die jetzige Lebenssituation einfach real und muss bewältigt werden.

Für Eltern und angehende Großeltern geht es auf der einen Ebene vielleicht um die Frage, die eigenen Erwartungen und Sehnsüchte hinsichtlich der Vorstellung von Enkeln in den Blick zu nehmen und auf einer anderen Ebene dem eigenen Kind, dem vielleicht noch sehr jungen Jugendlichen hier eine gute, zumindest vorläufige Entscheidung zuzutrauen. Wichtig und entlastend kann hierbei der Gedanke sein, dass Kinder nicht verpflichtet sind, die Wünsche ihrer Eltern zu erfüllen.

Manchmal werden Eltern und Kinder in dieser Situation auch damit konfrontiert, welchen Stellenwert das Kinderhaben in unserer Gesellschaft hat und welcher Druck dabei entstehen kann. Es können die eigenen Erfahrungen von Kinderwunschbehandlungen, Erfahrungen von Schwangerschaftsunterbrechungen wieder hervortreten. Es kann die Erinnerung an Kinder, die nicht leben konnten und die in der Schwangerschaft starben, nahekommen. Damit schwingt immer die elterliche Lebensgeschichte mit, wenn das eigene Kind mit der Frage des Kinderwunsches konfrontiert ist.

Ganz pragmatisch kann das Angebot sein, trans*weiblichen Jugendlichen die Unterstützung für eine Kryokonservierung, also das Einfrieren von Samenzellen, anzubieten. Jedoch empfinden trans* Mädchen die Vorstellung einer Samenabgabe nicht selten als sehr verstörend und sollten nicht dazu genötigt werden. Bei sehr jungen trans* Mädchen besteht der Konflikt, dass das Warten bis zur Fortpflanzungsreife mit dem Stimmbruch einhergehen würde. In solch einer Situation bewerten trans* Mädchen eine eher feminine Stimme als deutlich wichtiger im Vergleich zu einer möglichen späteren Zeugungsfähigkeit. Bei trans* männlichen und nicht-binären Jugendlichen mit einer Gebärmutter, einem Uterus, kann vor dem Hintergrund von Erfahrungswerten gesagt werden, dass, wenn die Fortpflanzungsfähigkeit einmal vorhanden war, diese auch wieder eintreten würde, wenn man die Testosteronbehandlung unterbricht. Daher ist es möglich und heutzutage auch gar nicht so selten, dass trans*männliche und nicht-binäre Personen ein Kind austragen. Als tröstlich und etwas entlastend betrachten wir den Gedanken, dass wir zum heutigen Zeitpunkt nicht die Möglichkeiten in der Zukunft kennen, die zu einer Fortpflanzung führen können. Vielleicht stehen den heutigen Kindern und Jugendlichen später reproduktive Möglichkeiten zur Verfügung, die jenseits unserer Vorstellungen liegen.

6.3.3 Angst vor falschen Entscheidungen

Aus unseren bisherigen Erfahrungen können wir berichten, dass trans* Jugendliche sehr häufig auch Angst vor Fehlentscheidungen hinsichtlich einer Hormontherapie oder einer Operation haben. Aber nicht alle haben im Vorfeld eine gute Gelegenheit, diese zu formulieren. Es können Ängste sein, die fragen: »Ist es wirklich das Richtige für mich, fühle ich mich dann besser? Hilft es wirklich, dass ich dann in der Klasse, in der Ausbildung, auf der Straße, in der Gesellschaft etwas besser zurechtkomme? Kann ich mich dann unbeschwerter auf andere Menschen einlassen, Nähe zulassen? Kann ich mich dann anschauen ohne traurig zu werden? Ist es der richtige Zeitpunkt?« Trans* Jugendliche brauchen für solche Abwägungen und ihre Ängste einen Raum, in dem sie reden, schweigen und grübeln können, ohne dass ihre Ängste zum Anlass genommen werden, dass Trans*sein zu bezweifeln, ihnen die Entscheidungsfähigkeit abzusprechen oder ihre Unsicherheiten dazu auszunutzen, sie weiter zu verunsichern. Sie benötigen also ein Gegenüber, das ihnen zuhören, mit ihnen gemeinsam beratschlagen und sie stärken kann, wenn trotz allen Grübelns und Abwägens eine Restunsicherheit bleibt. Hierzu sind auch genaue Informationen wichtig, was die erwünschte Behandlung tatsächlich kann und was nicht, aber auch ein Wissen darum, wie weit eine Hormontherapie erprobt werden kann, bevor Effekte eintreten, die nicht mehr umkehrbar sind. Uns begegnen Jugendliche, die schon von einem langen Auseinandersetzungsprozess berichten können, andere, die weitere Informationen gut gebrauchen können, und manche, die nur schwer aus ihren Zweifeln herausfinden und erst über ein Probieren, ein Erleben von körperlichen Veränderungen Klarheit erlangen. Wir gehen davon aus, dass es keine wichtigen Entscheidungen im Leben gibt, die nicht auch ein Zweifeln, eine Ängstlichkeit vor den Konsequenzen beinhalten und manchmal zum falschen Zeitpunkt anstehen. Jedoch können wir aufgrund unserer Erfahrungen sagen, dass die Auseinandersetzungen mit den Fragen von körperlichen Veränderungen immer ernst zu nehmen sind und Unterstützung verdienen. Manchmal wird in den Medien oder in Fachgesprächen von Jugendlichen berichtet, die sich von einer Hormontherapie eine umfangreiche Verbesserung ihrer Lebenssituation erhoffen würden, die sagen, dass solch eine Behandlung die einzige Lösung für all ihre Probleme wäre. Diese Vorstellung ist sehr unrealistisch. Solche trans* Jugendlichen sind uns noch nicht begegnet. Wir können uns aber vorstellen, wie solch eine Konstellation zustande kommen kann. Es kann eine Dynamik des »Unbedingt!« und »Sofort!« und »Nichts als das!« entstehen, wenn die Bedürfnisse der jugendlichen Person in Zweifel gezogen, als falsch und wirr abgelehnt werden. Dies kann Eltern, die solch eine Entscheidung mittragen müssen, oder Psychotherapeut*innen, die eine Behandlungsempfehlung schreiben müssen, passieren. Dann kann es geschehen, dass Jugendliche versuchen, alle möglichen und unmöglichen bzw. unrealistischen Argumente zusammenzutragen, um das Gegenüber von ihrem Behandlungswunsch zu überzeugen, weil sie glauben, dass mehr desselben dabei helfen könnte, ihr Ziel zu erreichen. Damit geraten sie leider in eine Sackgasse von Unglaubwürdigkeit, weil ihnen die Würde, ein legitimes Bedürfnis zu haben, durch Misstrauen entzogen wurde. Wir betrachten solch eine Dynamik als besonders schädlich, weil hierbei der Raum für Abwägungen, Zweifel und Ängste zugunsten des Kampfs um Anerkennung und Respekt verloren zu gehen droht. Für die elterliche Perspektive sehen wir hier die besondere Herausforderung, ihrem Kind eine Kompetenz zuzutrauen, die ihrem Alter und Entwicklungsstand angemessen scheint. Sie müssen mit ihrem Kind in Kontakt sein und dabei die eigenen Ängste als die eigenen, elterlichen Ängste verstehen und ihrem Kind eine Zukunft und damit auch einen Irrtum zugestehen. Die Erfahrung zeigt, dass Menschen mit einem Irrtum, zu dem sie sich selbst entschieden haben, viel besser zurechtkommen als mit einer irrtümlichen Entscheidung, die nicht die ihre war.

Auch wenn die Entscheidungen für oder gegen den Beginn einer Behandlung eine große Herausforderung darstellen, sind die Effekte dieses Prozesses allermeist eine gute Entschädigung dafür. Selbst wenn noch keine körperlichen Veränderungen sichtbar sind, ist allein schon die getroffene Entscheidung oder der Beginn der Behandlung eine große Entlastung. Jugendliche beschreiben, dass der Kopf frei wurde für andere wichtige Herausforderungen wie Schule und Lernen, es leichter wurde auf andere zuzugehen und sie weniger einsam sind.

Aus der Beratungsperspektive können wir hier hinzufügen, dass die Jugendlichen die zu erwartenden Veränderungen der kommenden Hormonbehandlung realistisch einschätzen können. Die geäußerten Hoffnungen sind sehr selten überzogen.

6.3.4 Coming-out nach dem Beginn der Hormontherapie

Ein Coming-out in allen Lebensbereichen ist für manche Jugendliche erst möglich, wenn die durch eine Hormontherapie herbeigeführten Veränderungen schon begonnen haben. Dies kann verschiedene Gründe haben und ist eine legitime Reihenfolge. Auch die internationale Leitlinie (WPATH, 2022) formuliert, dass soziale Erfahrungen vor dem Beginn einer Hormontherapie zwar wünschenswert, keinesfalls aber Bedingung sind. So gibt es Verläufe, in denen Jugendliche einschätzen, sich erst nach einem Schulwechsel outen zu können, aber die Zeit bis dahin nutzen zu wollen, eine gewisse Feminisierung oder den maskulinen Stimmbruch zu erreichen. Andere erhoffen sich eine gewisse Stärkung ihres Selbstbewusstseins, eine erste Linderung ihrer Ängste, wenn sie miterleben, wie ihr Körper langsam »richtiger« wird. Dies kann ihnen helfen, in einer eher skeptischen oder gar feindlichen Umgebung besser zu bestehen, vielleicht etwas weniger sichtbar zu sein oder sich zumindest besser gegen Angriffe behaupten zu können, weil sie selbstbewusster geworden sind. Natürlich sollten Jugendliche abwägen, wie lange ein nicht geoutetes Trans*sein noch möglich sein wird, bevor die geschlechtsspezifischen Veränderungen sie »verraten« könnten. Wenn es um verweiblichende Veränderungen wie das Brustwachstum geht, ist erfahrungsgemäß die Zeit eines halben Jahres gut vorstellbar, wenn es um den Stimmbruch geht, können drei Monate schnell vorbei sein. Wenn solche Überlegungen insbesondere aufgrund von großer Unsicherheit oder Ängsten nötig sind, empfehlen wir eine gute psychotherapeutische Begleitung. Hormontherapien und die hierbei angeregten körperlichen Veränderungen können zwar ganz erstaunliche Verbesserungen der Lebensqualität von trans* Jugendlichen bewirken, ein alleiniges »Heilmittel« bei psychischen Erkrankungen sind sie aber nicht.

6.3.5 Forderung nach Coming-out

Immer wieder berichten Jugendliche, dass von ihnen gefordert wurde, sich vor der Klasse zu outen und sich zu erklären; dies auch, wenn sie gerade stealth leben oder wenn sie selbst einschätzen, dass ein ganz »offizielles« Coming-out gerade keine gute Idee ist, weil sie Mobbing befürchten. Die Beweggründe solcher Aufforderungen von Lehrer*innen oder Psychotherapeut*innen sind vielleicht nachvollziehbar, in jedem Falle aber unangemessen. So gibt es Therapeut*innen oder gar Mitarbeiter*innen des medizinischen Dienstes, die meinen, erst ein geoutetes Leben sei ein angemessener »Alltagstest«, und dies sei nötig, um die Trans*geschlechtlichkeit anzuerkennen. Lehrer*innen finden es manchmal legitim, ein offizielles Coming-out zu fordern, weil sie glauben, es gebe eine Pflicht dazu. Dahinter kann die Haltung stehen, dass sich das »Abweichende« gegenüber dem »Normalen« zu erklären oder gar noch zu rechtfertigen habe. Hinzu kommt hier auch das Problem, dass Lehrer*innen mit diesem Vorgehen versuchen, sich ihrer eigenen pädagogischen und ethischen Verantwortung zu entledigen. Sie sollten eigentlich für den bestmöglichen Diskriminierungsschutz sorgen, selbst eine adäquate Wissensvermittlung arrangieren und trans* Kinder und Jugendliche aktiv stärken.

Abschließend möchten wir gerade an dieser Stelle, nach dem Beschreiben vieler möglicher Schwierigkeiten, davon berichten, wie überraschend gut sich trans* Jugendliche nach dem Beginn ihrer sozialen und/oder medizinischen Transition entwickeln. Sie »blühen« geradezu auf. Sie zeigen ein stabileres Selbstbewusstsein, scheinen zu »wachsen«, weil sie nicht mehr den Kopf einziehen oder einen Buckel machen, sie wenden sich anderen Lebensthemen zu wie der Schule, Beziehungen und gemeinsamen Unternehmungen mit Gleichaltrigen. Symptome psychischer Erkrankungen können deutlich zurücktreten (Kapitel 4.3) oder zumindest wird geschildert, dass ein besserer Umgang damit möglich wird. Viele trans* und nicht-binäre Jugendliche sind stolz auf das, was sie geschafft haben, auf ihre Unbeirrbarkeit, ihr Durchhaltevermögen und ihr Aushalten von Verunsicherungen und Anfeindungen. Eltern berichten, wie sie die glücklichen Augen ihres Kindes wahrnehmen, erstaunt feststellen, wie leicht Probleme nun gelöst werden können und wie gut der Kontakt und das familiäre Miteinander werden können.

6.4 Unsicherheiten und Widersprüche aushalten

Wenn wir uns anschauen, was Familien während der Konfrontation mit dem Thema der Trans*geschlechtlichkeit zu verstehen, auszuhalten und zu bewältigen haben, denken wir, dass es in einem hohen Maße darum geht, mit unerwarteten Widersprüchen, Unsicherheiten und Zweifeln zurechtzukommen. Dies kann sich auf der Ebene von Erzählungen und Erinnerungen widerspiegeln, beim Umgang mit dem eigenen Körper, bei der Frage nach Sexualität und natürlich hinsichtlich der Frage, ob und welche körperverändernden Maßnahmen die »richtigen« oder die »falschen« sein können.

Trans* Kinder und Jugendliche können im Gegensatz zu ihren Eltern oder anderen Familienangehörigen einen recht unterschiedlichen Umgang mit rückblickenden Erzählungen über sich, mit älteren Fotos und Videos haben. Eher selten haben wir es erlebt, dass es den Kindern und Jugendlichen egal ist, wie insbesondere die Eltern oder Geschwister damit umgehen. Häufiger scheint es wichtig zu sein, ältere Abbildungen, die aus der Sicht des Kindes das zugewiesene Geschlecht zeigen, nicht im allgemein zugänglichen Bereich der Wohnung zu haben, wo Besucher*innen sie sehen könnten. Auch auf den Plattformen sozialer Medien sollen solche Bilder nicht sichtbar sein – wobei sich hier vielleicht auch die Frage stellt, ob Bilder der Kinder gepostet werden dürfen und wie deren Rechte am eigenen Bild berücksichtigt sind. Bei Erzählungen finden es trans* Kinder und Jugendliche allermeist passend, auch rückblickend das neue Pronomen und den neuen Namen zu verwenden. Das elterliche oder geschwisterliche Argument »Aber damals warst du doch noch …« wird eher als unangemessen erlebt. Die Entgegnung lautet dann: »Ich wusste es damals nur noch nicht.« Oder »Ich konnte es damals noch nicht aussprechen, aber ich habe es schon gefühlt.« Auch wenn es sich vielleicht kränkend anfühlen sollte: Ein Verständnis an dieser Stelle ermöglicht es deutlich einfacher, gemeinsam alte Geschichten zu erzählen.

Manchmal scheinen Kinder das Problem zu haben, ihre eigene geschlechtliche Identität, zum Beispiel »Ich bin ein Junge« mit ihrer Geschichte, ihrer Vergangenheit in Einklang zu bringen, also mit der Erzählung der Eltern, sie seien »als Mädchen geboren« oder diese hätten »erst gedacht, ein Mädchen zu haben«. So gibt es Kinder, die sich dafür ein *fantasiertes Geschwister* ausdenken. Sie können von »ihrer Schwester« sprechen, wenn sie von sich und ihrem Baby-Sein erzählen. Bei der Interpretation von Fotos aus der Vergangenheit kann dieses Konstrukt dazu dienen, auf dem Foto von sich selbst die »kleine Schwester« zu erkennen. Diese Vorstellung kann über einen langen Zeitraum in die Selbsterzählung integriert werden. Auch kann das »Geschwister« geradezu ein Eigenleben bis hinein in die Gegenwart der erzählenden Person entwickeln. Ein Hinterfragen wird häufig abgewehrt, es scheint nicht verhandelbar zu sein. Für Eltern und besonders Psychotherapeut*innen, Berater*innen scheint dieses Phänomen häufig verunsichernd und kann recht ratlos als Realitätsverlust missverstanden werden.

Wir verstehen dieses Phänomen als Anpassungsleistung, da es darauf hinweist, wie schwer es Kinder haben können, in einer Umwelt, die ein geschlechtliches Entweder-Oder vermittelt, ein Zwei-Sein, eine weibliche Körperlichkeit und eine männliche Geschlechtsidentität, ein So-Geboren und ein Sich-so-Erleben, solch eine dichotome Diskrepanz für sich zu verstehen. Dieses Zwei-in-einem-Sein benötigt vermutlich daher erst einmal getrennt gedachte Anteile, damit es mit den Umweltvorstellungen in Einklang gebracht werden kann. Manchmal scheinen zu diesem Phänomen auch Elternteile zu gehören, welche die geschlechtliche Identität ihres Kindes unterschiedlich anerkennen oder gar ablehnen oder die eine sehr dichotome Vorstellung von Geschlechtern haben. Für Kinder in solchen Situationen scheint eine Vorstellung von einem Übergang, von einem Beides-Sein, einem Sowohl-als-auch-Sein noch nicht zugänglich. Vielleicht haben manche solcher Kinder auch das Gefühl, dass so eine Vorstellung ein Elternteil überfordern, ängstigen könnte, sodass dieses davor bewahrt werden muss. Es ist uns kein Beispiel dafür bekannt, dass so eine Vorstellung, solch ein »Geschwister« die Kinder, die es kreiert haben, irgendwie beeinträchtigen würde oder zu etwas führen würde, was ihnen schadet. Wir betrachten es als einen Lösungsversuch des Kindes, mit den oben genannten Spannungen umzugehen und sich damit möglichst komfortabel zu fühlen. Doch die skeptischen Reaktionen in der Umwelt können sehr verunsichern. Die Auseinandersetzungen der Eltern mit ihren eigenen Vorstellungen von Geschlecht und mit ihren Ängsten, auch den Ängsten um die glückliche Zukunft ihres Kindes können das Kind unterstützen, mit der eigenen Vielfalt gut zurechtzukommen.

6.5 Körpererleben, Beziehungen, Sexualität*en

Trans* Kinder und Jugendliche sehen sich häufig den drängenden Fragen zu ihrem Körper und zu körperlichen Veränderungen ausgesetzt. Sie müssen letztlich eine Antwort auf die Frage finden, ob sie sich selbst annehmen und lieben können und ob auch andere sie stimmig, interessant und später begehrenswert finden können. Vermutlich jede einzelne Entscheidung – mit einer bestimmten Körperlichkeit zurechtzukommen oder eben etwas verändern zu müssen – wird von den beiden Seiten dieser Überlegungen beeinflusst. Das individuelle Abwägen, Probieren, Ausblenden und Konstruieren kann viele Facetten haben. Kleinere Kinder haben manchmal noch altersentsprechend idealisierte Vorstellungen, sie sind »frohen Mutes«, dass ihr Körper später noch von allein »richtigerer« wird. Wenn sie jedoch schon verstehen, dass dies nicht so funktionieren wird, wollen sie nicht selten ihre »verräterischen« Körperteile verbergen, ignorieren, nicht hinschauen, manchmal sogar abschneiden, »wegmachen«, nicht darüber reden. Nur manchmal entsteht ein Gespräch, das dann voller Trauer, Verzweiflung und auch Wut sein kann. Wir verstehen es so, dass es jüngeren Kindern in ihrer Fantasie noch ohne Weiteres gelingen kann, zum Beispiel ein Saurier und gleich darauf ein kleines Kätzchen zu sein. Es gibt kaum Unvereinbarkeiten. Jedoch »erzieht« die Umwelt recht früh und konsequent dazu, dass ein Mädchen- und ein Junge-Sein eben nicht gleichzeitig vorstellbar ist. Die immer klüger werdenden Kinder lernen und »verstehen« diese Unvereinbarkeit und verstehen dabei gleichermaßen, dass es für ihr Selbsterleben, für ihr Gefühl mit sich selbst kein Bild, kein Vor-Bild gibt. Das kann zur Verzweiflung führen und wütend machen. Die trans* Kinder haben nun auch »gelernt«, dass die Geschlechtszugehörigkeit an den Genitalien festgemacht wird. Damit werden diese häufig als die »falschen« verstanden.

In der Zeit vor der Pubertät ist eine Akzeptanz des eigenen Körpers vielleicht noch gut möglich, weil die kindlichen Proportionen bei allen Kindern noch recht ähnlich sind. Wenn jedoch die Pubertät beginnt, spitzt sich die Situation häufig zu. Der sich verändernde Körper wird »geschlechtsanzeigend«, und das ist, im Gegensatz zum Genital, nicht mehr zu verbergen, zu überspielen und zu ignorieren. Nicht selten berichten uns trans* Jugendliche oder junge Erwachsene rückblickend von dieser Zeit, dass ihnen die letzte Unbeschwertheit abhandenkam. Sie wurden stiller, einsamer, trauriger und weniger präsent bei den Freund*innen und in der Schule. Dieser Zustand kann so bedrückend oder zentral werden, dass die innere Auseinandersetzung damit nicht mehr aufhört. Mit Suchbegriffen oder Fragen wie »Warum fühlt sich mein Körper so falsch an?«, »Mädchen, das sich wie ein Junge fühlt«, »Geschlechtswechsel« finden sie recht schnell Informationen zu trans* und nicht-binären Lebensweisen und auch zu Antworten auf die Frage, welche medizinischen Möglichkeiten es gibt. Das mag im ersten Moment als erleichternd erlebt werden, doch dann entstehen viele Fragen dazu, die lauten können: »Hat das was mit mir zu tun?«, »Kann mir so eine Behandlung helfen?«, »Kann ich mir sicher sein?«, »Sollte ich doch lieber erst einmal so leben, wie ich bin, vielleicht geht es ja doch?«, »Was ist, wenn es mir hinterher gar nicht besser geht?«, »Was sagen meine Eltern dazu?« Die Auseinandersetzung mit den Möglichkeiten und Unmöglichkeiten von körperlichen Veränderungen werden nicht selten als sehr kompliziert, aber auch sehr drängend erlebt, da der Körper sich jeden Tag etwas mehr zu verändern scheint und dies sich zunehmend »falsch« anfühlt. Eine jugendliche Person nannte es einmal: »Gehirn-Schach gegen sich selbst.«

Manche Jugendliche scheinen von den Auseinandersetzungen mit dem eigenen Körper so eingenommen zu sein, dass die Abneigung gegenüber dem »falschen« Körper oder bestimmten Körperbereichen so stark ausgeprägt ist, dass eine weitgehende Vermeidung von Kontakt mit dem eigenen Körper wichtig sein kann. Das kann sich im Unbehagen beim Betrachten des eigenen Spiegelbildes, von Fotos oder bei der Körperhygiene ausdrücken. Manchen Jugendlichen hilft es tatsächlich, wenn es im Bad einen Vorhang oder Ähnliches gibt, der den Spiegel verdecken kann.

In solch einem Zustand scheint es Jugendlichen dann kaum noch möglich, über Körperlichkeit mit anderen, also über Beziehungen und Sexualität nachzudenken. Manche beschreiben sich als asexuell, vielleicht nicht dauerhaft, jedoch über eine längere Zeit. Da wäre es für sie eine massive Überforderung, Antworten zu geben auf Fragen nach gewünschter oder gelebter Sexualität. Andere Jugendliche können sich körperliche Nähe und ein, vielleicht vorsichtiges, Experimentieren vorstellen und probieren es aus. Dabei scheint es von großer Bedeutung zu sein, in Momenten der Annäherung benennen zu können, welche Körperareale und Praktiken gerade möglich sind und wohl als angenehm erlebt werden und wo Grenzen und »Sperrgebiete« sind. Dies sollte unbedingt respektiert werden. Im Gespräch mit Jugendlichen kann es sehr wichtig sein, diese darin zu stärken, sich der eigenen Grenzen bewusst zu werden und diese klar zu benennen. Manchmal denken trans* Jugendliche von sich selbst, dass ihre Bedürfnisse weniger wert seien als die ihres Gegenübers. Solch eine Selbstabwertung kennen sicherlich auch viele andere Jugendliche, und alle sollten unterstützt werden, diese zu überwinden. Manchmal haben Jugendliche schon Erfahrungen von Übergriffigkeit und auch sexualisierter Gewalt erlebt, bevor sie sich selbstbestimmt mit körperlicher Nähe und Sexualität auseinandersetzen. Dafür müssen sie für die belastenden Erinnerungen und die jetzigen Sehnsüchte und Bedürfnisse gleichermaßen einen guten Umgang finden.

Für Sexualität mit sich selbst sind nach unserer Einschätzung trans* Jugendliche unterschiedlich zugänglich. Manche erleben ihr Genital als nicht stimmig, aber nicht unbedingt als falsch und haben daher vielleicht einen etwas entspannteren Zugang, sich zu berühren und sich einen als angenehm erlebten Orgasmus zu verschaffen. Andere berichten davon, sich in einem Zwiespalt zu erleben. Sie beschreiben, dass sie manchmal eine große Lust verspüren, einen Orgasmus haben und sich hinterher sehr dafür schämen oder eklig finden. Sie begründen es so, dass sie dieses Erleben zu sehr mit ihrem eigentlich »falschen« Genital konfrontiert hat. Manchmal scheinen sexuelle Fantasien zu helfen, in denen sie sich beim Selbstbefriedigen in einem andersgeschlechtlichen Körper vorstellen. Eine weitere Möglichkeit für Sex mit sich selbst kann es sein, sich ohne direkten Kontakt mit den Genitalien zum Orgasmus zu bringen und dabei weitere erogene Zonen intensiv mit einzubeziehen. Für die Jugendlichen kann es eine große Herausforderung sein, sich selbst so zu behandeln und zu erforschen, dass es ihnen gut damit geht. Die einfach zugänglichen, allermeist heteronormativen und sexistischen pornografischen Anregungen bilden allermeist nicht die eigenen Bedürfnisse ab und sind damit keine Hilfe. Einem nicht geringen Teil jugendlicher trans* Personen ist eine Sexualität mit sich selbst nicht zugänglich. Sie möchten sich nicht erotisch berühren und keine Erregung spüren. Spontane Orgasmen werden als äußerst unangenehm erlebt. All dieses Selbsterleben kann zu einem jugendlichen trans*geschlechtlichen Aufwachsen gehören.

Trans* Jugendliche können hinsichtlich ihrer sexuellen Praxis von eher traditionellen Rollenbildern geprägt sein, aber gleichermaßen auch von

Vorstellungen zu emanzipierten Praktiken, konsensuellen Gesprächen und der gemeinsame Suche nach einer innigen, aufregenden und nicht bedrohlich erlebbaren Sexualität. Es kann eine große Herausforderung sein, sich von eher heteronormativen Praktiken frei zu machen. Jedoch wissen wir über die Sexualitäten von trans* Personen (Hamm, 2020), dass sie weniger an Penetration orientiert sein können, weniger auf genitalen Sex fixiert, sondern mehr auf andere erotische Areale und dabei weniger das »Ziel« im Auge haben, sondern mehr den »Weg«, ein gegenseitiges Entdecken, ein Innehalten, ein Genießen und ein Lachen über sich selbst. Auch das kreative Umbenennen von Geschlechtsmerkmalen kann helfen, entspannter über Bedürfnisse und Praktiken ins Gespräch zu kommen.

Aus der Perspektive der Eltern kann die Frage, wie das Kind den eigenen Körper zumindest etwas annehmen und sich etwas liebhaben kann, wichtig sein. Manchmal entstehen dabei auch Erinnerungen an die eigene Jugend und die damalige Auseinandersetzung mit dem Körper, den vielen Bewertungen, dem Druck, irgendwelchen Idealen entsprechen zu müssen, im Zweifel sogar denen der Gleichaltrigen und denen der Eltern im gleichen Moment. Aber auch die beflügelnden Erfahrungen des ersten Verliebtseins, der ersten angenehm erlebten Sexualität können erinnert werden. Eltern wünschen sich solche »erlösenden« Momente, ein stimmiges Sex-Haben und dabei das Gefühl zu erleben, liebenswert, richtig zu sein, auch für ihre Kinder. Mit großer Wahrscheinlichkeit ersehnen sich die trans* Kinder auch ziemlich genau solch ein Erleben, dieses »Ankommen«. Doch wird ihr Weg dahin vermutlich ein etwas anderer sein und ist nicht immer ohne trans*spezifische körperliche Veränderungen zu schaffen. Für Eltern kann dies bedeuten zu verstehen, dass die eigenen Erfahrungen zwar als Modell dienen können, aber nicht als Vorlage für das Glück und die Zufriedenheit des Kindes. Damit entsteht möglicherweise ein gefühlt größerer Abstand zwischen dem eigenen Leben und dem des trans* Kindes, und das kann sich vielleicht wie ein Verlust, ein viel zu frühes Loslassen-Müssen anfühlen. Für die Auseinandersetzungsprozesse der Jugendlichen ist es hilfreich, wenn Tabus, Beschämung und Sprachlosigkeit überwunden werden.

6.6 De-Transitionen

Eine De-Transition, also eine Entscheidung gegen die bisherigen körperlichen oder rechtlichen Transitionsveränderungen kann aus verschiedenen

Motiven erfolgen. Als Erstes denkt man sicherlich an einen Irrtum bei einer Behandlungsentscheidung. Jedoch sind es häufiger Beweggründe, die mehrheitlich durch die Umwelt erzeugt werden (Turban et al., 2021). So können es der anhaltende Diskriminierungsdruck vonseiten der Familie oder des nahen Umfeldes sein, ein drohender Jobverlust, aber auch eine mangelnde Aufklärung zu den Wirkungen von Hormontherapien und nicht zufriedenstellende Operationsergebnisse. Es kann auch die Angst vor medizinischen Eingriffen sein, die maßgeblich zur Entscheidung für eine De-Transition führt.

Letztlich kommen hier äußere und innere Gründe zusammen, wobei die äußeren Faktoren laut der aktuellen Studienlage eine größere Bedeutung haben. Jedoch gibt es laut Studienlage auch einen geringen Prozentsatz von De-Transitionsentscheidungen, bei denen innere, höchstpersönliche Beweggründe maßgeblich waren, also ein Irrtum vorstellbar ist (Turban et al., 2021).

Bei den entsprechenden De-Transitionsentscheidungen spielt auch wieder die Frage der Perspektive der anderen eine große Rolle: »Was muss ich anderes tun oder unterlassen, um mehr akzeptiert oder geliebt zu werden als bisher?« Die Frage nach den inneren Beweggründen: »Was muss oder kann ich tun, um mich noch richtiger, stimmiger mit mir selbst zu fühlen?« sollte bei den Abwägungen jedoch gleichermaßen mit im Blick sein dürfen. Ansonsten wäre zu befürchten, dass auch die De-Transitionsentscheidung nicht zur vermehrten Stimmigkeit mit sich selbst führt, sondern (wieder) zu sehr an gesellschaftliche Normen oder Erwartungen geknüpft ist. Die erneute Auseinandersetzung benötigt ein Gesprächsangebot und einen geschützten Raum jenseits normativer Geschlechterklischees und mit einem großen Bewusstsein für Diskriminierungsrisiken.

Neben der ganz individuellen Auseinandersetzung mit einem möglichen Irrtum, der eigenen Scham, geht es dann auch darum, welche Möglichkeiten es gibt, körperliche Veränderungen entweder ungeschehen zu machen oder mit ihnen trotzdem leben zu können. Dazu kommt manchmal die Aufgabe, diese Entscheidungen gegenüber der Familie, Freund*innen, aber auch Kolleg*innen, Mitschüler*innen, Nachbar*innen und Arbeitgeber*innen zu vertreten und vielleicht auch erklären zu müssen.

All diese Fragestellungen können zu einer Haltung führen, die sagt: »Es wäre doch besser, wenn erst gar nichts passiert wäre!«, also dass es besser gewesen wäre, körperliche Transitionsschritte grundsätzlich zu unterlassen. Das ist zwar verständlich, würde aber etwa 98 Prozent aller trans* Personen nicht gerecht werden, die sich nach dem bisherigen Kenntnisstand (AWMF, 2018) bei ihren Transitionsentscheidungen nicht geirrt haben. Außerdem gibt es Erzählungen, die betonen, dass die körperlichen Transitionsschritte für die damalige Situation die richtigen Entscheidungen waren und nur dadurch eine Weiterentwicklung der geschlechtlichen Identität möglich war.

Um etwas genauer zu beleuchten, wie möglicherweise irrtümliche Entscheidungen entstehen können, wollen wir uns hier anschauen, in welchem Kontext, in welchem Rahmen Transitionsentscheidungen zustande kommen. Trans* Jugendliche und junge Erwachsene werden in ihren Entscheidungsprozessen von unterschiedlichen Menschen begleitet. Es sind die Eltern, die Therapeut*innen, die Ärzt*innen, die Freund*innen, die Mitarbeiter*innen der Krankenkassen. Damit sind viele Stimmen im Raum, die über unterschiedliches Wissen verfügen, verschiedene Beweggründe mitbringen und eben auch ihre eigenen persönlichen Themen und Unsicherheiten. Für trans* Jugendliche ist es in diesem Kontext eine riesige Herausforderung zu verstehen, was an welcher Stelle von ihnen erwartet wird, wo sie was aussprechen können, wo sie nachdenklich und zweifelnd sein können und wo sie sich um die Unsicherheiten ihres Gegenübers kümmern müssen. Sie erleben das Dilemma, dass transitionsbezogene körperliche Veränderungen als hochdramatisch erlebt werden und dass das Trans*sein häufig noch als irgendwie »psychisch krank« betrachtet wird. Daher geht es beim Verstehen des jugendlichen Anliegens nach unserer Einschätzung viel zu sehr darum, ob die jugendliche Person ganz sicher und für immer trans* ist und möglichst so eindeutig wie nur möglich. Wenn nun Jugendliche sich zu sehr damit beschäftigen müssen, das zu beweisen, zu erklären und ein sicheres Gefühl dazu zu vermitteln, bleibt zu wenig Energie und akzeptierender Raum für die eigenen Zweifel, Überlegungen, Abwägungen. Aus unserer Erfahrungsperspektive können wir formulieren, dass nur eine klare Akzeptanz gegenüber der Selbstauskunft »Ich bin trans*« ein selbstfürsorgliches Abwägen bezüglich körperlicher Veränderungen ermöglicht. Wenn dies nicht gegeben war und zu viele normative Erwartungen an die jugendliche Person herangetragen wurden, kann solch eine überfrachtete, »in die Irre führende« Situation auch Irrtümer hervorbringen.

Für Eltern ist es sicher eine enorme Herausforderung, auch in der De-Transition ihres Kindes eine legitime und liebenswerte Weiterentwicklung zu sehen, wenn dabei ihre Ängste und Zweifel wieder in den Vordergrund treten wollen, die sie angesichts der ersten Transition besänftigen mussten und eben nicht nur zu denken: »Jetzt ist es doch passiert!« und »Hab ich's doch gewusst!« Bei De-Transitionsentscheidungen braucht es häufig noch mehr Rückhalt und Schutz (Kappo, 2022), auch vor Vereinnahmungen vonseiten der Medizin. Behandler*innen können häufig mit De-Trans-Entscheidungen nicht gut zurechtkommen, sie suchen nach Fehlern und fürchten sich davor, verantwortlich gemacht zu werden. Daher sind sie manchmal keine guten Ratgeber*innen, sie haben eigene Interessen und Ängste. Trans*beratungen scheuen sich hin und wieder noch vor De-Trans*beratungen, weil es die Berater*innen sehr berühren kann, wenn sie ein »Scheitern« zu erkennen glauben. Nicht selten erleben sich de-trans* Jugendliche oder junge Erwachsene als noch einsamer als vielleicht bisher schon. Wir erfahren, dass solch ein Sich-selbst-Eingestehen, das Gefühl von Beschämung, sich in solch wichtigen Fragen geirrt zu haben, fürchterlich schmerzt. Häufig sind zum Zeitpunkt solcher Entscheidungen schon körperliche Veränderungen eingetreten, die nicht reversibel sind.

Für die de-trans* Zukunft kann dies bedeuten, sich von der Vorstellung zu verabschieden, äußerlich den traditionellen Geschlechterklischees entsprechen zu können. Damit können eine große Trauer und Verzweiflung verbunden sein, aber vielleicht auch ein neues Verstehen der eigenen Trans*geschlechtlichkeit mit etwas mehr Abstand zu den Erwartungen und Vorstellungen von anderen.

Eltern können manchmal bei der ersten Transition ihres Kindes die Hoffnung gehegt haben, dass nach erfolgreicher körperlicher Angleichung niemand mehr erkennt, dass ihr Kind trans* ist, dass es möglicherweise ein fast unbeschwertes Leben mit einem Cis-Passing haben kann. Solche Sehnsüchte sind ganz verständlich, jedoch bedeutet eine De-Transition häufig, dass solche Vorstellungen nicht mehr weiterhelfen. Für Eltern kann solch eine Situation bedeuten, sich einerseits der Trauer und Verzweiflung des eigenen Kindes zuwenden zu müssen und andererseits noch einmal die eigenen Vorstellungen von einem guten und glücklichen Aufwachsen in einer »Zwei-Geschlechter-Welt« zu betrauern. Aus unserer Erfahrung scheint es für die Eltern eine wichtige Aufgabe zu sein, sich mit einer nicht-binären, nicht-eindeutigen Vorstellung von Geschlechtern zu beschäftigen. Dies kann das eigene Kind unterstützen, das sich mit Fragen zur De-Transition beschäftigt und damit einen möglichst weiten »geschlechtlichen Raum« für die erneute Perspektivenentwicklung zur Verfügung hat.

Mit Blick auf die aktuelle Forschung zu diesem Thema haben wir den Eindruck, dass die bisherigen Fragestellungen häufig noch dem Zweck dienen, das Thema Trans* als »Problem« zu bestätigen. Darauf verweist die Verwendung von Begriffen wie »Regret«, also einem Bereuen – wobei dies ja gar nicht der Fall sein muss. Die Idee, durch eine besonders genaue Kontrolle irrtümliche Entscheidungen gänzlich verhindern zu wollen, ist unethisch (Kapitel 5). Erst langsam entwickelt sich eine fragende Haltung, die verstehen möchte, warum eine individuelle Entwicklung manchmal einen Irrtum braucht, um weiterzukommen. Dazu gehören Fragen, welche äußeren Faktoren individuelle Entscheidungen so sehr beeinflusst haben könnten, dass trans* Personen verzweifeln und hoffen müssen, nun in ihrem Zuweisungsgeschlecht weniger diskriminiert zu werden. Eine weitere wichtige Frage ist, wie es gut gelingen kann, mit einer irrtümlichen Entscheidung weiter zu leben und das eigene Glück zu finden (Olson et al., 2016).

7 Trans* Kinder und Jugendliche unterstützen

Die Frage, wie Kinder gut ins Leben begleitet und dabei unterstützt werden können, ein zufriedenes Leben zu führen, stellt sich allen Eltern von der Geburt des Kindes an immer wieder. Wie geben Eltern die berühmten Wurzeln und damit genug Sicherheit und Stärke und gleichzeitig Flügel, mit denen die Kinder davonfliegen können, wenn es an der Zeit ist? Der Grat zwischen Beschützen vor Verletzungen zum einen und Loslassen und Zutrauen auf der anderen Seite ist schmal und für Eltern mit viel innerer Arbeit und manchmal auch Schmerz verbunden. Es geht darum, immer wieder aufs Neue und nicht erst in der Pubertät des Kindes die Balance zwischen den eigenen Ängsten und den Bedürfnissen des Kindes zu finden, um ihm altersentsprechend genau so viel Freiraum zu geben, dass es die gerade anstehenden Entwicklungsaufgaben selbstsicher meistern kann. Eltern sind dabei idealerweise der sichere Hafen, von dem aus Kinder ihre Erfahrungen machen können, sei es in der Krabbelgruppe, der Kita oder auf der ersten Party mit den Peers. Sie sollten aber auch immer wieder zurückkommen dürfen, wenn die See rauer wird und sie wieder elterliche Liebe, Nähe und Sicherheit brauchen. Das Vertrauen in die Fähigkeiten der Kinder ist ein Grundpfeiler ihrer Resilienz und ihres Glaubens an sich selbst. Wenn es noch dazu möglich ist, in der Familie über all die Gefühle und Erlebnisse offen zu sprechen, ist die Basis für eine starke Eltern-Kind-Beziehung gelegt.

Darum geht es auch, wenn sich das Kind den Eltern gegenüber als trans* oder nicht-binär offenbart. Dass es sich so zu zeigen wagt und äußert, wie es sich selbst empfindet, ist ein großer Vertrauensbeweis und spricht für eine tragfähige Beziehung. Die Tatsache des Outings an sich mag Eltern nicht gefallen oder ängstigen. Diese Offenbarung scheint aber in erster Linie ein Zeichen des Sich-geborgen-Fühlens zu sein. Das Kind ist in der Lage, sich mit Bedürfnissen, seiner Identität und unter Umständen eben auch seiner inneren Not an sie zu wenden – sei es als Kleinkind, wenn es den Unterschied zwischen Mädchen und Jungs zu erkennen vermag und auf sich beziehen kann, zu Beginn der Pubertät, wenn sich der eigene Körper in eine für das Kind nicht stimmige Richtung entwickelt oder zu welchem Zeitpunkt auch immer. Dieses Sich-Öffnen kann ein Zeichen von Glauben an die elterliche Liebe sein und ist verbunden mit der Hoffnung auf Unterstützung. Es kann auch ein Ausdruck von großer Not und Dringlichkeit sein. Von trans* Kindern und Jugendlichen wissen wir, dass es sie oft viel Mut für die Überwindung ihrer Ängste kostet, sich zu öffnen, weil sie sich nicht sicher sein können, wie die Eltern mit dieser für sie neuen Information umgehen werden. Daher warten manche so lange ab, bis die innere Not schon sehr groß geworden ist.

Wir haben in den vergangenen Jahren viele Eltern kennengelernt und begleitet, die bestätigten, dass das Trans*coming-out eines Kindes keinen Elternteil »kalt gelassen« habe. Selbst Eltern, die schon eine Ahnung hatten, dass ihr Kind sich mit dem bei der Geburt zugewiesenen Geschlecht unwohl fühlt, oder deren Kind durch Kleidung und Äußerungen Signale gegeben hat, sind mitunter berührt bis hin zu erschüttert von der neuen Erkenntnis oder dem Eingeständnis, es eigentlich schon lange gewusst zu haben. Für die meisten Eltern war noch dazu der Zeitpunkt, an dem sie es erfahren bzw. begriffen haben, nicht selbst gewählt. Oft haben die Kinder und Jugendlichen einen erheblichen Wissensvorsprung, und das Coming-out steht am Ende ihres langen inneren Prozesses der Auseinandersetzung mit der eigenen Geschlechtszugehörigkeit. Für die Eltern ist es allerdings häufig erst der Anfang ihres wichtigen Prozesses. In der Regel handelt es sich um ein Thema, von dem Eltern entweder noch nie oder möglicherweise nur als Warnung vor »medialer und sozialer Ansteckung« gehört haben. Ein vorbehaltloses Unterstützen ihres Kindes kann schwierig werden, weil sie glauben, nicht mehr nur auf ihr Bauchgefühl hören zu dürfen, sondern auch auf die vielen lauten Stimmen aus Medien und Gesellschaft. Diese gehen mitunter so weit, Eltern zu warnen, dass sie ihre Kinder »trans* machen« würden, wenn sie sie einfach nur ernst nehmen und akzeptieren. Dadurch kann das elterliche Vertrauen in die Bedürfnisse und Fähigkeiten des Kindes nachhaltig gestört werden.

Wenn Eltern ihrem Kind die individuellen Bedürfnisse und Rechte zugestehen, können sich die Kinder und Jugendlichen in den wichtigen Prozess des Ausprobierens wagen. Denn in jedem Alter fühlt sich ein Ausprobieren mit einem elterlichen »Ja« im Rücken in diesem oft schmerzvollen

Erleben viel besser an und gibt Mut und Zuversicht für einen ergebnisoffenen Prozess.

7.1 Soziale Transition – neue Namen und Rollenwechsel

Wenn es der Wunsch des Kindes ist, mit einem anderen als dem bei der Geburt gegebenen Namen und/oder Personalpronomen angesprochen zu werden, sollten Eltern diesem Wunsch entsprechen. Und wenn es der Wunsch ist, die Haare oder die Kleidung zu verändern, ist auch das ein wichtiger Schritt in Richtung eines selbstbestimmten Lebens. Durch ein Ausprobieren entsteht mehr Sicherheit für wichtige Entscheidungen.

Eltern fällt es schwer, sich umzugewöhnen und den vielleicht lange für dieses Kind ausgesuchten Namen quasi zu »verlernen«. Für viele trans* Personen ist es ein »toter« Name, der sogenannte »Deadname«, wobei dieser Begriff nicht immer dramatisch verstanden wird. Wie es zu dem neuen Namen kommt, ist sehr unterschiedlich. Jüngere Kinder wandeln häufiger den ihnen bei der Geburt zugewiesenen Namen um, zum Beispiel von Paul zu Paula. Andere Kinder können sich genau das nicht vorstellen. Zu groß ist der damit verbundene Schmerz, an die geschlechtstypischen Zuschreibungen erinnert zu werden. Die Ablehnung des Namens ist dabei nicht als Ablehnung der Eltern und deren liebevoller Entscheidung zu verstehen. Es geht vielmehr um ein Selbstverstehen und die soziale Anerkennung. Auch ein späteres Sich-wieder-Annähern an den alten Namen ist nicht ausgeschlossen.

Manche Kinder machen sich allein auf die Suche, andere fragen die Eltern, ob sie einen Namen für sie hatten für den Fall, dass sie bei der Geburt dem jeweils anderen Geschlecht zugewiesen worden wären. Wieder andere finden für sich einen geschlechtsneutralen Namen, der ihnen entspricht, weil sie sich keinem binären Geschlecht zuordnen. Diese Namen mögen sich im elterlichen Ohr fremd oder eigenartig anhören, doch sie sind Ausdruck einer Selbstermächtigung des Kindes. Wie auch immer der Weg zum neuen Namen sein mag, sowohl Familienangehörige als auch Freund*innen, Schule, Kita und andere Personen oder Organisationen sollten diesen Namen auf Wunsch des Kindes benutzen – auch vor einer offiziellen Vornamens- und Personenstandsänderung, die oft erst zu einem späteren Zeitpunkt der Transition kommen kann. Einige Kinder und Jugendliche probieren auch erst einmal verschiedene Namen und wollen beispielsweise den Klang hören, bevor sie sich festlegen.

In Gesprächen fragen wir die Kinder und Jugendlichen, wie sie angesprochen werden wollen. Das ist respektvoll und schafft außerdem eine gute Basis für ein Gespräch auf Augenhöhe. Für manche Kinder ist es das erste Mal, dass sie das gefragt werden. Die leuchtenden Augen, die das manchmal erzeugt, sind sehr berührend.

Es ist eine wichtige Unterstützung, den neuen Namen zu verwenden, auch wenn es am Anfang nicht durchgängig gelingt. Versprecher sind verständlich und werden verziehen, wenn die Kinder und Jugendlichen merken, dass sich die Menschen um sie herum bemühen. Die gewünschte Anrede zu verwenden, hilft Eltern und Kindern, besser im Kontakt zu bleiben. Ein langwieriges Streiten oder die Ablehnung eines solchen Wunsches verspielen viel Vertrauen und Nähe.

Haben sich Kinder für einen passenden Namen und eine soziale Transition entschieden, ist es hilfreich, mit ihnen innerhalb der Familie abzusprechen, wie der trans* Junge oder das trans* Mädchen, die nicht-binäre Person die vielen Outings, die nun in Schule, Familie, Gesundheitssystem oder im Freizeitbereich folgen können, bewältigen möchte. Sowohl das Tempo als auch die Nachrichtenüberbringer*innen können vereinbart werden. Wer soll die Schule in welchem Rahmen informieren? Wer spricht wie und wann mit den Geschwistern, Großeltern, Nachbar*innen, Trainer*innen usw.? Das sind Fragen, die im Idealfall gemeinsam mit den Eltern entsprechend der Bedürfnisse des Kindes geklärt werden können. So kann es eine Vereinbarung geben, dass Eltern die erwachsenen Personen übernehmen und das Kind mit Gleichaltrigen spricht.

Ein Beispiel für ein unterstütztes Coming-out in der Schule wird in Kapitel 9.1 beschrieben. Auch die Möglichkeit, die neue Ansprache erst einmal nur zu Hause oder in den Ferien zu probieren, haben einige Kinder für sich als hilfreich auf ihrem Weg empfunden. Andere wiederum planen eine Party, um mit Freud*innen den neuen Namen gemeinsam zu feiern. Wir kennen auch Familien, die an alle gemeinsam eine E-Mail oder Chat-Nachricht verfasst haben. Wichtig ist, dass das Vorgehen abgestimmt und passend für das trans* Kind ist. Das wird als wahre Unterstützung erlebt.

Nicht ein Name, ein Personalpronomen, ein Kleid oder ein Haarschnitt machen einen Menschen trans* oder nicht-binär. Ohne ein Ausprobieren wird das Lebensgefühl zu diesem inneren Wissen jedoch nicht gut erfahrbar. Für den sozialen Rollenwechsel (Kapitel 9), auch wenn er sich schon eingeschlichen hat, kann eine Shoppingtour oder ein Besuch beim Frisör zu einer Riesenfreude und gemeinsamen sowie stärkenden Erfahrung werden.

7.2 Unterstützung bei elterlichen Sorgen

Ähnlich wie trans* Kinder und Jugendliche haben auch ihre Eltern kaum Modelle und Vorbilder, an denen sie sich im Umgang mit ihren Gefühlen und in ihrem Handeln orientieren können. Das erschwert es häufig, einen guten Umgang mit den eigenen Zweifeln und Ängsten zu finden.

Der Kontakt zu anderen Eltern von trans* Kindern und der Besuch einer Trans*beratungsstelle können für Eltern hier wichtige Schritte sein, mit den eigenen Gefühlen und Unsicherheiten, aber auch mit Informationsdefiziten umzugehen. Zu hören, wie es anderen Eltern geht und zu erfahren, was nächste Schritte bzw. Möglichkeiten sein könnten, gibt Eltern aus unserer Erfahrung mehr Sicherheit und Zuversicht und manchmal überhaupt erst wieder Boden unter den Füssen, um ihren Kindern die Möglichkeit und das Vertrauen in deren nächste Entwicklungsschritte zu geben.

Die elterlichen Sorgen beziehen sich nach unserer Erfahrung meist darauf, die weitreichenden Entscheidungen ihres Kindes bezüglich des Umgangs mit dem Thema und auch den reversiblen und nicht reversiblen medizinischen Maßnahmen gut zu begleiten und mitzutragen. Verständlicherweise haben Eltern einen Impuls ihr Kind zu beschützen und wollen es vor körperlichen und mentalen Verletzungen bewahren. Das ist im Grunde ihre Aufgabe. Lassen sie also medizinische Behandlungen der Transition zu, fühlt es sich so an, als müssten sie bewusst gegen diesen Impuls handeln. Immer wieder hören wir auch den Wunsch von Eltern, abzuwarten, bis die Pubertät vorüber ist, oder bis nach dem Schulabschluss. Was aber, wenn der Wunsch der Jugendlichen ein anderer ist? Tatsächlich erleben es die meisten Jugendlichen genau umgekehrt. Ein Schulabschluss ist für sie besser und entspannter zu erreichen, wenn die gewünschte Transition auf dem Weg ist und das Thema Trans* ihnen viel weniger Stress macht. Dadurch werden Energien frei, solche Herausforderungen und ganz alltägliche Aufgaben zu bewältigen. Frei nach Adorno: Es gibt im »richtigen« Leben mehr Dinge, die »richtig gut« werden.

Verständlicherweise sehnen sich Eltern nach der absoluten Sicherheit, dass die heutigen Entscheidungen, die sie mittragen, auch in vielen Jahrzehnten die richtigen für ihr Kind sein werden. Aber diese vermeintliche Sicherheit wird es nicht geben, wie es diese bei vielen anderen Lebensentscheidungen auch nicht gibt. Jedoch gibt es die Möglichkeit, gemeinsam mit den Jugendlichen, unterstützt durch Ärzt*innen und Therapeut*innen zu guten und informierten Entscheidungen im Hier und Jetzt zu kommen.

7.3 Geschwindigkeiten in der Transition

Das Tempo der unterschiedlichen Schritte auf dem Weg der Transition eines Kindes ist eine Herausforderung für viele Familien und so individuell wie jede Familie. Eltern und Kinder leben bei einer Transition nicht selten in verschiedenen Geschwindigkeiten. Eltern benötigen, nachdem sich das Kind offenbart hat, Zeit zum Verstehen und um Informationen zu sammeln. Eltern von Kita-Kindern haben mehr Zeit zum Informieren, Vernetzen und Sich-Orientieren, da die Entwicklung noch offen ist und für körperliche Veränderungen kein Handlungsdruck besteht. Eine Therapie ist für das Kind in dem Alter nicht notwendig, wenn es sich wohlfühlt. Trans* Jugendliche stehen hingegen aufgrund der voranschreitenden körperlichen Veränderung oder des psychischen Unwohlseins mehr unter Handlungsdruck. Deren Eltern fehlt daher nicht selten die Zeit, sich in Ruhe mit den anstehenden Fragen auseinanderzusetzen. Wenn sich eine jugendliche Person mit ihrem Trans*sein zeigt, hat sie sich nach unserer Erfahrung bereits mehrere Monate oder sogar Jahre innerlich mit dem Thema auseinandergesetzt. Es ist also naheliegend, dass sie ihre Geschlechtsidentität nun schnell erproben und ausleben möchte. Das dazugehörige Gefühl ist als eine Gendereuphorie zu beschreiben und uns ganz verständlich, sozusagen frisch verliebt – ins Leben. Dieses Tempo mag die Umwelt überfordern, und es ist für die Eltern eine große Herausforderung, sich das nötige Wissen anzueignen und sich möglicherweise auch auf die Reflexion der eigenen Vorstellungen von »Geschlecht« einzulassen. Unterstützung hierfür ist in geeigneten Beratungsstellen und Elternvernetzungen, Selbsthilfeorganisationen oder vielleicht auch in einem eigenen therapeutischen Prozess möglich. Die Zeit einer Pubertätsblockade kann von den Eltern manchmal gut genutzt werden, um den Prozess, den die Kinder schon durchlaufen haben, etwas nachzuholen. Da Wartezeiten auf ärztliche Termine leider sehr lang sind, können diese zügig vereinbart werden und die Zeit bis dahin kann für den Wissenszuwachs, aber auch für die Selbstfürsorge und Reflexion genutzt werden. Als hilfreich werden später auch die Elterngespräche mit den behandelnden Kinder- und Jugendlichenpsychotherapeut*innen empfunden. Die unterschiedlichen Bedürfnisse der Eltern und Jugendlichen sind hinsichtlich des Tempos als gleichwichtig zu betrachten. Dem jugendlichen Versorgungsbedürfnis sollte parallel zum elterlichen Reflexionsbedürfnis entsprochen werden.

Etwas anders und vielleicht auch etwas gelassener kann es zugehen, wenn Kinder oder Jugendliche selbst noch nicht so informiert sind und sich Eltern mit ihnen gemeinsam schlau machen können. Die Unterstützung bei der Suche nach einem passenden Therapieplatz und bei der ersten Kontaktaufnahme wird dabei oft als sehr hilfreich erlebt. Allerdings müssen Jugendliche manche Schritte erst einmal allein gehen, wie es typisch ist für die Zeit der Pubertät.

Viele Eltern berichteten uns von einer emotionalen Achterbahnfahrt, die sie herausgefordert hat. Neben den gesellschaftlichen Bildern sind sie nicht zuletzt auch mit den eigenen Erwartungen und Hoffnungen konfrontiert, die sie mit ihrem Kind verbunden haben. Diese in Teilen loszulassen, kann ein schmerzhafter, aber wichtiger Trauerprozess für Eltern sein, um etwas Neues wachsen zu sehen. Es ist wirklich schwer, das Vertraute, Bekannte loszulassen, ohne das Neue, Andere schon gänzlich vor Augen zu haben. Vielleicht können Familientreffen, bei denen sich Eltern mit der Entwicklung in anderen Familien vertraut machen, etwas dabei helfen.

7.4 Wenn trans* Kinder für »krank« erklärt werden

Wie bereits in Kapitel 4 ausgeführt wurde, galt »Transsexualität« viele Jahrzehnte lang als psychische Erkrankung. Mit dieser Sichtweise verbunden war auch immer die Frage nach der Ursache oder den Ursachen. Eltern wurde auf verschiedene Weisen unterstellt, dass sie durch ein »falsches« oder »richtiges« Verhalten eine trans*geschlechtliche Entwicklung erzeugen, verstärken oder verhindern könnten. Damit wurde ihnen ein Potenzial zugeschrieben, ihr Kind zu schädigen. Hierdurch wurde die üblicherweise anerkannte elterliche Kompetenz, gut für ein Kind zu sorgen, untergraben. Manchmal finden Eltern sich auch heute noch in der Situation wieder, dass ihr Kind für psychisch krank erklärt wird, sie es davor schützen wollen, ihnen jedoch die Legitimation entzogen wird, für ihr Kind einzutreten. So entfaltet die Pathologisierung von trans* Kindern und Jugendlichen einen besonderen Schaden, da nicht nur sie, sondern auch ihre nächsten Bezugspersonen ihrer Integrität und Selbstkompetenz beraubt werden. Solch eine Dynamik entzieht einerseits trans* Kindern und Jugendlichen die dringend nötige Unterstützung und kann andererseits zu einer Störung der Eltern-Kind-Beziehung führen. Es erschwert zudem den Eltern, sich selbstsicher mit dem Thema der Trans*geschlechtlichkeit zu beschäftigen und kann zur Folge haben, dass sie sich selbst falsch, schuldig und schlecht fühlen.

Damit stehen Eltern aus unserer Sicht vor der zweifachen Herausforderung, ihr Kind vor Krankheitszuschreibungen zu schützen und sich im gleichen Moment gegen Angriffe auf ihre elterliche Kompetenz erwehren zu müssen. Sie erleben Schuldgefühle und Scham und überlegen, ob sie Fehler in der Erziehung gemacht haben. Sie machen sich Gedanken, ob der Wunsch nach einem bestimmten Geschlecht in der Schwangerschaft oder ob eine elterliche Trennung für das Kind so belastend gewesen sei oder ob Traumata aus früheren Generationen zu einer Trans*geschlechtlichkeit ihres Kindes beigetragen haben könnten.

Wir finden es ganz verständlich, wenn sich Eltern in solchen Situationen erst einmal unsicher fühlen und die Pathologiekonstrukte ganz naheliegend finden oder zumindest verstehen wollen. Allerdings können wir aus unserer Erfahrung beitragen, dass Eltern gut und gern für ihre Kinder eintreten können und sollten. Sie haben dabei eine eindeutige Rückendeckung von der World Medical Association, dem Weltärztebund, der schon 2015 veröffentlicht hat, dass trans* Personen nicht krank sind und ein Recht auf geschlechtliche Selbstbestimmung und Schutz vor Diskriminierung haben (WMA, 2015).

7.5 Unterstützung für trans* Kinder mit psychischen Erkrankungen

Trans* Kinder und Jugendliche mit einer psychischen Erkrankung haben gleichermaßen den Anspruch auf eine Transitionsbehandlung (Kapitel 4.3). Die Leitlinien (AWMF, 2018; WPATH, 2022) und viele praktische Erfahrungen sagen, dass zumindest eine gewisse Besserung der Symptomatik erwartet werden kann, manchmal sogar eine weitgehende Heilung. Natürlich gibt es aber auch psychische Erkrankungen, die von dem Trans*thema so unabhängig sind, dass sie sich in ihrer Symptomatik kaum verändern. Doch beschreiben Jugendliche in solchen Fällen, dass sie mit der Symptomatik zumindest etwas besser zurechtkommen. Für Eltern bedeutet ein solches Wissen sicherlich eine gewisse Entlastung, doch es befreit nicht von der Sorge, welche Behandlung genau zum gegenwärtigen Zeitpunkt die richtige sei. Hierfür sind die Suche und Auswahl einer geeigneten Psychotherapie von großer Bedeutung. Diese sollte immer für beide Versorgungsanliegen offen und kompetent sein. Eine wichtige Unterstützungsaufgabe vonseiten der Eltern kann es sein, genau diese Suche eng zu begleiten und die Anliegen des Kindes mit zu vertreten. Eine Behandlungsplanung für eine Psychotherapie parallel zur geschlechtsangleichenden Versorgung soll in Abstimmung mit der jugendlichen Person stattfinden.

7.6 Trans* Kinder vor Diskriminierung schützen

Das Erleben einer diskriminierenden Situation ist eine große Belastung. Anschließendes Relativieren, Anzweifeln oder Bagatellisieren wäre eine erneute zweite Belastung. Dies können Eltern und andere wichtige Bezugspersonen vermeiden, wenn sie die Schilderungen des Kindes oder der jugendlichen Person ernst nehmen, dabei die Perspektive des Kindes einnehmen und damit die angegriffene Person stärken. In der Beratung erklären wir diesen Zusammenhang gern an einem Beispiel: Wenn ein Kind in der Schule wegen seines Schwarzseins gemobbt wird und den Eltern davon berichtet, kann es sich sehr sicher sein, von den Eltern getröstet zu werden und Verständnis zu erleben. Die Eltern haben höchstwahrscheinlich ähnliche Diskriminierungen erlebt und können das Erleben ihres Kindes gut nachvollziehen. Trans* Kinder brauchen von ihren Eltern einen ganz ähnlichen Trost, auch wenn diese das Erleben ihres Kindes vielleicht nicht so einfach nachvollziehen können. Eine bedingungslose Annahme und Stärkung brauchen alle Menschen, die Diskriminierung erfahren. Nur so können sie das Erlebte in Ruhe schildern, ihre eigene Reaktion berichten, sich als aktiv Handelnde verstehen und dabei klären, dass dieser Angriff sie nicht schlecht macht.

Wenn Eltern solch eine unterstützende Haltung einnehmen wollen, bedeutet dies nicht selten, sich die eigenen Diskriminierungserfahrungen nahe kommen zu lassen, vielleicht auch ein Mobbing in der Schule, vielleicht andere Erfahrungen von Abwertung und Gewalt. Sich an die eigenen Verletzungen zu erinnern ist aber häufig schmerzhaft, und nicht immer können sich Menschen dem annähern, sondern müssen es in der Vergangenheit ruhen lassen. Wenn es ihnen jedoch gelingt, die eigenen Erfahrungen anzuschauen und zu erinnern, wie sie sich selbst gewehrt und die Kränkungen verarbeitet haben, können Eltern für ihre Kinder präsent sein und sie in der heutigen Situation stärken. Manchmal stellen Eltern in diesbezüglichen Gesprächen fest, dass sie selbst eigentlich nie Diskriminierung erlebt haben, einfach ein behütetes Leben führen konnten. Dann kann die Vorstellung, dass das eigene Kind nun solches erfahren wird, ängstigen und eine Reaktion erzeugen, die ein Coming-out und ein öffentliches Sichtbarwerden lieber verhindern möchte.

Eine große Unterstützung ist es, wenn Eltern ihre Kinder in ihrer Eigenwahrnehmung ernst nehmen und sie stärken. Es gilt, sie selbstbewusst zu machen, damit sie nicht krank werden oder an den Diskriminierungen und Anfeindungen zerbrechen.

8 Familiendynamik

Durch ein Trans*coming-out befindet sich die gesamte Familie in einem Transitionsprozess. Bisherige Annahmen über das trans* Kind und über das elterliche Selbst sind infrage gestellt. Zukunftsfantasien lösen sich auf, und nicht selten wird das partnerschaftliche Miteinander der Eltern auf eine harte Probe gestellt. Wir wollen in diesem Kapitel einige übliche Themen und Herausforderungen darstellen und möglichst so beleuchten, dass beim Lesen neue Ideen entstehen können.

8.1 Auswirkungen eines Trans*coming-out in der Familie

In dem Moment, wo die Trans*geschlechtlichkeit eines Kindes sichtbar wird, nimmt dies häufig einen großen Raum in der Familie ein. Das zeigt sich auf unterschiedlichen Ebenen. Zum einen ist da die emotionale Ebene, in der jedes Familienmitglied mit den eigenen Gefühlen und Gedanken konfrontiert ist und mit diesen umgehen muss. Zum anderen werden nicht selten ein Versorgungsbedarf des Kindes und damit viele Termine auf die Familie zukommen. Eltern stehen dann vor der Herausforderung, über etwas sprechen und Auskunft geben zu müssen, das sie gerade erst anfangen zu verstehen. Das Trans*thema kann für längere Zeit das dominierende Thema in der Familie, aber auch nach außen hin werden.

Etwas muss geregelt, besprochen, jemand getröstet werden oder einer der vielen anstehenden Termine muss vereinbart und wahrgenommen werden. Zudem muss die Zeit bis zu den ersehnten Terminen gemeinsam mit dem Kind emotional überbrückt werden. Es ist hilfreich, wenn alle Familienmitglieder im Gespräch bleiben und sich darüber austauschen, wie es ihnen geht. Diese Offenheit kann schon zu einer Entlastung und Erleichterung in der Familie führen, was aber nicht erzwungen werden kann.

Sollten sich Kinder und Jugendliche verschließen, ist es wenig sinnvoll, sie zu einem Gespräch zwingen zu wollen. Jedoch sollte das Gesprächsangebot in diesem Fall immer wieder von Eltern oder wichtigen Bezugspersonen erneuert werden. Für trans* Jugendliche kann es emotional sehr belastend sein, über ihr Trans*sein zu reden, wenn sie es selbst als schambehaftet erleben und es lieber hin und wieder verdrängen wollen. Außerdem sind sie in einem Alter, in dem es sich möglicherweise überhaupt schräg anfühlt, mit den Eltern über Persönliches zu sprechen. Die altersangemessenen Bedürfnisse nach Abgrenzung und Autonomieerleben stehen vielleicht im Widerspruch zum Bedürfnis der Eltern, ihr Kind gut zu verstehen und dessen Interessen gut und sicher nach außen vertreten zu können. Das Thema einer trans*geschlechtlichen Entwicklung kann auch deutlich werden lassen, welche Gesprächskultur es innerhalb der Familie bisher zu Geschlechtlichkeit, körperlichem Erleben und Sexualität gab. Wenn es da bisher ein familiäres Tabu gab, wird es bei dem Thema Trans* ebenfalls schwer werden, damit zurechtzukommen.

Auch für *Geschwisterkinder* gilt, sie gut im Blick zu behalten und emotional zu begleiten. Denn für sie ist das Outing ihres Trans*geschwisters unter Umständen ein einschneidendes Erlebnis, denn sie sind nicht selten in einem Alter, in dem sie ihre Geschlechtlichkeit und verwandten Themen als herausfordernd erleben. Hier können unterstützende Gespräche und Informationen wichtig und hilfreich sein, denn möglicherweise sind sie selbst mit Diskriminierungen konfrontiert, wenn ihre Peers von dem Comingout des Familienmitglieds erfahren.

Zeitlich nimmt das Trans*thema häufig einen sehr großen Raum ein. Die Familienzeit für andere Themen, für Geschwisterkinder und elterliche Themen kann möglicherweise verloren gehen. Für trans* Kinder und Jugendliche und deren Eltern heißt das, wenn andere Kinder am Nachmittag zum Sport, ins Schwimmbad oder zu Freund*innen gehen, stehen für sie oft Termine bei Ärzt*innen, Beratungsstellen oder Psychotherapeut*innen an.

Häufig erleben trans* Kinder und Jugendliche ihre Geschwister als unterstützend und stärkend im Alltag und im familiären Miteinander. Sie sind vertrauter mit den Themen und werden als Vermittler*innen, Verbündete und Vorbilder beschrieben.

Die unterschiedlichen Bedürfnisse in der Familie, die alle ihre Berechtigung haben, sollten wahrgenommen werden. Jedoch wird es nicht immer möglich sein, es allen in der Familie recht zu machen. Doch schon allein das Gespräch über die eigenen Bedürfnisse, Möglichkeiten, aber auch

Grenzen kann eine wichtige und stärkende Erfahrung für alle im Familiensystem sein. Es wird in der Familie Themen geben, die zurückgestellt werden müssen, auch wenn sie keinesfalls unter den Tisch fallen sollten. In besonders herausfordernden Situationen kann es sehr sinnvoll sein, Hilfe von außen anzunehmen. Das kann eine befreundete Familie sein, aber auch eine familienberatende oder -therapeutische Unterstützung.

Geschwisterkinder können sich auch als trans* und nicht-binär erleben. Immer wieder begegnen uns Familien, in denen nicht nur eine Person trans* oder nicht-binär ist. Es kann ein Geschwister sein, ein Zwilling, Tante oder Onkel oder ein Elternteil. Das ist nicht ungewöhnlich und stärkt *nicht* die Fehlannahme, man könne sich gegenseitig trans* machen. Es scheint einfach nur viele Faktoren zu geben, die ein trans*geschlechtliches Leben sichtbar machen. Für die betreffenden Personen kann solch eine Konstellation verschiedenes bedeuten. Ein sich als zweites outendes Geschwister kann denken: »Das glaubt mir doch niemand, dass ich das jetzt auch bin. Die denken doch, ich mache das nur nach, damit ich auch so viel Aufmerksamkeit bekomme.« Wir denken, dass es wichtig ist, die weiteren trans* Personen innerhalb einer Familie genauso ernst zu nehmen und sie vor unsachgemäßen Unterstellungen zu schützen, auch vonseiten unerfahrener Gesundheitsversorger*innen. Eine zweite trans* Person in der Familie kann dazu führen, dass beide schneller und besser Akzeptanz erfahren und sich gegenseitig stärken können. Es kann aber auch die Ablehnung in der Familie verstärken. Dadurch kann das Trans*coming-out der Person erschwert werden, die sich später outet, da sie miterlebt hat, wie ablehnend und abwertend die Familie schon auf die erste trans* Person reagierte.

8.2 Herausforderungen für die Familie

Eltern stehen vor der Aufgabe, sich über ihren gemeinsamen Umgang mit ihrem trans* Kind klar und einig zu werden. Neben vielleicht pragmatischen Fragen, wer welchen Termin vereinbart und begleitet, um Schule, Krankenkasse, wichtige Personen und Institutionen zu informieren, wollen auch die eigenen Emotionen in Bezug auf die Transition ihres Kindes besprochen und gelebt werden. Im Idealfall finden Eltern eine gemeinsame Haltung und geben sich Halt in einer oft turbulenten Zeit. Es ist legitim, Trauer, Sorge, Wut oder Angst zu empfinden. Auch die Wünsche, die Eltern für ihr Kind gehabt haben, werden eventuell präsent und wollen angeschaut und möglicherweise losgelassen werden. Ebenso stellen sich Menschen nicht selten die Frage nach der eigenen geschlechtlichen Entwicklung, wenn ein Mensch im nahen Umfeld die empfundene Geschlechtsidentität lebt: »Habe ich je mein Geschlecht angezweifelt?«, »Womit habe ich gern gespielt und wer wollte ich als Kind gerne sein?«, »Hat dies eine Auswirkung auf unsere jetzige Situation?« Zudem kann die aktuelle Paarbeziehung in den Blick geraten: »Wie lebe ich gerade mein Mann-Sein*Frau-Sein?«, »Welche Anteile spüre ich, lebe sie aber nicht?«, »Wie kann ich weiter in der Beziehung bleiben, wenn die*der Partner*in andere, mir unverständliche Sichtweisen auf die Trans*geschlechtlichkeit unseres Kindes hat?« Diese und sicherlich viele andere Fragen stellen sich Eltern möglicherweise. Ebenso spielen die Perspektiven der Großeltern für die Familiendynamik eine wichtige Rolle: »Was wurde mir von den Eltern vermittelt?«, »Welche Werte und Normen waren bedeutsam?«, »Konnte ich mich von den überlieferten Mustern gut lösen und eine eigene Haltung entwickeln?« Häufig hören wir von Eltern, dass sie durch die Offenbarung des trans* Kindes in Konflikt mit den eigenen Eltern geraten sind. Dies kann bis zu Beziehungsabbrüchen führen. Andererseits können Großeltern verständnisvolle Verbündete sein und Geborgenheit schenken.

Es kostet Kraft und oft Tränen, sich von dem Bild, das Eltern von ihrem Kind vielleicht über Jahre hatten, zu verabschieden. Die Wut auf sich selbst, die Anzeichen entweder nicht gesehen oder nicht ernst genommen zu haben, aber auch die Sorge vor dem unbekannten Weg oder den Diskriminierungen sind nachvollziehbar und viele Eltern von trans* Kindern kennen sie. Die Suche nach der Antwort auf Fragen wie: »Warum wir?«, »Warum unser Kind?«, »Was haben wir falsch gemacht?« sind zwar sehr verständlich, aber letztlich nicht zielführend. Wenn ein Kind sich anvertraut und so kompetent war, all dies über sich herauszufinden, dann haben Eltern sehr viel richtig gemacht!

Jedes Elternteil hat eigene Fähigkeiten und Wege, mit Emotionen umzugehen. Es ist völlig in Ordnung, wenn Eltern überfordert und belastet sind. Wichtig ist dabei, dass die Eltern für sich sorgen und für ihr Kind ansprechbar und handlungsfähig bleiben. Das trans* Kind sollte nicht mit der Aufgabe belastet werden, den Eltern für ihre Ängste und Sorgen ein Gegenüber sein zu müssen, diese zu beruhigen und ein Gefühl von Sicherheit und Eindeutigkeit vermitteln zu müssen.

Neben den schwierigen Situationen, die innerhalb von Familien auftreten können, müssen wir auf die zahlreichen Hemmnisse hinweisen, die durch die mangelnde und teilweise auf veralteter Grundlage agierende Versorgungslage in Deutschland bestehen. Es gibt viel zu wenig Praxen und Versorgungszentren, die eine fachgerechte Versorgung von trans* und nicht-binären Kindern und Jugendlichen anbieten. Begründet wird die Nicht-Behandlung mit der Behauptung, dafür nicht qualifiziert zu sein, es »nicht zu dürfen« oder die Verantwortung nicht übernehmen zu wollen. Dem liegen Fehleinschätzungen zugrunde, wie es bei der Verantwortungsfrage deutlich wird, und vielfach vermutlich Angst oder Abwehr des Themas, was aber nicht offen kommuniziert wird. Es gibt keine besondere »Erlaubnis« oder ein entsprechendes »Verbot«, trans* Kinder und Jugendliche zu versorgen und die entsprechenden Bescheinigungen auszustellen. Wer eine Approbation oder Heilerlaubnis für Kinder und Jugendliche hat, kann grundsätzlich trans* und nicht-binäre Kinder und Jugendliche behandeln. Vielmehr ist die Ablehnung, Versorgung zu leisten bzw. Bescheinigungen auszustellen, Ausdruck fehlender qualifizierter Aus- und Fortbildungsangebote zum Thema Trans*geschlechtlichkeit, die eine fachgerechte Trans*gesundheitsversorgung gewährleisten können.

Diese Rahmenbedingungen führen zu einer Nadelöhr-Situation, in der Eltern und Jugendliche unglaubliche Probleme haben, an geeignete Psychotherapeut*innen und endokrinologische Versorger*innen zu gelangen. Wir hören von Familien, die für die hormonelle Versorgung von Stuttgart nach Berlin fahren, von Familien aus ländlichen Gebieten, in denen selbst der Weg zur Psychotherapie 100 Kilometer beträgt oder nur mit einer Tagesreise mit den öffentlichen Verkehrsmitteln zu bewältigen ist. Wir wissen um die finanziellen Belastungen und die großen Anstrengungen der Eltern, alle Belange unter einen Hut zu bekommen. Während ihrer Suche nach Therapeut*innen und Ärzt*innen begegnen sie zudem Anfeindungen, Unterstellungen, das »Falsche« zu machen, oder das Jugendamt wird unsinnigerweise informiert und den Eltern eine Gefährdung des Kindeswohls unterstellt, wenn sie das Anliegen ihres Kindes ernst nehmen. Wenn Eltern zudem die deutsche (Behörden-)Sprache nicht umfänglich beherrschen, mit ihren Namen oder ihrem Auftreten die Normerwartungen des mittelschichts-, weiß und herkunftsdeutsch geprägten Gesundheitssystems verstören, müssen sie damit rechnen, mit zusätzlichem Misstrauen und Ablehnung konfrontiert zu werden. Trans* und nicht-binäre Kinder und Jugendliche, die eigentlich in Betreuungsverhältnissen der Jugendhilfe einen besonderen Schutz erwarten dürfen, befinden sich in einem vulnerablen Abhängigkeitsverhältnis. Sie müssen jedoch häufig selbst die Rolle der aufklärenden Person übernehmen und für die Anerkennung ihrer Geschlechtsidentität und ihrer Versorgungsbedürfnisse ihre Bindungen im System der Jugendhilfe aufs Spiel setzen.

Eine weitere Hürde findet sich in der Willkür, die im Kontakt mit den Krankenkassen sichtbar wird. Eltern berichten über die Beantragung von Kostenübernahmen für geschlechtsangleichende Eingriffe, dass nicht nachvollziehbar unterschiedliche Unterlagen angefordert werden, manchmal auch TSG-Gutachten, auf welche die Kassen keinen Anspruch haben. Ablehnungsbegründungen sind widersprüchlich und fachlich teilweise falsch. Familien müssen nicht selten anwaltliche Unterstützung suchen und mit Klagen drohen, um Versicherungsleistungen zu erhalten. Zusätzliche Ressourcen an Zeit und Geld werden benötigt, und Eltern müssen ihre Kinder vertrösten und unnötige Konflikte meistern. Eine große Hilfe dabei sind engagierte Psychotherapeut*innen, die umfassend informieren, passgenaue Behandlungsberichte schreiben und die Auseinandersetzung mit den Krankenkassen nicht scheuen. Wir sehen einen deutlichen Zusammenhang zwischen einem vertrauensvollen Kontakt und Arbeitsbündnis mit den behandelnden Psychotherapeut*innen, um familiäre Belastungen zu reduzieren.

8.3 Konflikte zwischen Eltern – unterschiedliche Haltungen

Für trans* und nicht-binäre Kinder und Jugendliche ist es eine große Herausforderung, sich gegenüber Elternteilen zu outen, die miteinander verstritten sind oder/und sich getrennt haben. Die Akzeptanz eines Trans*coming-out innerhalb eines elterlichen (Trennungs-)Konflikts kann sehr unterschiedlich ausfallen. So kann das Elternteil, bei dem das Kind den Lebensmittelpunkt hat, die Entwicklung manchmal besser nachvollziehen und akzeptieren, das andere Elternteil ist vielleicht verunsichert und braucht mehr Aufklärung. Manche Elternteile unterstellen sich gegenseitig, das Kind zu manipulieren. So kann ein getrenntlebender Vater der Mutter des gemeinsamen Kindes unterstellen, den »Sohn« zu einem »Mädchen zu machen«, damit er nicht nur keine Frau mehr habe, sondern auch keinen Sohn mehr. Die Geschlechtsidentität des Kindes wird dann aus solch einer verletzten Position heraus zum Teil des Konflikts mit dem anderen Elternteil gemacht. Das Coming-out des Kindes wird nicht als überaus wichtiges Beziehungsangebot erkannt. Dies ist mit einer elterlichen Konfliktdynamik erklärbar, die jegliche Aspekte in den Paarkonflikt »einbaut« und damit zunehmend irrational wird. Jedoch bleiben die dringend gebotene Akzeptanz des anderen Elternteils und insbesondere das Bedürfnis des Kindes nach Zuwendung, Halt und Verständnis auf der Strecke. Immer wieder erfahren wir davon, dass ein Kind dazu gedrängt wird, im Kontakt mit den verschiedenen Elternteilen nur die jeweils akzeptierte Geschlechterrolle zu leben oder zu zeigen, dies auch verbunden mit der Vorschrift, zum Beispiel keine Mädchenkleidung zu tragen. Damit wird dem Geschlechterrollenerleben des Kindes eine völlig unangemessene Bedeutung verliehen. Es kann sich nicht ausprobieren, nicht herausbekommen, wie es sich stimmig fühlen kann. Jegliches Erproben des trans* und nicht-binären Lebens wird als Parteilichkeit und Loyalitätsbeweis/-entzug, also als Beziehungsbotschaft an die Elternteile, fehlgedeutet. In solch einer Konstellation besteht die große Gefahr, dass diese Kinder und Jugendlichen die Ausgestaltung ihrer Geschlechtsidentität als äußerst konflikthaft und geradezu gespalten erfahren, sie können keine Gelassenheit, keine Toleranz hinsichtlich individueller Geschlechterrollenaspekte entwickeln. Zudem können sie aus solchen Konstellationen leider nicht lernen, dass Konflikte und Trennungen selbstverständlicher Teil des Miteinanders sind und unaufgeregt betrachtet und gelebt werden sollten.

Eltern sollten in solchen herausfordernden Situationen eine gute Unterstützung und Ermunterung erfahren, ihre Konfliktthemen in einem geschützten Rahmen zu bearbeiten. Dort sollten sie bei Bedarf Unterstützung bekommen, ihre gegenseitigen Vorwürfe hinsichtlich Geschlechterrollenstereotypen »Typisch Mutter! Typisch Vater! Typisch Frau! Typisch Mann!« zu betrachten.

Es kann eine Dynamik entstehen, dass bei der Beschäftigung mit dem »problematischen« Kind die eigentlichen Konflikte auf der Paarebene, die eigenen Verletzungen und Kränkungen aus dem Blick geraten. Das ist zwar erfahrungsgemäß eine recht übliche und gut durchschaubare Dynamik bei elterlichen Trennungen, aber die geschlechtliche Identität eines Kindes ist derzeit häufig noch so eine »schillernde«, »dramatische« und umstrittene Thematik, dass dieses »Ablenkungsmanöver« noch ganz gut funktioniert. Familie, Freund*innen und Akteur*innen im Hilfesystem sollten deutlich Unterstützung anbieten, weil die Bedürfnisse des trans* Kindes, insbesondere ein nötiges Aufhalten der Pubertät, häufig nicht warten können, bis die Sorgeberechtigten ihrem Kind die angemessene Aufmerksamkeit schenken können. Es besteht die Gefahr, dass die Bedürfnisse des Kindes gegenüber den Bedürfnissen der Eltern auf der Strecke bleiben.

Als tröstlich ist uns die Formulierung einer jungen Frau in Erinnerung, die in einer späteren Reflexion zu ihren Eltern sagen konnte, dass es gut war, dass ihr Trans*coming-out und die elterliche Trennung mit dem Auszug aus der gemeinsamen Wohnung zur gleichen Zeit stattfanden: »Es hätte beiden Themen nicht geholfen, wenn sie die volle Aufmerksamkeit bekommen hätten.« Wir verstehen diesen Ausspruch so, dass die Tochter Zeit und Gelegenheit hatte, sich zu erproben und zu erleben ohne unter besonderer, vielleicht bewertender Beobachtung zu stehen. Vorstellbar ist auch, dass die Eltern mehr »Ruhe« hatten, ihre Trennung zu bearbeiten. Es scheint, dass beide Themen als zum Leben dazugehörend, als belastend, aber auch als zu bewältigen erlebt werden konnten.

Wenn jedoch der Trennungskonflikt, die gegenseitigen Vorwürfe, Verletzungen so eine Macht bekommen, dass eine gemeinsame elterliche Verantwortung für die nötigen Transitionsentscheidungen des gemeinsamen Kindes nicht mehr möglich sind, kann das Kind sich an eine Jugendberatung, das Jugendamt oder den Kinder- und Jugendnotdienst wenden (siehe Kapitel 10.6).

8.4 Religiöse und kulturspezifische Aspekte

Eltern, die religiös geprägt sind, stehen mitunter vor der Herausforderung, ihre religiösen Überzeugungen und daraus abgeleiteten moralischen Vorstellungen an der Entwicklung ihres Kindes zu messen. Sie können in dem Zwiespalt stehen, ihr Kind als nicht »richtig«, als »nicht gottgefällig«, als »außerhalb der göttlichen Ordnung« bewerten zu müssen, obwohl sie doch die Existenz und die seelische Belastung ihres Kindes klar vor Augen haben. Leider gibt es noch viel zu wenige moderne religiöse Stellungnahmen zum Respekt vor der Vielfalt der Schöpfung auch hinsichtlich der geschlechtlichen Vielfalt. Natürlich lässt sich darauf verweisen, dass Überlieferungen aus früheren Kulturen vom Umgang mit geschlechtlicher Vielfalt berichten, also auch die jeweiligen Religionen eine Haltung dazu entwickelt haben, wie es zum Beispiel in der griechischen Mythologie oder im Hinduismus sichtbar wird. Jedoch sind in den vergangenen Jahrhunderten viele Überlieferungen und Auslegungen patriarchal überformt worden, sodass in unserem Kulturkreis insbesondere die christliche und islamische Religion theologische Arbeit leisten müssen und teilweise auch schon begonnen haben, der Vielfalt der Schöpfung in ihrer Gesamtheit mit Respekt gegenüberzutreten (EKHN, 2019; Ibn Rushd – Goethe Moschee, 2019; Cheema & Mendel, 2022). Für Eltern in ihrer »akuten« Auseinandersetzung mit der Entwicklung ihres Kindes kann das zu einem vermeintlichen Konflikt führen, ihr Kind ablehnen zu müssen, weil dieses nicht mit den religiösen Vorstellungen eines »richtigen« Lebens in Einklang gebracht werden kann. Es kann ihnen schwerfallen, ihre elterliche Liebe und die emotionale Verbundenheit mit ihrem Kind als den entscheidenden Maßstab für ihr Handeln zu verstehen. Vermutlich ist es immer noch recht schwer, ein seelsorgerliches Gegenüber zu finden, das die gesamte Familie begleiten kann und dabei die Selbstbestimmungsrechte des Kindes gut im Blick behält (Lüdke, 2018). Auch hier ist der Kontakt zu anderen Familien von großer Bedeutung dafür, sich etwas klarer darüber zu werden, welchen Prämissen der moralische Kompass folgen sollte. Da Religionen neben einem Entwicklungsaspekt immer einen deutlichen Bewahrungsaspekt beinhalten, stehen sie nicht selten vor dem Dilemma, gesellschaftlichen Entwicklungen »hinterherzuhinken«. Vielleicht können Eltern in ihren Gemeinden die hier wichtigen Diskurse anschieben, um der »Ebenbildlichkeit in der Vielfalt« gerecht zu werden.

Für Eltern mit einer Einwanderungs- oder Migrationsgeschichte scheint manchmal die Verbundenheit mit der tradierten Kultur und der entsprechenden Community in Deutschland im Widerspruch zur Akzeptanz einer trans*geschlechtlichen Entwicklung ihres Kindes zu stehen. Aus der Beratungspraxis kennen wir bisher vor allem die innere Zerrissenheit von Jugendlichen aus diesen Communites, die schildern, einerseits den familiären Vorstellungen eines »richtigen« Lebens gerecht werden zu wollen und sich der Liebe ihrer Eltern sicher sein zu können, gerade in solch einer herausfordernden Situation. Andererseits besteht das Wissen um die eigene geschlechtliche Identität und die Not, diese leben zu müssen, um nicht an einem weiteren Verleugnen zugrunde zu gehen. Vermutlich finden sich ihre Eltern in einer vergleichbar schwierigen Situation wieder. Die Sorge um Nichtakzeptanz in der Community, also kulturelle Entwurzelung, kann ein bedrohliches Potenzial entwickeln, gerade wenn auch weitere existenzielle Nöte hinzukommen. Nach unserer Einschätzung haben sie zudem noch größere Schwierigkeiten, eine gute trans*affirmative, aber auch kultursensible Beratung für ihre Fragestellungen zu finden.

8.5 Schwierige Bedingungen

In unserer Versorgungspraxis erleben wir hin und wieder familiäre Dynamiken, die trans*geschlechtliche Entwicklungen von Kindern und Jugendlichen erschweren können. Manchmal sind solche Konstellationen im ersten Moment gar nicht sichtbar und den Eltern vielleicht nicht richtig bewusst.

Fallbeispiel

Der 17-jährige Patient (Jorge) berichtete im Erstgespräch von seiner nicht-binären Geschlechtsidentität und bat um die Verwendung der Pronomen er/ihm. Jorge denke über eine Hormonersatztherapie nach, brauche aber auf jeden Fall eine Mastektomie. Die Teilhabe an Schwimmen, Sport und Sexualität sei ihm nicht möglich. Er trage einen Binder und habe durchgehend Sorge, die stark ausgeprägte Brust könne »entdeckt« werden. Die Körperhygiene sei belastend. Jorge dusche daher oft im Dunkeln. Er besuche ein Gymnasium und habe die Leistungskurse Mathe und Physik. Seine Hobbys seien Programmieren und American-Football-Schauen. Es gebe ausreichende und belastbare Freundschaften zu Gleichaltrigen. Der ansonsten psychiatrisch unauffällige und eher reif wirkende Jugendliche gab an, von seinen Eltern bezüglich der Transition nicht unterstützt zu werden. Zunehmend könne er den Zustand nicht mehr ertragen, sei durchgehend gestresst und wünsche dringend eine geschlechtsangleichende Behandlung.

Im Elterngespräch zeigte sich die Mutter ablehnend gegenüber den Behandlungsbedürfnissen ihres Kindes. Erst solle Jorge mal lernen, das Zimmer in Ordnung zu halten und im Haushalt mehr helfen als solche Flausen im Kopf zu haben. Auch könne Jorge sich wieder mehr in der Schule anstrengen. In letzter Zeit habe Jorge im Leistungsbereich schlechter abgeschnitten und sei zunehmend unkonzentriert im Unterricht. Auf die Frage der Therapeutin, ob sie in anderen Gesundheitsbereichen auch so entscheiden würden, zeigte die Mutter sich irritiert. Sie verstehe nicht, was die Therapeutin

> meine. Was wäre, ergänzte diese, wenn Jorge eine andere Behandlung benötigt wie beispielsweise eine Zahnspange oder aufgrund eines Diabetes Insulin spritzen solle. Würde die Behandlung auch an die Leistungen in Schule und Haushalt geknüpft sein? »Nein, natürlich nicht«, entgegnete die Mutter.

In diesem Beispiel wird deutlich, dass der Elternperspektive Verständnis für die notwendige Mastektomie fehlte, da aus dieser Sicht die Brust »gesund« erschien und das Behandlungsbedürfnis bei der Mutter Ängste ausgelöst hatte, sodass der Wunsch des Kindes erst einmal als »fixe Idee« eingeordnet wurde, um die heftigen eigenen Gefühle aushalten zu können.

Wir hören Erzählungen über Eltern, die ihr Kind beauftragen, die nötigen Transitionsschritte allein in Angriff zu nehmen, also geeignete Versorger*innen zu finden und Termine in Beratungsstellen, bei Ärzt*innen und Therapeut*innen allein zu vereinbaren und wahrzunehmen. Die Eltern begründen das zum Beispiel so: »Wenn es dir so wichtig ist, musst du das selbst machen.« Hinter dieser Haltung scheint der Gedanke zu stehen: »Wir wollen erst mal sehen, ob du das ernst meinst, oder ob es wieder so eine Idee ist, die nicht lange wichtig ist.« Wir sehen in dieser Haltung ein indirektes Testen-Wollen, ob jemand wirklich trans* ist, und wir sehen, dass hier Jugendliche alleingelassen werden und im Zweifelsfall die Unsicherheit und Orientierungslosigkeit ausgenutzt werden, eine trans*geschlechtliche Entwicklung zu verhindern oder zu verzögern. Trans* Personen berichten manchmal rückblickend, dass sie mutlos wurden und lange nichts unternommen hätten oder dass sie an unerfahrene oder feindlich eingestellte Versorger*innen geraten sind.

Manchmal scheinen Elternteile ihre Bedürfnisse im Zusammenhang mit dem Trans*thema auf eine unzulässige Art hierarchisieren zu wollen. So sagt das Elternteil: »Ich brauche noch Zeit, um mich mit deinen Wünschen auseinanderzusetzen. Erst dann kann ich dir etwas erlauben. Und wie du weißt, hab ich gerade noch ganz viele andere Sorgen.« In solch einer Situation schätzt das Elternteil nicht richtig ein, dass beide Bedürfnisse gleich wichtig sind. Wir hören in solch einer elterlichen Aussage auch den Wunsch, sich lieber nicht damit zu beschäftigen und es in die Zukunft zu verschieben. Vielleicht geht es auch darum, so etwas Verunsicherndes und Angstmachendes zu vermeiden, und vielleicht wirken die anderen Probleme aus elterlicher Perspektive gleichermaßen drängend. Daher kann hier eine Unterstützung durch Beratung oder Familienhilfe geboten sein.

In diesem Alter wichtige und nötige Ablöseprozesse können in verschiedene Richtungen instrumentalisiert werden. Ein zu frühes Alleinlassen verunsichert und kann wichtige Entwicklungen und Termine unmöglich machen. Die Betonung einer besonderen und unbedingt jetzt aufrechtzuerhaltenden elterlichen Sorge kann wichtige Schritte gleichermaßen erschweren: »»Du bist nicht stabil genug dafür«, »Ich will dir alle Wege offenhalten«, »Du bist noch nicht volljährig«. Entwicklungshemmend wirken dabei auch Doppelbotschaften wie: »Wir akzeptieren dich in allen Belangen, unterstützen dich, sind auf deiner Seite und sorgen dafür, dass du keine übereilten Entscheidungen triffst.« Gegen eine solche Botschaft können sich Kinder und Jugendliche, die in einem Abhängigkeitsverhältnis stehen, nicht gut wehren. Sie müssten ja klar benennen, dass der Schutz vor »übereilten Entscheidungen« für sie gar kein Schutz ist, sondern eine Blockierung ihres Lebens. Aber dazu müssten sie das »Gute« in der Botschaft verneinen und die Eltern verletzen. Das können sie nicht riskieren, weil sie ja weiterhin Unterstützung brauchen. Kinder und Jugendliche werden hilflos durch das entstehende Schweigegebot.

Häufig hören wir Erzählungen, in denen es um Mobbing in der Schule geht, und niemand Erwachsenes hat eingegriffen oder es in der Schule problematisiert, auch wenn es über Jahre anhielt. Neben der noch häufig auftretenden Untätigkeit des Lehrpersonals und der Schule als Institution gibt es auch Stimmen von Eltern, die sagten: »Wir haben gedacht, dass er vielleicht noch zur Vernunft kommt, wenn er merkt, wie schwer es ist, das Trans*sein zu leben.« Wir sehen in dem Wunsch, das Kind mit »der Härte der Realität« zu konfrontieren, ein Benutzen von Gewalt für einen indirekten Konversionsversuch. Das betrachten wir als ein schädliches Verhalten, auch wenn wir wissen, dass viele Eltern selbst unsägliche Mobbingerfahrungen machen mussten.

Wir sehen immer wieder, dass eine Transition die Vertrauensverhältnisse innerhalb der Familie auf eine große Probe stellt. Für die Begleitung eines trans* Kindes in der Familie gibt es bisher noch wenig Wissen. Wir hoffen sehr auf eine Verbesserung und wollen mit diesem Buch auch dazu beitragen.

8.6 Familienthemen nach ersten geschafften Schritten

Die Frage, wann Erleichterung eintreten wird, ist nicht pauschal zu beantworten. Vielmehr wird es viele kleine Fortschritte und damit auch Erleichterung bei dem trans* Kind oder den Jugendlichen geben, so wie es auch Enttäuschungen, Diskriminierungen und andere Frustrationen geben wird. Für viele trans* Jugendliche, deren Pubertät bereits eingesetzt hat, ist die erste Verabreichung von Pubertätsblockern oder geschlechtsangleichenden Hormonen ein großer und wichtiger Tag. Weitere Meilensteine können die Vornamens- und Personenstandsänderung und/oder bereits eine operative Veränderung wie die Mastektomie sein.

Wenn aber ein Punkt erreicht ist, an dem das Kind oder der*die Jugendliche mit ihrem Passing und den Veränderungen (vorerst) zufrieden ist, kann es ruhiger werden. Andere Themen werden wieder präsenter und der Wunsch, den fast jedes Kind äußert, nämlich ein ganz »normales« Teenager-Leben zu führen, kann langsam in Erfüllung gehen. Wir erleben trans* Jugendliche nach der Bewältigung wichtiger Angleichungsschritte häufig deutlich erleichterter, fröhlicher und freier für jugendliche Themen.

So kann das familiäre Miteinander wieder ins Gleichgewicht geraten, sodass die Bedürfnisse aller Beteiligten etwas ausgewogener verhandelt werden können. Manchmal müssen dann die Bedürfnisse von Geschwisterkindern, Paarthemen der Eltern oder ganz individuelle Themen »nachgeholt« werden. Allerdings gehen wir davon aus, dass Familien, welche die trans*geschlechtliche Entwicklung eines Kindes begleitet und bewältigt haben, einen anderen Blick auf familiäre Herausforderungen, Diskriminierungen und die eigenen Geschlechtsidentitäten entwickelt haben. Mit etwas Abstand und Gelassenheit betrachtet kann das auch ein schönes Geschenk sein.

9 Trans* Kinder in ihrer sozialen Umgebung

In unserer gesellschaftlichen und sozialen Umwelt sind alltagsnahe Identifikationsmodelle zu geschlechtlicher und sexueller Vielfalt immer noch zu wenig sichtbar. Wären Kitas, Schulen und Horte zuverlässig geschlechtssensible Orte, wo sich Kinder frei von Klischees zu Geschlechterrollen entwickeln könnten, wäre dieses Buch deutlich kürzer. Allein ein Blick in die Kinder- und Schulbücher zeigt jedoch, dass nur wenige Erkenntnisse zur Identitätsbildung für geschlechtliche Vielfalt hinreichend Beachtung bekommen haben. Zudem haben Erzieher*innen, Lehrer*innen und Sozialpädagog*innen in diesem Kindesalter eine identitätsstiftende Vorbildfunktion, spiegeln jedoch nur selten aktiv geschlechtliche Vielfalt wider. Für eine sorgeberechtigte Person, die eine Entscheidung treffen muss, in welche Kita, auf welche Grundschule ein Kind gehen soll, kann es hilfreich sein, sich ein Bild davon zu machen, wie sich ein trans* Kind in dieser Umgebung mit diesen Vorbildern fühlen wird. Im Gespräch mit einer Kita- oder Grundschul-Leitung kann die Frage, wie hier mit geschlechtlicher Vielfalt umgegangen wird, einen ersten Eindruck vermitteln. Ob sich ein Kind in der selbstbestimmten Identität sicher und frei von Diskriminierung entwickeln kann, entscheidet die von Eltern gewählte Umgebung mit. Dabei ist auch zu berücksichtigen, dass Eltern nicht immer eine freie Wahl haben und es manchmal keine Alternativen gibt. Wenn sich Kinder in ihrem Geschlechtsausdruck eingeschränkt fühlen, kann sich dies beispielsweise dadurch äußern, dass sie bestimmte Personen oder Orte vermeiden, da sie sich dort unwohl und nicht ernst genommen fühlen.

9.1 Kita und Schule

Außerhalb der Familie ist die *Kita* ein erster wichtiger Ort, an dem sich geschlechtliche Identität entfalten kann. Bis zum Alter von etwa zweieinhalb bis drei Jahren nehmen Kinder geschlechtliche Unterschiede eher unbewusst wahr, das heißt, im Krippenalter ist kaum ein Verständnis für das geschlechtliche Selbst vorhanden. Nach unserem Eindruck werden Pädagog*innen in Kitas zunehmend darin geschult, Kinder beim Aufbau einer stimmigen Geschlechtsidentität zu unterstützen. Damit soll versucht werden, Klischees zu Geschlechterrollen nicht unreflektiert weiterzugegeben. Eltern können darauf achten, dass in der Kita regelmäßig Fortbildungen zum Thema Geschlechtersensibilität stattfinden und zum Beispiel Bücher mit diversen Geschlechtern und Familienmodellen für die Kinder sichtbar sind. Eltern können zudem auf Kita- und Schulaufklärungsprojekte aufmerksam machen. Da viele trans* Kinder schon sehr früh benennen können, mit welchem Namen und Pronomen sie angesprochen werden möchten, sollte deren Verwendung selbstverständlich sein und als Erprobung verstanden werden (Kapitel 3.1 und Kapitel 6.2).

Die *Einschulung* ist in dieser Hinsicht oft ein Meilenstein: Zum einen sind Eltern bei der Frage, wie Kinder bei der Einschulung gekleidet sein möchten, darin gefordert, sich an den Wünschen und Bedürfnissen des Kindes zu orientieren. Zum anderen kann beispielsweise bereits bei der Anmeldung an der Grundschule die Schulleitung informiert werden, dass ein Kind nicht unter dem zugewiesenen, sondern unter dem selbstbestimmten Namen in der Klassenliste geführt wird. Damit vermeiden Eltern beschämende und überfordernde Momente für ihr Kind beim Aufrufen und verhindern ein ungewolltes Outing. Die Erfahrung zeigt, dass die meisten trans* Kinder erst einmal ein Geheimnis um ihr Trans*sein machen möchten und sich nicht dauernd erklären wollen. Bezugspersonen können davon ausgehen, dass an vielen Schulen schon Erfahrungen mit einem trans* Kind gemacht wurden – zumindest kann bei der Wahl der Schule darauf geachtet werden, dass der Diskriminierungsschutz gewährt ist. Zum Beispiel ist im Berliner Schulgesetz in § 2 Abs. 1 geregelt:

> »Jeder junge Mensch hat ein Recht auf zukunftsfähige, diskriminierungsfreie schulische Bildung und Erziehung ungeachtet insbesondere einer möglichen Behinderung, der ethnischen Herkunft, einer rassistischen oder antisemitischen Zuschreibung, des Geschlechts, der Geschlechtsidentität, der sexuellen Orientierung, des Glaubens, der religiösen oder politischen Anschauungen, der Sprache, der Nationalität, der sozialen und familiären Herkunft seiner selbst und seiner Erziehungsberechtigten oder aus vergleichbaren Gründen« (SchulG, 2004, § 2 Abs. 1).

In § 4 steht zudem, dass Schulen aktiv handeln müssen, um Diskriminierung zu verhindern.

Für den Alltag sollte geklärt sein, auf welche Toilette ein Kind in der Schule oder auch im Hort gehen will. Manche Schulen haben neben den geschlechtsspezifischen auch Unisex-Toiletten, so hat das Kind die Wahl. Wenn es die Ressourcen erlauben, können sich Sorgeberechtigte auch über den Elternrat dafür einsetzen, dass an der Schule bzw. im Hort eine solche Möglichkeit geschaffen wird. Weitere wichtige Themen sind der *Sportunterricht* und die Umkleidesituation. Hier sind die Fachlehrer*innen gefragt, nach respektvollen Lösungen zu suchen. Dazu können auch separate Umkleidemöglichkeiten angeboten werden. Im Sinne der Teilhabe ist es sehr wichtig, dass trans* Kinder und Jugendliche, so wie viele andere Schüler*innen auch, einen entspannten Zugang zu sportlicher Betätigung bekommen. Wenn geschlechtergetrennter Sport angeboten wird, sollte dem trans* Kind die Wahl ermöglicht werden, an welcher Gruppe es teilnehmen will. Das kann sich im Laufe der Zeit auch ändern. Die Frage der Bewertung im Sport, also ob die Leistung zu den »Mädchen« oder zu den »Jungen« zählt, sollte dem Kind gleichermaßen zur Wahl gestellt werden, unabhängig von den bereits vollzogenen Transitionsschritten. Im Zuge einer geschlechtsangleichenden Hormontherapie signalisieren trans* Kinder und Jugendliche unter anderem aufgrund ihres ausgeprägten Gerechtigkeitssinnes häufig, dass sie im selbstbestimmten Geschlecht bewertet werden möchten.

Der *Schwimmunterricht* ist ein weiteres Feld, in dem die Bereitschaft der Lehrer*innen, gemeinsam nach Lösungen für Umkleide und Dusche zu suchen, notwendig ist. Es gilt, zunächst Verständnis zu schaffen, dass trans* Jungen ihr Brustwachstum verbergen wollen, ohne dafür feminine Schwimmanzüge zu benutzen. Hier können aus unserer Erfahrung Schwimm-Shirts oder Neoprenwesten empfohlen werden. Trans* Mädchen können beispielsweise Badeanzüge mit Röckchen tragen.

Für *Gruppen- und Klassenfahrten* sollten neben den oben genannten Aspekten die Bedingungen geklärt sein, wie trans* Kinder übernachten möchten. Häufig haben sie selbst eine Idee, mit welchen Freund*innen sie ein Zimmer teilen wollen. Die noch immer herbeizitierte Notwendigkeit einer geschlechtsgetrennten Unterbringung berücksichtigt nicht die geschlechtliche Vielfalt. Daher müssen inklusive Ansätze genutzt werden. Die Fragen von Verhütung und sexualisierter Gewalt sollten aktiv mit allen Kindern und Jugendlichen thematisiert werden. Damit alle beteiligten Eltern ihre Kinder beruhigt an den Fahrten teilnehmen lassen können, sind individuelle, geschlechter- und kultursensible Informationen und Aufklärungsgespräche hilfreich. Angesichts dieser pädagogischen Herausforderung sollten Lehrkräfte und Betreuer*innen gestärkt werden, den Bedarfen von trans* Kindern und Jugendlichen gerecht zu werden. Hierbei möchten wir auch anmerken, dass die Nutzung von Toilette, Umkleide und Zimmer durch trans* Kinder und Jugendliche keinesfalls einer binären und »durchgehenden« Logik entsprechen müssen. Es ist völlig legitim, wenn ein trans* Kind die Jungenumkleide nutzen möchte, aber das All-Gender- oder Mädchen-WC.

Für viele trans* Kinder und Jugendliche ist das Coming-out in der Schule ein bedeutsames Thema, um das viele Ängste und Erwartungen kreisen (Kapitel 6.1). Wichtige familiäre Bezugspersonen können Kinder darin unterstützen, nach kreativen Lösungen vor Ort zu suchen. Sie können beispielsweise gemeinsam herausfinden, mit wem sie*er zuerst sprechen möchte. Sind schon andere »eingeweiht«? Welche Unterstützer*innen können für das Anliegen gefunden werden? (Kapitel 7.1) Ob und in welcher Form kann ein Coming-out gestaltet werden, zum Beispiel in einem persönlichen Gespräch, mit einem Brief oder im Klassenchat? Sollte das Lehrpersonal einen Teil der Aufgaben übernehmen?

Fallbeispiel

Ein Beispiel eines gelungenen Coming-out in der Schule berichtete ein 15-jähriger trans* Junge: Er habe zunächst mit seiner Schulsozialarbeiterin gesprochen, dass er nun so weit sei und sich outen wolle. Sie habe es in Absprache mit dem Jungen übernommen, mit der Schulleitung, mit seiner Klassenlehrerin und mit allen Fachlehrer*innen zu sprechen. In einem Unterrichtsblock zum Thema geschlechtliche Identitäten und Vielfalten habe die Schulsozialarbeiterin, die zufällig einen vermeintlich »weiblichen« Vornamen als Rufnamen habe und einen vermeintlich »männlichen« Vornamen als Familiennamen habe (wie etwa »Birgit Peter«) das Thema »Identität« eröffnet mit der Fragestellung, was denn die Schüler*innen glauben würden, wie sie als Schulsozialarbeiterin korrekt anzusprechen sei und wie leicht am Namen eine Geschlechtszuweisung erfolgt, die möglicherweise gar nicht zutrifft. Anschließend habe der Junge von sich erzählt, was er auch mit ihrer Unterstützung gut geschafft habe. Die Mitschüler*innen seien gebeten worden, respektvoll Fragen zu

> stellen, woran sich alle gut haben halten können. Zum Schluss habe die Schulsozialarbeiterin die Mitschüler*innen angeregt, auch schriftliche Fragen zu stellen, um diese gemeinsam zu bearbeiten.

Durch diese Vermittlung ist es dem trans* Jungen gelungen, sich zu outen. Die Schule hat es geschafft, einen respektvollen Umgang mit geschlechtlicher Vielfalt zu etablieren. Solch eine Vorgehensweise schützt trans* Kinder und Jugendliche vor übergriffigen und verletzenden Fragen und verhindert, dass sie die Aufklärungsarbeit von Pädagog*innen übernehmen müssen. Wir hören immer wieder davon, dass ein offizielles Coming-out gar nicht nötig ist, da ein selbstverständlicher Umgang mit Trans*geschlechtlichkeit besteht.

9.2 Freund*innen, Mitschüler*innen, Peers und soziale Medien

Mitschüler*innen können ganz unterschiedlich mit dem Trans*thema umgehen. Sie können Verbündete sein und Halt und Unterstützung geben. Manchmal sorgen schon wenige gute Freund*innen für ein respektvolles Klima in der Klasse. Noch immer hören wir jedoch von Klassenverbänden, die wenig tolerant sind und in denen Angst voreinander besteht. In solchen schulischen Situationen kann es zu *Mobbing/Bullying* kommen. Beide Begriffe kommen aus dem Englischen und bedeuten so viel wie »Schikanieren, Fertigmachen, Drangsalieren, Tyrannisieren«, also eine länger andauernde Form von offener oder versteckter Gewalt mit dem Ziel der sozialen Ausgrenzung. Im beraterischen und therapeutischen Alltag werden wir häufig mit Berichten von Ausgrenzungen, Diskriminierungen sowie verbalen und körperlichen Angriffen konfrontiert. Wenn es Elternteilen auffällt, dass ihr Kind öfter unter unklaren körperlichen Symptomen wie Bauch- oder Kopfschmerzen klagt, eine große Unlust zeigt, zur Schule zu gehen, sich immer mehr zurückzieht oder anfängt sich zu ritzen, können Eltern zunächst versuchen mit ihrem Kind darüber zu sprechen, ob es einen Auslöser in der Schule oder auf dem Weg zur Schule gibt. Sie können Kontakt mit der Klassenleitung aufnehmen und dort nach Auffälligkeiten fragen. Bestätigt sich der Eindruck, dass Ausgrenzungen und Anfeindungen stattfinden, sollte spätestens die Schulleitung einbezogen werden. Oftmals handelt es sich auch um überschneidende (intersektionale) Diskriminierungen. Neben der Trans*identität kann es auch um soziale und ethnische Herkunft, Religionszugehörigkeit, Aussehen oder die sexuelle Orientierung gehen. Daher kann es wichtig sein, unterschiedliche Auslöser mitzudenken. Kinder, die Diskriminierungen ausgesetzt sind, haben oftmals Lernschwierigkeiten, können sich im Unterricht kaum konzentrieren oder wirken überangepasst.

Es ist Aufgabe der Schulen, einen offenen und sicheren Rahmen für jedes Kind bereitzustellen und aktiv Diskriminierung von geschlechtlichen Identitäten zu unterbinden. Noch zu oft hören wir Erzählungen von Jugendlichen und jungen Erwachsenen, dass sie jahrelanges Mobbing erleiden mussten, ohne dass das Lehrpersonal eingriff; vielmehr beteiligte es sich sogar am Mobbing. In Berlin ist beispielsweise eine Anlaufstelle für Diskriminierungsschutz an Schulen (ADAS) eingerichtet worden, die Beschwerden entgegennimmt. Eine gute Übersicht für die bundesweiten Antidiskriminierungsstellen und -projekte bietet die Broschüre »Diskriminierung an Schulen erkennen und vermeiden« der Antidiskriminierungsstelle des Bundes (ADS Bund, 2019).

Die *Peers*, also die Gleichaltrigengruppe, sind für die Entwicklung von großer Bedeutung. Schafft ein Kind es, Freund*innen zu finden? Jeder Schulwechsel kann eine große Anpassungsleistung bedeuten. Wenn ein Kind stealth an der neuen Schule und im Kontakt mit neuen Freund*innen sein möchte, ist das zu respektieren. Herausforderungen im Alltag sind dann die Fragen, die sich bei Übernachtungen stellen – ob im schulischen oder im privaten Rahmen. Eltern können ihrem Kind häufig zutrauen, hierfür selbst eine gute Lösung zu finden und bei der Umsetzung Unterstützung anbieten. In vielen Großstädten etablieren sich queere Jugendzentren. Damit können trans* Jugendliche einen Ort finden, wo sie sich mit queeren Peers austauschen können und dabei sicherer vor Diskriminierungen sind als an anderen Orten. Hier besteht die Möglichkeit, für Identitätssuche ein stärkendes Gemeinschaftserlebnis zu haben. Diese Angebote sind zum Beispiel im Regenbogenportal – www.regenbogenportal.de – zu finden.

Da solche queeren Orte sehr selten sind, bewegen sich viele Jugendliche in trans*spezifischen Foren, Chats und *sozialen Netzwerken*. Daher ist die Frage der Mediennutzung ein Phänomen, das Elternteile gut verstehen sollten. Für viele trans* Kinder und Jugendliche stellen diese Kontakte und die Berichte von anderen trans* Personen oftmals eine Art initialer Identitätshilfe dar. Sich selbst wiederzufinden in den Berichten einer anderen Person kann eine wichtige Orientierungshilfe sein und Zugehörigkeit vermitteln (Kapitel 3.4).

9.3 Freizeit und Institutionen: Sport, Vereine, Chor, Kirche

Auch im Freizeitbereich geht es um Respekt. In einem Sportverein kann die Anmeldung eines Kindes unter dem selbstbestimmten Vornamen erfolgen. Nehmen wir an, dass ein trans* Junge in einer Mädchenmannschaft zum Beispiel Fußball oder Basketball spielen möchte, gilt auch hier die Selbstbestimmung. Im Breitensport geht es vorrangig um Freude an sportlicher Aktivität, Gemeinschaft und soziale Integration. Insbesondere Trainer*innen sollten auf den respektvollen Umgang im Team achten, und auch Schiedsrichter*innen haben die Aufgabe, diskriminierendes Verhalten zu unterbinden. Bereits die Frage »Bist du ein Mädchen oder bist du ein Junge?« stellt oftmals eine Übergriffigkeit und Diskriminierung dar. Bei jüngeren Kindern können aber auch Neugier und Unwissenheit im Spiel sein.

Für manche Jugendliche sind konfessionsgebundene Jugendgruppen, wie die Pfadfinder oder auch Gemeindechöre, ein wichtiges Freizeitangebot. Auch hier sollte gewährleistet sein, dass die jeweiligen Gruppenleiter*innen ihr Betreuungsangebot geschlechtersensibel gestalten. Religiös begründete Ausschlüsse und trans*feindliche Haltungen wären als Diskriminierungen einzuordnen. Bei Gruppenfahrten sind vorab die gleichen Fragen zu klären wie bei Klassenfahrten. Bei Chören kann eine Veränderung der Stimmlage eine Rolle spielen, was aber cis-männliche Jugendliche gleichermaßen betrifft.

Fallbeispiel

Ein 14-jähriger trans* Junge berichtete, dass er von seinem Pfadfinder-Gruppenleiter misgendert worden sei. Der Junge habe den Gruppenleiter zunächst gemeinsam mit einer Freundin darauf angesprochen, warum dieser die falsche Anrede benutze. Der Gruppenleiter meinte, es sei eben seine Überzeugung, dass man mit 14 Jahren noch nicht über seine Identität bestimmen könne. Die Eltern suchten zunächst ein weiteres Gespräch mit dem Gruppenleiter, dann mit der Verbandsleitung. Der Gruppenleiter wurde kurz darauf seiner Aufgabe enthoben.

Um trans* Kindern und Jugendlichen eine entwicklungsförderliche Umgebung bereitzustellen, in der sie gesund aufwachsen können, ist es wichtig, dass Eltern ihre Kinder in ihren Bedürfnissen und Rechten unterstützen. Dabei stoßen Eltern häufig an Grenzen und auf Widerstände. Das kostet sehr viel Kraft und Anstrengung, sodass Eltern alle Unterstützung in Anspruch nehmen sollten, die zur Verfügung steht.

10 Zugang zur medizinischen Versorgung

10.1 Qualitätsstandards und medizinische Leitlinien

Der Zugang zur medizinischen Versorgung ist durch verschiedene Rahmenbedingungen vorgegeben. Da sich der Umgang mit dem Thema »Trans*« innerhalb der Versorgung gerade verändert, gibt es sehr unterschiedliche Wissensstände und manchmal widersprüchliche Vorgaben. Daher wollen wir in diesem Kapitel einen – hoffentlich realisierbaren – Weg beschreiben, wobei dieses Kapitel keine Trans*beratung vor Ort ersetzen kann und will.

Eine wichtige fachliche Grundlage bilden die Aussagen aus verschiedenen medizinischen Leitlinien. So gibt es die »Standards of Care« in der achten Version (WPATH, 2022), in denen die medizinische Versorgung von trans* und genderdiversen Personen beschrieben wird. Zudem gibt es eine Leitlinie zur endokrinologischen Versorgung (Hembree et al., 2017) und eine Leitlinie für erwachsene trans* Personen in Deutschland (AWMF, 2018). In Arbeit ist derzeit noch die Leitlinie »Diagnostik und Behandlung von Geschlechtsdysphorie im Kindes- und Jugendalter« (AWMF, 2023a). An dieser Leitlinie wird seit etwa sieben Jahren gearbeitet. Daran beteiligt sind 21 wissenschaftliche Fachgesellschaften und Berufsverbände aus Deutschland, der Schweiz und Österreich, die Bundespsychotherapeutenkammer sowie unter stimmberechtigter Beteiligung die Selbstvertretungen Trans-Kinder-Netz e. V. und der Bundesverband Trans* e. V. Ihr Ziel ist die Verbesserung der Qualitätsstandards in der medizinischen Versorgung insbesondere für minderjährige trans* Personen. In den letzten Jahren gab es einen enormen Zuwachs an Forschungsdaten und Studien zur Lebenssituation von trans* Kindern und Jugendlichen. So haben die Forschenden verstanden, dass sich trans* Kinder und Jugendliche biografisch gesehen immer früher zu ihrem trans*geschlechtlichen Erleben äußern, dass sie sich häufig nicht einfach mit dem anderen Geschlecht im Sinne von »weiblich« und »männlich« identifizieren, sondern sich auch nicht-binär und genderfluid verstehen können, und dass sie schon in jungem Alter gute und reflektierte Entscheidungen für sich treffen können. Ein frühzeitiger akzeptierender Umgang mit einer trans*geschlechtlichen Entwicklung führt zu einem Aufwachsen mit deutlich weniger psychischen Belastungen, die von Unverständnis, einem Verbergen-Müssen und Diskriminierung herrühren (siehe Kapitel 4.3).

Leitlinien entstehen, indem auf Grundlage der Forschungsdaten Empfehlungen für die medizinische Versorgung formuliert werden. An Stellen, wo die Forschungslage nicht ausreichend eindeutig ist, formuliert die Leitlinienarbeitsgruppe Empfehlungen auf Grundlage der Erfahrungswerte aus der eigenen praktischen Versorgung in den letzten Jahren. Solche Leitlinien sollen richtungsweisend für Psychotherapeut*innen und Ärzt*innen in der Versorgung sein. Hiermit ist gemeint, dass eine abweichende Behandlung immer gegenüber den Jugendlichen und Eltern nachvollziehbar begründet werden sollte. Die Leitlinien nach den Regularien der AWMF äußern sich zu Fragen der Diagnostik, der Indikationsstellung für Behandlungen, zu Hormonbehandlungen, zur Psychotherapie, zum sozialen Rollenwechsel, zur Diskriminierung, zu familiären Fragen, zu De-Transition und auch zu ethischen Positionen. Da die spezifische Leitlinie für minderjährige trans* und nicht-binäre Personen zum Zeitpunkt des Schreibens noch nicht veröffentlicht ist, beziehen wir uns im Folgenden auf die aktuellen Aussagen der internationalen und nationalen Leitlinien sowie der weiteren Fachliteratur.

Diagnosestellung

Während der Diagnosestellung möchte der*die Behandler*in feststellen, ob das Gegenüber in seinem trans*geschlechtlichen Empfinden ein Leiden erlebt, sodass eine medizinische Behandlung, um dieses zu lindern, gerechtfertigt ist. Hinsichtlich des trans*geschlechtlichen Selbsterlebens ist die Selbstauskunft maßgeblich. Es soll gemeinsam mit den Jugendlichen und Eltern ein sorgfältiges Darstellen der Lebensgeschichte und möglicher psychischer Belastungen stattfinden. Für die Diagnosestellung sollen die Kriterien der »Geschlechtsinkongruenz im Jugend- und Erwachsenenalter« (HA60 – ICD-11) genutzt werden:

> »Geschlechtsinkongruenz ist gekennzeichnet durch eine ausgeprägte und anhaltende Inkongruenz zwischen dem erlebten Geschlecht einer Person und dem zugewiesenen Geschlecht.
>
> Mindestens zwei der folgenden Symptome müssen vorliegen:
> 1) eine starke Abneigung oder Unbehaglichkeit gegenüber den primären oder sekundären Geschlechtsmerkmalen
> 2) der starke Wunsch, einige oder alle primären und/oder sekundären Geschlechtsmerkmale loszuwerden
> 3) ein starkes Verlangen nach den primären und/oder sekundären Geschlechtsmerkmalen des erfahrenen Geschlechts.
>
> Die Person verspürt den starken Wunsch, als Person des erlebten Geschlechts zu leben und akzeptiert zu werden. Die erlebte geschlechtsspezifische Inkongruenz muss seit mindestens mehreren Monaten ununterbrochen vorhanden sein« (Romer & Lempp, 2022, S. 309).

Mit den primären und sekundären Merkmalen sind die Genitalien (primär), Brustprofil, Behaarung, Stimmhöhe, Körperproportionen (sekundär) gemeint. Die Formulierungen »starker Wunsch« und »starkes Verlangen« sind die positiven Formulierungen dessen, was häufig als »Leiden« (unerfüllter Wunsch, unbefriedigtes Verlangen) sowie die individuelle psychische Belastung dabei verstanden werden.

Wir möchten hier anmerken, dass sich das individuelle Leiden vermehrt am eigenen Körper und den Geschlechtsmerkmalen festmachen kann, an verinnerlichten abwertenden Einstellungen sich selbst gegenüber, an unpassenden Geschlechterrollenzuschreibungen, an Erfahrungen von Ausgrenzungen und Diskriminierung. Aber auch Jugendliche, die in einem schützenden und stärkenden Umfeld aufwachsen und kein Leiden benennen, sollen versorgt werden, da ein Leiden abzusehen ist, wenn keine Behandlung erfolgen sollte und der Körper sich in eine unerwünschte Richtung entwickelt. Das Stellen der Diagnose ist unbedingt nötig, um die medizinische Versorgung zu ermöglichen.

Indikation für eine Hormontherapie

Bei der Indikationsstellung für eine Hormontherapie soll klar sein, dass ein nicht-binäres Erleben genauso dazugehört und dass eine bestimmte sexuelle Orientierung dabei keine Rolle spielt. Der früheste Zeitraum für einen Behandlungsbeginn mit einer Pubertätsunterdrückung ist das körperliche Entwicklungsstadium »Tanner 2«. Damit ist gemeint: erste Veränderungen der Brustdrüse, des Hodenvolumens, erste unauffällige Schamhaare. An dieser Stelle wird deutlich, dass eine bestimmte Altersuntergrenze nicht maßgeblich für den Behandlungsbeginn ist. Menschliche Entwicklungen sind einfach zu vielfältig, als dass ein bestimmtes kalendarisches Alter ein guter Maßstab wäre (WPATH, 2022; Romer & Lempp, 2022).

Rollenwechsel und Alltagserfahrungen

Ein sozialer Rollenwechsel (eine Rollenerprobung) wird zwar auch für eine geschlechtsangleichende Hormontherapie als gut und wichtig erachtet, soweit dieser möglich ist, ohne dass er eine zu große Diskriminierungsgefahr erzeugt, er ist aber keinesfalls Bedingung für den Beginn einer Hormonbehandlung. Zudem wird in verschiedenen Veröffentlichungen erwähnt, dass Alltagserfahrungen im selbstbestimmten Geschlecht zwar wünschenswert, jedoch nicht zwingend notwendig dafür sind, eine Behandlung zu beginnen (AWMF, 2018; WPATH, 2022).

Pubertätsblockade

Es wird auch empfohlen eine Pubertätsunterbrechung anzubieten, wenn schon ein späteres Pubertätsstadium erreicht wurde. Damit kann Zeit gewonnen werden, um Entscheidungen für oder gegen eine geschlechtsangleichende Hormonbehandlung abzuwägen; gleichzeitig kann so der schon vorhandene Leidensdruck vermindert werden und es lassen sich wenigstens die noch ausstehenden körperlichen Veränderungen verhindern. Nach der begonnenen Behandlung mit GnRH-Analoga ist eine Weiterbehandlung mit geschlechtsangleichenden Hormonen recht wahrscheinlich (Hembree et al., 2017). Das liegt wohl daran, dass sich die Jugendlichen häufig schon lange und gewissenhaft mit ihrer Geschlechtsidentität und ihren Behandlungswünschen auseinandergesetzt haben und daher der nächste Schritt einfach logisch ist.

Einwilligungsfähigkeit

Für die Indikationsstellung einer Pubertätsblockade oder Hormontherapie sollen Psychotherapeut*innen feststellen, ob die minderjährige trans* Person einwilligungsfähig ist. Dabei geht es immer nur um die Einwilligung in die gerade anstehende Entscheidung. Wie diese Fähigkeit genau festgestellt werden soll, ist nicht genau beschrieben und kann sicherlich nicht allgemeingültig formuliert werden. Aus unserer Sicht ist es wichtig, verschiedene Fragen miteinander besprochen zu haben: Was wird sich verändern? Welche Erwartungen sind realistisch, welche nicht? Welche Veränderungen sind reversibel? Was mache ich, wenn ich mich geirrt haben sollte? Welche Nebenwirkungen und Risiken können auftreten? Wie beende ich eine Behandlung? Wie denke ich über meine (zukünftige) Sexualität? Was denke ich über einen Kinderwunsch? Wie kann ich in Zukunft das Gesundheitswesen nutzen, um gesund zu bleiben? Mehr dazu auch im Kapitel 5. Wenn der Eindruck entstehen sollte, dass eine jugendliche trans* oder nicht-binäre Person noch nicht versteht, in was sie einwilligen möchte, soll die involvierte Fachperson die Einwilligungsfähigkeit stärken (WPATH, 2022; Möller et al. 2018; Romer & Lempp, 2022). Sie soll sich also mehr Zeit nehmen und überlegen, welche Medien zugänglich und angemessen sind. Neben dem Gespräch können das Bilder, Filme, Youtube-Videos, persönliche Erzählungen in Trans*jugendgruppen und in den sozialen Medien sein. Hierbei bietet sich eine eng Zusammenarbeit mit Trans*beratungsstellen an (Hädicke, 2023).

Psychische Erkrankung

Wenn es Anhaltspunkte gibt, die auf eine psychische Erkrankung hinweisen, soll eine umfangreiche Diagnostik stattfinden und bei Bedarf ein Behandlungsplan erstellt werden. Dieser soll eine psychotherapeutische Versorgung *und* eine transitionsspezifische Behandlung einschließen (WPATH, 2022). Damit ist gemeint, dass eine psychische Erkrankung per se kein Hinderungsgrund für eine Hormontherapie darstellt. Es ist auch keine psychische Erkrankung benannt, die grundsätzlich eine Ausschlussdiagnose ist. In den allermeisten Fällen können beide Anliegen gut versorgt werden. Aus der Forschung ist zudem bekannt, dass viele Symptome psychischer Erkrankungen schon gelindert werden, wenn eine gewünschte transitionsbezogene Behandlung stattfindet (AWMF, 2018). Manchmal gibt es jedoch psychische Erkrankungen, bei denen eine Anbehandlung vorrangig ist. Das kann zum Beispiel bei einem starken Untergewicht, bei einem akuten psychotischen Erleben oder schweren dissoziativen Störungen sinnvoll sein, um eine gute Entscheidungsbasis für Transitionsschritte zu ermöglichen. Hinsichtlich der Einwilligung in eine psychotherapeutische Behandlung ergibt sich in der Leitlinie allerdings eine etwas komplizierte Situation. Im Sinne der Psychotherapie-Richtlinie (G-BA, 2009) sollten Patient*innen freiwillig in eine Psychotherapie einwilligen und könnten also auch ablehnen, wenn sie einschätzen, dass zum jetzigen Zeitpunkt eine Psychotherapie nicht zu bewaltigen ist. In unserem Falle könnte es aber dann sein, dass sie bei einer Ablehnung auch keinen Zugang zu einer

Transitionsbehandlung, beispielsweise einer Hormontherapie, bekommen. Das heißt: entweder beides oder keines von beiden. An dieser Verknüpfung wird nach unserer Einschätzung deutlich, wie die Sichtweise innerhalb der Medizin noch von einem gewissen Krankheitsdenken beim Trans*sein geprägt ist. Dahinter scheint die Annahme zu stehen: Wer trans* ist, kann sich nicht einfach für eine medizinische Behandlung entscheiden, die gerade die richtige ist, auch wenn er*sie aufgeklärt wurde, sondern die Person muss zudem eine – in dem Moment vielleicht ungewollte Behandlung – mit in Kauf nehmen. Wir denken hingegen, dass es psychisch erkrankten trans* Jugendlichen zuzutrauen ist, aus freien Stücken in eine Psychotherapie einzuwilligen. Das machen andere psychisch erkrankte Jugendliche auch, wenn sie leiden und sich Linderung von der Therapie versprechen. Die Entscheidung für eine Psychotherapie kann vielleicht vor oder mit dem Beginn einer Hormontherapie oder etwas später erfolgen. Nach unserer Erfahrung in der Begleitung von trans* Jugendlichen und Eltern sind diese jedoch sehr dankbar für ein fachgerechtes Angebot einer Psychotherapie, das sie freiwillig und bei Bedarf nutzen können. Wenn eine psychische Erkrankung zeitgleich mit einer geschlechtsangleichenden Behandlung interagieren könnte, soll eine unterstützende psychiatrisch-psychotherapeutische Behandlung angeboten werden. Daher soll in solchen Fällen mit den Jugendlichen zusammen überlegt werden, wie und in welcher Reihenfolge beide Bereiche mit Hormonen/Psychotherapie/Medikamenten gut versorgt werden können (WPATH, 2022; AWMF, 2018).

Familiäre Situation

Eltern sollen darüber aufgeklärt und informiert werden, dass es unethisch ist, zu versuchen, die als stimmig erlebte Geschlechtsidentität ihres Kindes durch therapeutische oder pädagogische Interventionen zu beeinflussen. Auch das Gesetz zum Verbot von Konversionsversuchen sollte erwähnt werden (KonvBG, 2020). Eltern sollen informiert werden, dass eine positive Unterstützung des trans*geschlechtlichen Ausdrucks die psychische Gesundheit der Kinder und Jugendlichen verbessert. Auch soll insbesondere über nicht-binäre Entwicklungswege informiert werden (Romer & Lempp, 2022; Turban et al., 2022). Für die Rollenerprobungen im selbstbestimmten Geschlecht sollten Eltern einerseits sichere Gelegenheiten zum Ausprobieren und andererseits auch sichere Rückzugsräume ermöglichen. Dabei sollten die Kompetenzen und Bedürfnisse des Kindes maßgeblich sein und natürlich die realistische Einschätzung von Diskriminierungsrisiken. Die Aufklärung, Information und eventuell engere Begleitung kann durch Therapeut*innen und durch eine communitybasierte Beratung stattfinden (Günther et al., 2021).

Angebote für Eltern und Familien
Eltern sollen die Möglichkeit haben, sich zu vernetzen und sich auszutauschen. Wenn Eltern die trans* oder nicht-binäre Entwicklung ihres Kindes nicht akzeptieren können und damit das Recht auf Selbstbestimmung der minderjährigen trans* Person eingeschränkt ist oder dies abzusehen ist, sollte jedoch eine intensive Begleitung der Familie, auch eine Familientherapie empfohlen werden, um das gegenseitige Verstehen, das Miteinander und das Selbstbestimmungsrecht des Kindes zu stärken (Romer & Lempp, 2022). Wenn die Vorstellungen der Eltern und Kinder nicht miteinander vereinbar sind oder eine Arbeit mit der Familie eine Gefahr für das Wohl des Kindes bedeuten würde, dann sollten die Bedürfnisse des Kindes von den Wünschen der Eltern getrennt beurteilt und versorgt werden (WPATH, 2022; Hädicke et al., 2023).

Diskriminierung und deren Folgen für trans Kinder und Jugendliche*
Es wird betont, dass Diskriminierung gegenüber trans* und nicht-binären Kindern und Jugendlichen auch im Gesundheitswesen stattfindet (Faissner et al., i. Dr.). Diese kann bewusst und vorsätzlich geschehen, aber auch aufgrund von Unwissen und Unsicherheit. Die Folgen sind jedoch nicht weniger schädlich. Diskriminierung kann im Rahmen des individuellen Kontakts und auf struktureller und institutioneller Ebene geschehen (Hädicke, 2023). Daher sollen Ärzt*innen, Psychotherapeut*innen und Pflegekräfte über die gesundheitlichen Folgen von Diskriminierung informiert sein. Die eigene Haltung in der Versorgung soll hinsichtlich ihres Potenzials zur Diskriminierung reflektiert werden, und es sollten Schritte unternommen werden, um Diskriminierungen abzubauen (AWMF, 2018; Wolf et al., 2023). Dabei sollte es besonders um Selbstreflexion und eine sorgfältige Kontaktgestaltung gehen, sodass sich der Umgang mit trans* Kindern und Jugendlichen verbessert, wenn eigene Vorurteile und problematische Denk- und Verhaltensmuster verstanden wurden (AWMF, 2018). Ärzt*innen und Psychotherapeut*innen sollen über die Folgen und Verarbeitungsmöglichkeiten von Diskriminierungserfahrungen informiert sein und dieses Wissen in die Arbeit einbeziehen. Die unterschiedlichen Diskriminierungserfahrungen sollen diagnostisch erfragt und dokumentiert werden und als konzeptuell eigenständige psychopathologische Faktoren in der gesamten Behandlungsplanung und Durchführung

beachtet werden (Günther et al., 2021). Im Rahmen der kontextbezogenen Arbeit sollten Orten wie Schulen, Ausbildungsstätten, Sportvereinen, Jugendeinrichtungen und Kirchengemeinden in Absprache mit communitybasierten Angeboten diskriminierungssensible Aufklärungsmaßnahmen vermittelt werden (ebd.).

Die zukünftige medizinische Leitlinie »Diagnostik und Behandlung von Geschlechtsdysphorie im Kindes- und Jugendalter« (AWMF, 2023a) wird nach Jahren der Erarbeitung und nach einer langen Zeit ohne klare medizinisch-wissenschaftliche Orientierung vermutlich eine gute Hilfe für Therapeut*innen und Ärzt*innen sein. Doch auch Eltern und Jugendliche können sie nutzen, um sich zu informieren und die eigenen Versorgungserfahrungen daran zu messen. Zu dieser medizinischen Leitlinie wird es auch eine sogenannte Patient*innenversion geben, die ähnlich wie der Leitfaden zur Trans*gesundheit für Erwachsen (AWMF, 2019a) kürzer und alltagssprachlicher verfasst ist. Neben den Aussagen der medizinischen Leitlinien, die darstellen, was aus wissenschaftlicher Perspektive aktuell eine gute Versorgung ist, gibt es auch Vorgaben, Erwartungen und »Versorgungstraditionen«, die Ärzt*innen und Psychotherapeut*innen formulieren und praktizieren. Des Weiteren gibt es die Vorgaben des Medizinischen Dienstes der Krankenkassen (MDS, 2020). Dieser hat eine Begutachtungsanleitung geschrieben, die starre Fristen vorgibt und alle trans* Personen nötigt, eine Psychotherapie zu machen, bevor geschlechtsangleichende Behandlungen stattfinden können. Diese Begutachtungsanleitung gilt zwar für Volljährige, wird aber häufig auch auf Minderjährige angewendet. All diese Dinge sind nicht aufeinander abgestimmt und widersprechen sich häufig. Um dieses Durcheinander etwas verständlicher zu vermitteln, wollen wir im Folgenden einen relativ typischen Versorgungsverlauf beschreiben. Dabei gibt es kleine Exkurse, die übliche Unterschiede im Ablauf deutlich machen.

10.2 Ein exemplarischer Ablauf

Die »Zutaten«

- eine jugendliche trans* Person, die recht gut, zusammenhängend und freundlich bleibend, von sich erzählen kann, auch bei seltsamen Fragen
- Elternteile (gern zwei), die ihr Kind mögen, sich gegenseitig auch, die sich gegenseitig Arbeit abnehmen, mindestens ein Auto haben oder in

einer Großstadt wohnen und etwas Erfahrung im Umgang mit der medizinischen Versorgung und in der Kommunikation mit den Krankenkassen haben

- Psychotherapeut*in, psychotherapeutisch tätige Ärzt*in, die in der Arbeit mit trans* Kindern und Jugendlichen etwas erfahren ist, ihre eigene Geschichte der Geschlechtsidentitätsentwicklung gut im Blick hat, mit Kolleg*innen und einer communitybasierten Trans*beratung im Kontakt ist und Freude an der Auseinandersetzung mit den Krankenkassen und dem Medizinischen Dienst hat
- endokrinologisch tätige Ärzt*in (bei jungen Jugendlichen Kinder- und Jugend-Endokrinolog*in, ab ca. 16 Jahren auch Gynäkolog*in, erfahrene Allgemeinmediziner*in, Androlog*in), die Erfahrung in der trans*spezifischen Versorgung hat, die*der aktuelle wissenschaftliche Entwicklungen verfolgt, gerne vernetzt arbeitet und eine besondere Freude an der Auseinandersetzung mit den Krankenkassen und der Kassenärztlichen Vereinigung (KV) hat
- Krankenkasse, die das Kostenerstattungsverfahren für außervertragliche Psychotherapie ermöglicht (weil viele interessierte und fortgebildete Therapeut*innen keinen Kassensitz haben), telefonisch erreichbar ist, eine*n verständnisvolle*n Sachbearbeiter*in beschäftigt und bei der die Unterlagen vertraulich behandelt werden und nicht so häufig verloren gehen
- eine Trans*beratungsstelle, die Kapazitäten für eine Beratung hat, gut in der Versorgungsregion vernetzt ist, auch nicht-binäres Verständnis des trans*geschlechtlichen Erlebens vermitteln kann, den Bedürfnissen Minderjähriger offen gegenübersteht und die Anliegen der Eltern im Blick behält
- manchmal noch der Medizinische Dienst, in dem Ärzt*innen arbeiten, die sich soweit mit dem Thema Trans*geschlechtlichkeit beschäftigen konnten, dass sie die Sorgen und Nöte der Jugendlichen verstehen können und die verstehen, dass die internen Richtlinien manchmal den ethischen Vorgaben ihres ärztlichen Eids entgegenstehen
- langer Atem, Geld, Humor und Sturheit

Die »Zubereitung«

Wenn sich der junge Mensch mehrfach und nachdrucklich geäußert hat, eine Behandlung mit Hormonen in Betracht zu ziehen, kann es losgehen. Jüngere Jugendliche sollten ihre Eltern im Gepäck haben, ältere Jugendliche, vielleicht ab 16 Jahren, können einen Beratungs- oder einen Kennenlerntermin sicherlich auch einmal allein bewältigen.

Wenn noch keine geeigneten Therapeut*innen und Ärzt*innen bekannt sind, kann eine Beratungsstelle häufig trans*erfahrene Versorger*innen empfehlen. Außerdem kann die Trans*beratung schon ein erstes Mal über die Wirkungen und Nebenwirkungen einer Hormonbehandlung aufklären, über die Auswirkungen auf Sexualität und Fertilität und über die Zeiträume informieren, in denen psychische und körperliche Veränderungen zu erwarten sind. Auch gibt es dort gut gemachte Broschüren, Kontakte zu anderen Eltern und vielleicht sogar zu Gruppen für trans* und nicht-binäre Jugendliche. Die Beratungsstelle ist ebenfalls immer eine gute Anlaufstelle, wenn es irgendwie nicht weitergeht, wenn Stärkung nötig ist und für ein gemeinsames Augenrollen.

Auf einen ersten Termin bei einer endokrinologisch tätigen Praxis wartet man meist einige Wochen bis Monate. Daher kann es sinnvoll sein, sich gleich darum zu kümmern. Im Kennenlerngespräch wird ärztlicherseits über die Behandlung aufgeklärt und es kann Blut abgenommen werden, um herauszufinden, ob etwas gegen eine Behandlung spricht. Wenn die Pubertät fast vor der Tür steht, kann auch geschaut werden, ob ein Behandlungsbeginn schon sinnvoll ist oder noch etwas Zeit ist. Außerdem wird die Ärzt*in sagen, welche Unterlagen noch nötig sind. Das ist eigentlich eine Behandlungsempfehlung von der psychotherapeutisch tätigen Person, die vielleicht eine halbe Seite umfassen sollte und die Behandlung ausdrücklich empfiehlt. Aber hier kann es schon recht bunt werden:

Manche Ärzt*innen sagen, dass sie bei Bedarf zeitnah mit der Behandlung beginnen, sich aber etwas absichern wollen und gern zwei Stellungnahmen haben wollen. Eine von der psychotherapeutisch tätigen Person und eine von einer weiteren Therapeut*in oder von einer Beratungsstelle. Andere wollen eine zweite Stellungnahme von einer Psychiater*in sehen, manche auch Stellungnahmen, die sie Gutachten nennen. Manche sagen auch, dass erst eine Personenstandsänderung erfolgt sein müsse. Für keine dieser Wünsche gibt es derzeit eine Vorgabe oder Vorschrift. Nur für Volljährige gibt es derzeit Vorgaben vonseiten des Medizinischen Dienstes. Daher empfehlen wir, sich das Prozedere erklären und begründen zu lassen. Es kann gut sein, bei Bedarf auf die aktuellen medizinischen Leitlinien zu verweisen. Die darin beschriebenen Empfehlungen bieten Orientierung.

Nun wird also ein*e Psychotherapeut*in oder ein*e psychotherapeutisch tätige*r Ärzt*in benötigt. Diese Person sollte schon ein wenig Erfahrung in der Arbeit mit trans* Jugendlichen haben und wissen, dass sie nach einigen wenigen Terminen bei Bedarf eine Behandlungsempfehlung für die Hormontherapie ausstellen sollte, wenn dies gewünscht ist. Später – manchmal nach dem Ende der Therapiezeit – kann auch ein Behandlungsbericht für chirurgische Eingriffe nötig sein. Die jugendliche trans* Person sollte sich im Kontakt wohlfühlen und über als wichtig empfundene Dinge reden dürfen. Der*die Therapeut*in sollte im Blick haben, was im Vorfeld von Transitionsbehandlungen besprochen werden muss. Mit den Eltern sollte es regelmäßig Kontakt geben. Für Fragen, die in der Therapie nicht geklärt werden können, sollte eine Trans*beratungsstelle einbezogen werden. Wenn es neben den Transitionsfragen einen Bedarf gibt, an psychotherapeutischen Themen zu arbeiten, sollten Therapeut*in und jugendliche Person gemeinsam abwägen, welche Themen oder Probleme gerade zu bewältigen sind. Die Arbeit an der psychischen Symptomatik ist dabei kein Grund, die hormonelle Behandlung zu verzögern.

Wenn nun eine Behandlungsempfehlung vorliegt, kann der*die Endokrinolog*in mit der Behandlung beginnen. Allerdings hat es sich in manchen Gegenden eingebürgert, vor dem Behandlungsbeginn die Krankenkasse zu fragen, ob sie dem zustimmt. Das ist häufig ungünstig, da die Krankenkasse gern auf die Begutachtungsanleitung des Medizinischen Dienstes für Erwachsene verweist, ein halbes Jahr Psychotherapie fordert und einen Antrag sehen möchte, zu dem ein Behandlungsbericht des*der Psychotherapeut*in gehört. Beides ist aus fachlicher Sicht unnötig und verzögert häufig den Behandlungsbeginn. Gerade wenn sich ein Stimmbruch ankündigt oder die Brust zu wachsen beginnt, kann so eine Verzögerung sehr belastend sein. Wir empfehlen die Krankenkasse nicht zu fragen. Die Abrechnung funktioniert trotzdem allermeist. Etwas anderes ist es, wenn eine Epilation oder chirurgische Eingriffe stattfinden sollen. Dann kommt man leider nicht an den Vorschriften der Krankenkasse vorbei. Die Informationen, die man jedoch von dort erhält, sind häufig veraltet oder können den Eindruck vermitteln, dass es sich gerade jemand ausgedacht habe. Daher ist es sehr wichtig, sich mit dem*der Therapeut*in abzustimmen, welche Unterlagen oder Informationen die Krankenkasse bekommen soll. Die Krankenkassen und besonders der Medizinische Dienst sollten nichts darüber erfahren, wenn sich eine jugendliche Person als nicht-binär versteht. Der Medizinische Dienst glaubt fälschlicherweise, eine nicht-binäre Person wäre nicht trans* und habe somit keinen Anspruch auf eine Behandlung. Also müssen Jugendliche, Eltern, Psychotherapeut*innen und Ärzt*innen immer von einem binären trans*geschlechtlichen Erleben schreiben. Wer bis hierher gelesen hat, darf einmal mit den Augen rollen.

Die von der Kasse angeforderten Unterlagen darf nur der Medizinische

Dienst lesen, dort gibt es eine ärztliche Schweigepflicht. Daher sollen die Unterlagen in einem separat verschlossenen Briefumschlag, der nur die Unterlagen für den Medizinischen Dienst enthält, zur Krankenkasse geschickt oder dort abgegeben werden.

Wenn die Versorgung in einem Zentrum, zum Beispiel an einer Universitätsklinik, stattfinden soll, sind die Absprachen zwischen den unterschiedlichen Fachkräften häufig einfacher. Allerdings kann es hier lange Wartezeiten geben, weshalb es immer gut ist, auch nach alternativen Versorger*innen zu suchen. Häufig können sich Eltern untereinander etwas empfehlen. Manche Behandlungszentren behaupten, dass nur sie in der Stadt oder Region trans* Jugendliche versorgen können und dass man nicht woanders hingehen solle. Das ist natürlich geschummelt. Die Versorgung der allermeisten Jugendlichen können niedergelassene Psychotherapeut*innen, Ärzt*innen und auch Hausärzt*innen übernehmen, wenn sie sich über trans*spezifische Bedarfe informiert haben.

Bevor nun die Behandlung losgehen kann, muss natürlich der junge Mensch in die Behandlung einwilligen und sagen: »Ja, ich will.« Die Sorgeberechtigen müssen dem zustimmen. Bei der Behandlung mit Pubertätsblockern kann es ausreichen, wenn eine sorgeberechtigte Person zustimmt, da es um eine komplett reversible Behandlung geht. Bei einer geschlechtsangleichenden Hormonbehandlung oder chirurgischen Eingriffen müssen alle zustimmen, die ein Sorgerecht haben. Nun ist es geschafft. Für trans* Personen ist der Tag des Behandlungsbeginns häufig so ein besonderer Tag, dass sie ihn nicht mehr vergessen und ihn feiern. Damit kann nun auch gleich begonnen werden.

10.3 Informierte Entscheidung

In jede medizinische Behandlung muss die zu behandelnde Person einwilligen. Es ist in Deutschland so geregelt, dass nur diese persönliche, bei Operationen immer schriftliche, Einwilligung die behandelnden Ärzt*innen vom Vorwurf einer Körperverletzung befreit. Notfälle sind davon nicht betroffen. Solch eine Einwilligung wird volljährigen Personen ohne Weiteres zugetraut. Nur wenn Ärzt*innen daran begründete Zweifel hätten, würden sie das genauer prüfen, zum Beispiel bei Drogeneinfluss. Bei minderjährigen Personen hingegen geht man erst einmal davon aus, dass die volle Einwilligungsfähigkeit noch nicht besteht. Daher wird bei Minderjährigen die Einwilligungsfähigkeit im jeweiligen Fall geprüft und auch die Eltern müssen der Behandlung zustimmen. Von diesem Grundsatz gibt es natürlich viele Abweichungen und Ausnahmen, zum Beispiel bei der Verschreibung von Verhütungsmitteln und bei einer Abtreibung, wobei das Selbstbestimmungsrecht von jugendlichen Personen über den eigenen Körper höher gewertet wird als die Wünsche oder Verbote der Eltern.

Für die Frage, wie sichergestellt werden kann, dass trans* Jugendliche gut und verantwortungsvoll in eine Behandlung mit Pubertätsblockern oder eine Hormontherapie einwilligen können, äußert sich auch die wissenschaftliche Fachliteratur. Für diese beiden unterschiedlichen Behandlungen sind natürlich unterschiedliche Wissensstände und individuelle Reifegrade notwendig, da es bei der Pubertätsblockade keine unumkehrbaren Veränderungen gibt, bei einer geschlechtsangleichenden Hormonbehandlung schon (Romer & Lempp, 2022; Hädicke et al., 2023). In Vorbereitung solcher Behandlungen müssen die Jugendlichen verstehen, was passiert, wenn sie eine Behandlung beginnen. Dazu gehört natürlich auch die Vorstellung: »Was wäre, wenn ich mich irren sollte oder später eine etwas andere Geschlechtsidentität leben möchte?« Die Eltern müssen genauso gut wissen, was durch solch eine Behandlung passiert, um die Entscheidung ihres Kindes mittragen zu können. Die psychotherapeutisch arbeitende Person sollte sicherstellen, dass die*der Jugendliche alle Informationen zur Verfügung hat, und sollte sich Zeit nehmen, alle Aspekte zu besprechen. Mit dem Ausstellen der Behandlungsempfehlung stimmt sie der Entscheidung der jugendlichen Person zu. Hier sei aus unserer Sicht angemerkt, dass Psychotherapeut*innen manchmal der Meinung sind, *sie* würden die Entscheidung treffen, ob eine Hormontherapie beginnt. Dies ist jedoch ein Missverständnis, da niemand der jugendlichen Person die selbstbestimmte Entscheidung abnehmen kann. Neben der Einwilligung in die Behandlung muss nun auch die Indikationsstellung der behandelnden Endokrinolog*innen erfolgen. Diese ist von bestimmten körperlichen Befunden abhängig. Die Behandlungsempfehlung von psychotherapeutischer Seite stärkt diese Indikationsstellung. Damit sind letztlich drei verschiedene Seiten an einem Behandlungsbeginn beteiligt. Obwohl mittlerweile das trans*geschlechtliche Erleben nicht mehr als psychische Erkrankung verstanden wird, besteht weiterhin diese Art der Entscheidungsfindung. Andererseits kann ein solches Vorgehen die endokrinologisch tätige Person entlasten, weil sie ihre Entscheidung nicht allein treffen muss, und weil die Aufklärung und das Abwägen für oder gegen eine Behandlung auf mehrere Schultern verteilt sind.

Für Eltern und ihre Kinder kann dieses Prozedere schwer zu durchschauen sein, und es besteht die Gefahr des »Steckenbleibens«, weil es häufig nicht einfach ist, zur gleichen Zeit eine geeignete psychotherapeutisch tätige Person und eine endokrinologisch tätige Person zu finden. Diese müssen dann auch noch eine ähnliche Versorgungshaltung haben und miteinander kooperieren. In dieser Gemengelage können die Bedürfnisse der trans* Jugendlichen ohne Weiteres aus dem Blick geraten. Ohne klare und engagierte elterliche Unterstützung kann es gut passieren, dass ihnen die Zeit davonläuft und sie verzweifeln. Daher sind aus unserer Sicht hier Eltern besonders gefordert, ihre Kinder zu unterstützen, aber auch eingeladen, selbst alle nötige Unterstützung einzufordern und gern auch anzunehmen. Die Abläufe sind in jeder Region etwas anders und können vor Ort von den beteiligten Behandler*innen und Beratungsstellen vermittelt werden.

10.4 Hilfestellungen und Beratungsangebote

Wenn sich ein trans* Kind oder eine jugendliche trans* Person geoutet hat und das dazugehörige Familienfest zu Ende gefeiert ist, braucht es häufig Informationen, gute Erklärungen von Wegen, Abläufen, Warnungen und manchen guten Rat. Da sich Jugendliche sehr häufig schon online über ihr Thema informiert haben, fanden sie eventuell schon Webseiten von Beratungsstellen, Selbsthilfegruppen, Therapeut*innen, Ärzt*innen oder Kliniken. Im Grunde sind überall erste Informationen zu bekommen. Allerdings haben nicht alle Beteiligten einen guten Überblick. Daher empfehlen wir, die nächstgelegene Beratungsstelle anzuschreiben, die explizit den Begriff der Trans*beratung verwendet. Es ist natürlich auch möglich, sich an den Bundesverband Trans* e. V.[5] oder Trans*-Kinder-Netz e. V.[6] zu wenden, die in aller Regel eine Beratungsstelle empfehlen können. Ein erster Termin kann sicherlich auch online erfolgen, wenn die

5 Der Bundesverband Trans* setzt sich für die Rechte von trans* und nicht-binären Personen ein und kämpft für Fortschritte auf rechtlicher, gesellschaftspolitischer und medizinischer Ebene. Der BVT* ist ein Dachverband, getragen von über 40 Mitgliedsorganisationen aus ganz Deutschland – www.bundesverband-trans.de.

6 Trans-Kinder-Netz e.V. ist ein Verein von Eltern und Familienangehörigen und deren minderjährigen trans* Kindern – www.trans-kinder-netz.de. Ziel ist es anderen Eltern von trans* Kindern und Jugendlichen samt deren Angehörigen Mut zu machen und mit Informationen und Rat zur Seite zu stehen. Eltern können sich bei Bedarf unter elternberatung@trans-kinder-netz.de an das Trans-Kinder-Netz wenden.

Wege weit sind. Häufig geht es weiterhin darum, Termine mit geeigneten Therapeut*innen und Ärzt*innen zu bekommen. Gute Beratungsstellen können Empfehlungen aussprechen. Listen, die einfach ausgedruckt werden oder im Netz kursieren, sind häufiger veraltet oder die Personen auf diesen Listen sind völlig überlaufen. Daher ist es auch hilfreich, sich mit anderen Familien zu vernetzen, um so auch bessere Informationen zu erhalten. Bei Selbsthilfegruppen empfehlen wir, dass Elternteile bei einem ersten Kontakt mit dabei sind, sodass sie sich einen Eindruck verschaffen können. Nicht alle Selbsthilfezusammenhänge sind gut dafür geeignet auch ein ansprechendes Angebot für Minderjährige zu machen. Der Träger dieses Angebots sollte ein anerkannter Träger der Kinder- und Jugendhilfe sein, und es sollten dort fachlich kundige trans* Personen tätig sein. Beratungsstellen, die nicht mit der Trans*community vernetzt sind oder in der keine trans* Berater*innen arbeiten, haben häufig wenig spezifische Kompetenz. Eine gute erste Orientierung bietet auch das Regenbogenportal.de des Bundesministeriums für Familie, Senioren, Frauen und Jugend. Dort, wie auch beim Bundesverband Trans* e. V. und dem Trans-Kinder-Netz e. V., gibt es Informationen und Material für Fachkräfte.

10.5 Notwendige Unterlagen

Wir wollen hier aufführen, welche Unterlagen es während der Transition erfahrungsgemäß geben kann, wer sie schreiben sollte, was ungefähr darin stehen sollte und was nicht.

10.5.1 Schreiben für Schule, Verein, Ferienfahrt usw.

Beratungsstellen, Therapeut*innen und Ärzt*innen können bei Bedarf kürzere Schreiben ausstellen, die darauf hinweisen, dass ein Kind gendervariant oder trans* ist, sich im selbstbestimmten Geschlecht erproben möchte, dafür den Zugang zu den richtigen Toiletten, Umkleiden, Duschen, Zimmern benötigt, um vor Diskriminierung geschützt zu sein. Dazu kann auf die Gesetze zum Schutz vor Diskriminierung hingewiesen werden und darauf, dass man informieren werde, wenn sich wieder etwas ändern sollte.

Musterschreiben:

»Familie B. wird von unserer Einrichtung/meiner Praxis aufgrund der trans*geschlechtlichen/nicht-binären Entwicklung des Kindes Till (alter Vorname: Birgit), geb. 24.12.2011, begleitet. Till hat u.a. die Entwicklungsaufgabe, die eigene trans*geschlechtliche/nicht-binäre Identität zu erproben und auszugestalten. Dies ist insbesondere wichtig, da sich bei einer persistierenden/fortdauernden trans*geschlechtlichen Entwicklung zu einem späteren Zeitpunkt Fragen der körperlichen Veränderungen stellen können. Zu diesem Zeitpunkt sollte eine Erprobung des geschlechtsbezogenen Rollenverhaltens über einen relevanten biografischen Zeitraum erfolgt sein. Daher sollte Till möglichst breitgefächerte soziale Räume zur Verfügung haben und von dem involvierten Fachpersonal in der Erprobung gestärkt und unterstützt werden. Dies gilt insbesondere für die Schule/die Teilnahme am Training, Teilnahme an der Ferienfreizeit. So ist die Nutzung des von Till gewünschten WCs und der Umkleide in der Schule zu ermöglichen. Der Verwendung eines gewünschten Namens und Pronomens stehen keine rechtlichen Einwände entgegen, daher sollte auch hier dem Wunsch des Kindes entsprochen werden. Dies gilt auch für Einträge im Klassenbuch und auf Arbeitsblättern. Vor dem Hintergrund des Antidiskriminierungsgesetzes (AGG) und des Brandenburger/Berliner/... Schulgesetzes ist eine Diskriminierung aufgrund des Geschlechts oder der sexuellen Identität für den gesamten Aufenthalt in der Schule möglichst zu vermeiden. Für weiterführende Fragen und die Vermittlung von Hintergrundinformationen stehen wir gern zur Verfügung.«

10.5.2 Beantragung einer Psychotherapie

PTV 11[7]*:* Dieses Formular stellen Therapeut*innen aus, die einen Kassensitz haben, eine Sprechstunde anbieten, aber meist selbst keinen freien Therapieplatz anbieten können. Für einen Antrag im Rahmen der Kostener-

7 Das Formular PTV 11 »Individuelle Information zur Psychotherapeutischen Sprechstunde« (PTV = Psychotherapievereinbarung) wird nach der »Psychotherapeutischen Sprechstunde« ausgestellt und ist notwendig, um Zugang zur Psychotherapie zu erhalten.

stattung bei Therapeut*innen ohne Kassensitz muss auf dem Formular ein Dringlichkeitscode hinzugefügt werden. Das Feld für das therapeutische Verfahren sollte frei bleiben. Das Formular wird der Krankenkasse durch die behandelnde Therapeut*in übermittelt.

Eine *Dringlichkeitsbescheinigung* stellen Ärzt*innen aus, wenn eine Psychotherapie beantragt werden muss, die Therapeut*in keinen Kassensitz hat und Dringlichkeit besteht.

Antrag an die Krankenkasse: Den Antrag für die Kostenübernahme für eine Psychotherapie stellt der*die behandelnde Therapeut*in, die versicherte Person muss ebenfalls ein Antragsformular unterschreiben. Bei unter 15-Jährigen müssen die Sorgeberechtigten mit unterschreiben.

10.5.3 Unterlagen für den Beginn der Hormontherapie

Behandlungsempfehlungen für den Beginn einer GnRH- oder Hormontherapie schreiben die behandelnden Psychotherapeut*innen. Darin sollte stehen, wie lange die Begleitung schon erfolgt(e), ob psychische Erkrankungen vorliegen, die in Behandlung sind und dass über Alternativen informiert wurde. Dazu gehört eine klare Aussage, dass eine Behandlung empfohlen wird.

10.5.4 Unterlagen für Epilation, Hilfsmittel und chirurgische Eingriffe

Antrag der versicherten Person für die Kostenübernahme: Das ist ein formloser Antrag, den die Sorgeberechtigten unterschreiben müssen, in dem alle gewünschten Leistungen (z. B. Mastektomie, Epithese) benannt werden.

Behandlungsbericht: Der Behandlungsbericht wird über die Krankenkasse an den Medizinischen Dienst der Krankenkassen (MDK) geschickt. Er wird von dem*der behandelnden Psychotherapeut*in geschrieben. Darin stehen ganz bestimmte Formulierungen und Aussagen, die der Medizinische Dienst lesen möchte, damit ein befürwortendes sozialmedizinisches Gutachten erstellt wird. Viele Formulierungen sind unnötig und fachlich längst überholt. Die gewünschte Behandlung muss klar benannt und empfohlen werden. Erfahrene Kolleg*innen und Beratungsstellen kennen regionale Eigenheiten und haben passende Vorlagen.

Sozialmedizinisches Gutachten des MDK: Das ist ein Formular mit Feldern zum Ankreuzen. Die Kreuze werden von den beim MDK tätigen Ärzt*innen gemacht. Dafür braucht es einen passenden Behandlungsbericht und gegebenenfalls fachärztliche Befunde. Das Ergebnis wird der Krankenkasse mitgeteilt, die letztlich die Entscheidung trifft. Wenn das Ergebnis eine Ablehnung ist, muss das sozialmedizinische Gutachten angefordert werden, um den Widerspruch gut begründen zu können.

Den *Widerspruch* bei Ablehnung der Kostenübernahme stellt und unterschreibt die versicherte Person. Die Widerspruchsbegründung kann nachgereicht werden und sollte gemeinsam mit dem*der Therapeut*in formuliert werden.

Eine *Beschwerde bei der Krankenkasse oder dem MDK* reicht die versicherte Person oder die psychotherapeutisch tätige Person ein, je nachdem, wer unsachgemäß behandelt wurde. Eine Beschwerde hat keine aufschiebende Wirkung von Widerspruchsfristen, sie muss also zusätzlich erfolgen.

Eine *Beschwerde bei der jeweiligen Aufsichtsbehörde* formuliert häufig die Therapeut*in. Solche Beschwerden können dazu führen, dass die Arbeit der Krankenkasse oder des MDK in diesem speziellen Fall genau geprüft wird.

Für die Beantragung einzelner geschlechtsangleichender Maßnahmen können zusätzliche Fachbefunde, wie endokrinologische Befunde, Kostenvoranschläge von Operateur*innen und Epithetiker*innen notwendig werden.

10.6 Kriterien für eine gute Versorgung

Häufig berichten Familien, dass sie sich in der Vergangenheit auf der Suche nach Unterstützung an Psychotherapeut*innen, Ärzt*innen, Beratungsstellen oder Versorgungszentren gewandt haben und nach einiger Zeit, manchmal recht spät, bemerkten, dass mit ihrem Kind und auch mit den elterlichen Anliegen nicht besonders gut umgegangen wurde. Kinder und Jugendliche berichteten von invasiven und unangemessenen Fragen hinsichtlich ihrer Sexualität, obwohl diese häufig gar kein Thema ist. Eltern wurden nach ihrem geschlechtsbezogenen Erziehungsverhalten befragt und hatten dabei den Eindruck, dass ihnen unterstellt wurde, ihr Kind irgendwie »trans gemacht« zu haben. Die Familie wurde über die weiteren Schritte im Unklaren gelassen oder es wurden weitere Untersuchungen angekündigt, deren Sinn sich aber nicht erschließt.

Fallbeispiel für eine unfachliche und unethische Behandlungssituation

Die 17-Jährige trans*weibliche Patientin (Chantal-Louise) berichtete spontan von einer zurückliegenden Vorstellung bei einer Ärztin. Diese habe wiederholt nachgefragt, woher sie die Gewissheit habe trans* zu sein. Die Antworten der Patientin schienen ihr nicht auszureichen, was sie so auch zurückgemeldet habe. Die Patientin selbst fragte sich hinterher, wie sie der Ärztin denn ihr eigenes Geschlechtsempfinden hätte beweisen sollen. Mehr als wiederzugeben, dass sie es so empfinde, könne sie doch auch nicht. In weiteren Terminen habe die Ärztin versucht ihre sexuellen Fantasien zu erfragen. Selbstbefriedigungsfantasien habe sie berichten sollen. Als die Patientin nach dem Grund gefragt habe, sei die Ärztin »ins Schlingern« gekommen. Die Patientin habe den Eindruck gehabt, die Ärztin wisse nicht so richtig, wonach sie suche oder sei irgendwie überfordert mit dem Thema Trans*. In diversen Folgeterminen habe die Ärztin immer wieder in ihrer Biografie, in ihren sexuellen Fantasien, in den Lebensläufen der Eltern usw. »herumgestochert«. Alles wurde, dem Eindruck der Patientin nach, benutzt, um die Trans*identität infrage zu stellen. Beispielsweise sei es als auffällig markiert worden, dass ihr Vater als Mann Care-Arbeit in einer Kita verrichte und ihre Mutter Personenschützerin sei. Das seien »ganz ungewöhnliche Berufe« für die Geschlechter der Eltern. Womöglich gebe es da »so ein Geschlechtsthema« in der Familie, habe die Ärztin angenommen. Auf wiederholtes Drängen und Nachfragen nach ihren sexuellen Fantasien habe die Patientin schließlich nachgegeben und der Ärztin folgendes berichtet: Sie stelle sich selbst bei der Selbstbefriedigung als Frau nach Transition vor. Dabei werde sie von ihrem fantasierten Gegenüber ebenfalls als Frau wahrgenommen. Die Ärztin habe daraus gemacht, sie sei eigentlich trans* aufgrund ihrer sexuellen Fantasien und das sei nicht wirklich echte Trans*identität. Daraufhin habe die Patientin gefragt, was sich denn eine »wirklich echte trans* Person« bei der Selbstbefriedigung vorstelle. Darauf habe sie keine Antwort erhalten und das Gespräch sei mit der Empfehlung im Zuweisungsgeschlecht Sex zu haben, beendet worden. Die Patientin gab an, noch keine sexuellen Erfahrungen gehabt zu haben und dass sie dies als Nötigung empfunden habe. Sie habe der Ärztin später berichtet, dass sie es versucht habe. Sie habe viel Zurückweisung erfahren und sei als

»keine wirkliche Frau« betitelt worden. »Hmm«, habe die Ärztin darauf geantwortet. Sie solle sich vielleicht als Mann vorstellen und »auch ein bisschen Geduld haben«. Im Verlauf habe sie dem ärztlichen Auftrag Sex zu haben nicht nachkommen können und keine weitere Behandlung erhalten.

Für Familien ist es nicht immer einfach, ein gutes, nach dem aktuellen Stand der Wissenschaft arbeitendes und respektvolles Versorgungsangebot zu erkennen. Für diese Fragestellung wollen wir Unterstützung geben. Als Anregung hierfür sollen »Checklisten« zur Einschätzung der Behandelnden bzw. der Praxen dienen. Wir meinen dabei nicht, dass diese abgearbeitet werden sollten, sondern wollen dazu anregen, sensibel und selbstbewusst in eine Praxis zu gehen.

*Checkliste für die Einschätzung behandelnder Ärzt*innen*

- Wird das Kind nach einem möglichen neuen Namen und dem passenden Pronomen gefragt? Werden diese Angaben umstandslos angewandt (und auf Wunsch auch wieder verändert)? ✓
- Wird im Zusammenhang mit dem Trans*thema von einer »Störung«, »Geschlechtsidentitätsstörung« gesprochen, davon, was das Kind, die jugendliche Person »hat«? Wird von »Differenzialdiagnostik« gesprochen? Darin steckt die Annahme, dass die »Krankheit« des Trans*seins von anderen Krankheiten unterschieden werden soll. ✗
- Finden sich auf der Website die Begriffe »Transsexualität« oder »Homosexualität« innerhalb der Aufzählung von »Störungen«? ✗
- Erklärt der*die Versorger*in im Erstgespräch die eigene Haltung zur Thematik Trans*? ✓
- Werden Schriftstücke erklärt und können diese gegengelesen werden? ✓
- Werden trans* und nicht-binären Kindern und Jugendlichen in verständlicher Sprache Dinge erklärt und Fragen gestellt? ✓
- Wird respektiert, wenn trans* Kinder und Jugendliche auf manche Fragen nicht antworten wollen? ✓
- Werden in den Schriftstücken das Identitätsgeschlecht und der neue Name der jugendlichen Person verwendet, und wird das vorher abgestimmt? ✓
- Wird erklärt, dass bei manchen Schreiben, Anträgen oder Gutachten veraltete Formulierungen und Diagnosen verwendet werden müssen? ✓
- Wird auf medizinische Leitlinien Bezug genommen? ✓

- Werden Behandlungsentscheidungen entgegen der Empfehlungen der Leitlinien gegenüber den Jugendlichen und ihren Eltern nachvollziehbar begründet, am besten in einem persönlichen Gespräch? Dann hat die Familie eine gute Grundlage, zu entscheiden, ob sie woanders eine Behandlung suchen möchte. Im Zweifelsfalle kann es sinnvoll sein, sich diese Begründung schriftlich geben zu lassen. ✓
- Werden Fristen für den Beginn von körperlichen Behandlungen gesetzt? Wie werden diese begründet? Zeitliche Fristen für den Behandlungsbeginn oder die Beantragung einer Operation sind unwissenschaftlich und entsprechen nicht dem Stand der Forschung. Wenn Ärzt*innen oder Therapeut*innen von sich aus Fristen setzen, arbeiten sie nicht fachgemäß. Allerdings schreibt die Begutachtungsanleitung des MDS Fristen vor (MDS, 2020). ×
- Werden Anamneseformulare und Testbögen verwendet, die es möglich machen, trans*geschlechtliche, queere und nichtheterosexuelle Lebensweisen anzugeben? ✓
- Sind in den Räumen auch Plakate, Symbole, Faltblätter, Informationsmaterial vorhanden, die sich an trans* und nicht-binäre Personen richten? Sind Zeitschriften, Literatur und andere Materialien zum Thema vorhanden? ✓

Fragen für Einschätzung von Behandlungszentren und Kliniken

- Gibt es die Möglichkeit, Toiletten und Patient*innenzimmer entsprechend des Identitätsgeschlechts zu nutzen (auch unabhängig vom aktuell eingetragenen Personenstand)? ✓
- Gibt es eine sichtbare Fehlerkultur, zum Beispiel eine Beschwerdestelle, eine Patient*innenbeauftragte, und wird diese Information bei Aufnahme mitgeteilt? ✓
- Wird auf eine inklusive Sprache geachtet, die auch trans*, inter* und nicht-binäre Jugendliche mit einbezieht? ✓
- Besteht im Behandlungsteam ein reflektierter Umgang mit trans* Kindern und Jugendlichen, die Diskriminierungs- und Gewalterfahrungen gemacht haben? ✓
- Werden berichtete negative Erfahrungen von trans* Jugendlichen und Familien im Gesundheitssystem ernstgenommen? ✓
- Wird eine zielgruppenspezifische Öffentlichkeitsarbeit geleistet, die trans* Personen miteinschließt? ✓

- ➢ Werden psychotherapeutische und psychosoziale Angebote für trans* Kinder und Jugendliche auf der Basis des aktuellen Fachwissens gestaltet und angeboten? So etwas lässt sich sicherlich nicht einfach prüfen, jedoch kann die Antwort auf so eine Frage gut vermitteln, ob solch ein Anliegen ernst genommen wird. ✓
- ➢ Ist die Einrichtung mit anderen Einrichtungen, die ergänzende Angebote haben, vernetzt? ✓
- ➢ Gibt es eine Kooperation mit sensibilisierten Kriseneinrichtungen und communitybasierten Trans*beratungsstellen? ✓

Beim ersten Kennenlernen der Praxis oder Einrichtung kann natürlich nicht alles geprüft und abschließend geklärt werden. Gerade in größeren Einrichtungen haben die Kinder und Jugendlichen, manchmal auch die Eltern, mit mehreren und wechselnden Personen zu tun. So kann es im Behandlungsverlauf immer wieder zu Missverständnissen und Diskriminierungen kommen. Kindern und Jugendlichen fällt es dann häufig schwer, solches zu benennen und für sich einzutreten, weil sie sich abhängig fühlen und dadurch unsicher sein können. Daher wollen wir Eltern ermutigen, die Position ihres Kindes zu stärken und nach Absprache auch ein Telefonat, ein Schreiben, eine Beschwerde zu übernehmen. Kinder und Jugendliche können ihre Anliegen einfach besser formulieren und vorbringen, wenn sie nicht allein dabei sind.

10.7 Selbstbestimmung: Sorgerecht, Familiengericht, Jugendamt

Wenn Eltern das medizinische Versorgungsbedürfnis ihres Kindes unterschiedlich einschätzen und ein Elternteil die Zustimmung verweigert, besteht eine große Gefahr, dass die heranwachsende trans* Person nicht die gewünschte Versorgung bekommt. Wenn sich solch eine Konstellation nicht in kurzer Zeit auflösen lässt, ist das Kindeswohl in Gefahr, wenn entgegen des Kindeswillens nichtreversible körperliche Veränderungen eintreten können und die Gesundheitsbelastung des Kindes nicht gelindert wird (Günther, 2016). Da Kindeswohl sich immer am Kindeswillen messen lassen muss (Möller et al., 2018), bedarf die jugendliche trans* Person einer Unterstützung durch das Jugendamt, um den Kindeswillen, das Recht auf geschlechtliche Selbstbestimmung zu stärken. Die*der trans* Jugendliche kann eine Jugendberatung oder direkt das Jugendamt aufsuchen und darum bitten, dass die elterliche Sorge für den Bereich der Gesundheitssorge ausgesetzt wird. Das Jugendamt muss dann das zuständige Familiengericht einbinden, damit dieses im Rahmen einer Eilentscheidung die elterliche Gesundheitssorge für die anstehende Entscheidung durch eine Ergänzungspflegschaft ersetzt und ausüben lässt. Es ist nicht nötig, das gesamte Sorgerecht infrage zu stellen, auch würde solch ein Verfahren erfahrungsgemäß zu lange dauern. Im Jugendamt gibt es üblicherweise immer einen Bereitschaftsdienst, es ist kein Termin nötig. Wenn Eltern oder ein Elternteil auch diesen Weg verhindern wollen, kann die jugendliche Person den Kinder- und Jugendnotdienst aufsuchen und sich in Obhut nehmen lassen. Niemand kann die junge Person zwingen, diesen Schutzraum wieder zu verlassen. Das zuständige Jugendamt muss dann die Federführung übernehmen, den Gewaltschutz gewährleisten und den Zugang zur medizinischen Versorgung ermöglichen. In der Praxis jedoch sind die Jugendämter massiv überlastet und weitgehend unerfahren im Umgang mit dem Thema Trans*geschlechtlichkeit. Gleichermaßen herrscht Unkenntnis bei den meisten Familiengerichten. Daher sollte dieser Weg sehr gut vorbereitet werden. Nach Möglichkeit sollte eine Trans*beratungsstelle einbezogen werden und ein Träger der Jugendhilfe, der Erfahrung und Fachwissen hat. So müssen die junge trans* Person und das unterstützende Elternteil nicht allein den dringenden Versorgungsbedarf erklären und begründen. Das familiäre Klima wird durch eine solche Vorgehensweise massiv belastet. Doch ist aus unserer Perspektive ein Abwägen zwischen dem lebenslangen unwiderruflichen Zurechtkommen-Müssen mit einer tiefen Stimme oder maskulinen Körperproportionen auf der einen Seite und einem Beziehungsabbruch zu einem Elternteil auf der anderen Seite sehr verständlich und legitim.

Eine etwas anders gelagerte – und trans* Kinder und Jugendliche gefährdende – Situation ergibt sich, wenn Jugendämter nicht über die modernen Vorgaben zum Umgang mit einem trans*geschlechtlichem Erleben informiert sind.

Fallbeispiel

Eine Mutter berichtete in der Beratung von ihrem Kind (Inga), das sich als trans* geoutet habe. Aktuell beginne die Pubertät und sie habe die Möglichkeit, sich zeitnah in einer Spezialambulanz vorzustellen. Hierfür brauche die Ambulanz eine Überweisung. Sie habe versucht vom Kinderarzt sowie von der Hausärztin eine solche Überweisung

> zu bekommen. Keine der ärztlichen Versorger*innen war bereit diese auszustellen. Stattdessen sei das Jugendamt informiert worden, welches – aufgrund der Bemühungen der Mutter ihr Kind in der Ambulanz vorzustellen – eine Kindeswohlgefährdung sehe. Im Gespräch mit der Ambulanz sei ihr vermittelt worden, es gefährde das Kindeswohl, wenn eine Behandlung indiziert sei und ihr Kind jedoch keinen Zugang erhalte. Da sie aber nicht dort vorstellig gewesen seien, könne ihr nicht geholfen werden. Die Mutter gab an, ihr drehe sich der Kopf. Sie habe manchmal das Gefühl verrückt zu werden. »Die eine Seite sagt, wenn ich mein Kind ernst nehme, ist es Kindeswohlgefährdung, die andere Seite sagt, es ist Kindeswohlgefährdung, wenn ich es ignoriere.«

Orientierung gibt hier das Kinder- und Jugendstärkungsgesetz, das unter § 9 Absatz 3 vorgibt, dass »die unterschiedlichen Lebenslagen von Mädchen, Jungen sowie transidenten, nichtbinären und intergeschlechtlichen jungen Menschen zu berücksichtigen, Benachteiligungen abzubauen und die Gleichberechtigung der Geschlechter zu fördern« sind (KJSG, 2021, S. 1446). Wenn also ein Jugendamt in dem Bemühen der Eltern, dem Kind eine fachgerechte trans*respektvolle Gesundheitsversorgung zukommen zu lassen, eine Kindeswohlgefährdung erkennen möchte, ignoriert es gesetzliche Vorgaben und entfernt sich weit von modernen fachlichen Standards vor dem Hintergrund des aktuellen wissenschaftlichen Standes (Möller et al., 2018; Deutscher Ethikrat, 2020).

11 Überblick medizinischer Möglichkeiten

Die grundsätzliche Informiertheit und Aufklärung über medizinische Maßnahmen, deren Wirkungen und Nebenwirkungen sind Voraussetzung für eine informierte Entscheidung. Für die elterliche Perspektive bedeutet es, mithilfe der Informationen die Entscheidung ihres Kindes mittragen zu können. Darum haben wir uns entschlossen, hier einen allgemeinen Überblick der medizinischen Möglichkeiten zu geben. Dies ersetzt keine ärztliche Aufklärung, kann diese jedoch unterstützen. Wir beschreiben eine Auswahl der üblichen operativen Maßnahmen, auch wenn einige davon in der Regel erst mit Erreichen der Volljährigkeit durchgeführt werden. Wir verwenden im folgenden Text die traditionellen geschlechtsbezogenen Begriffe wie »die Gebärmutter« oder »die Klitoris«, um gut verständlich zu sein. Wir wissen, dass trans* Personen ihren körperlichen Geschlechtsmerkmalen andere Bezeichnungen geben, um sie besser in ihr geschlechtliches Konzept zu integrieren (Günther et al., 2021; Hamm, 2020). Daher erwähnen wir einige davon, wie zum Beispiel »der Gebärvater«, »der Clit«.

11.1 Pubertätsblockade

Soll die körpereigene Produktion der Sexualhormone unabhängig davon, ob es sich um trans* oder nicht-binäres Erleben handelt, blockiert werden, geschieht dies bei Jugendlichen in der Regel durch synthetische Analoga des Gonadotropin-Releasing-Hormons (GnRH-Analoga). Dies ist ein »hormoneller Ersatzwirkstoff«, der die Produktion der Sexualhormone unterdrückt (Suppression). Dadurch wird die Ausbildung von nicht gewünschten sekundären Geschlechtsmerkmalen gehemmt.

Eine Pubertätsblockade ist erst möglich, wenn die Pubertät begonnen hat. Dann ist das maßgebliche Entwicklungsstadium »Tanner 2« eingetreten. Merkmale dafür sind erste Veränderungen der Brustdrüse oder des Hodenvolumens oder das Wachsen erster unauffälliger Schamhaare. In dieser Entwicklungsphase kann eine Pubertätsblockade sinnvoll sein, bevor die als nicht passend empfundenen körperlichen Veränderungen zu einem hohen Leidensdruck führen. Das körperliche Entwicklungsstadium »Tanner 2« kann je nach individueller Voraussetzung in unterschiedlichem Alter erreicht werden. Insgesamt lässt sich beobachten, dass dieses Entwicklungsstadium heute früher erreicht wird als in der Elterngeneration.

Durch eine frühzeitige Hormonbehandlung mit Pubertätsblockern lassen sich manche später oft notwendige Eingriffe, wie die Maskulinisierung des Brustprofils, Stimmband- und Kehlkopfoperationen sowie Epilationsbehandlungen, vermeiden. Ebenso fallen die Nebenwirkungen durch die pubertätsblockierende Behandlung gering aus, wenn diese mit Beginn der Pubertät eingeleitet wird. Werden GnRH-Analoga schon bei fortgeschrittener Pubertät eingesetzt, kann es zu Hitzewallungen, Schwitzen und Stimmungsschwankungen kommen. Zudem können das Lustempfinden (Libido) und die sexuelle Erregbarkeit veränderlich sein. Daher werden bei späterem Beginn der Behandlung manchmal andere Wirkstoffe verwendet.

In einem Aufklärungsgespräch werden Informationen über Behandlungsmethode, Möglichkeiten und Grenzen der Behandlung, Verabreichungsform, Kontrolluntersuchungen, Wirkungen und Nebenwirkungen vermittelt. Das Auftreten von unerwünschten Symptomen sollte mit den Behandler*innen besprochen werden.

Bei der pubertätsblockierenden Hormontherapie stellt sich häufig die Frage nach dem Einfluss der Behandlung auf das Längenwachstum. Ein noch bestehendes Längenwachstum geht unter der Wirkung von GnRH-Analoga weiter. Wenn sich jedoch die Wachstumsfugen der Knochen einmal geschlossen haben, ist das Längenwachstum damit weitgehend abgeschlossen. Bei trans* Mädchen wird bei längerer Anwendung das häufig unerwünschte Längenwachstum nicht gestoppt. Trans* Jungen hingegen begrüßen oft eine längere Wachstumsphase.

Mit der Anwendung von GnRH-Analoga gibt es in der Medizin jahrzehntelange Erfahrungen, da dieser Wirkstoff eingesetzt wird, um Kinder zu behandeln, die viel zu früh in die Pubertät kommen (AWMF, 2019b). Diese sogenannte »Pubertas praecox« kann dazu führen, dass beispielsweise Brüste oder Penis mit Hoden schon im Alter von fünf Jahren wachsen. Daher können diese Kinder mit GnRH-Analoga behandelt werden, bis sie ein durchschnittliches Pubertätsalter erreicht haben. Somit bestehen umfangreiche Erfahrungen für die Anwendung und das Absetzen der Pubertätsblocker. Nach Absetzen der Pubertätsblockade tritt die sexuelle Reife komplikationslos ein.

11.2 Hormontherapie

Die geschlechtsangleichende Hormontherapie[8] wird durchgeführt, um die körperlichen Veränderungen herbeizuführen, die dem inneren Erleben und selbstbestimmten Geschlecht der*des trans* Jugendlichen entsprechen. Bei einer maskulinisierenden Hormonbehandlung werden Testosteron und bei Bedarf östrogenunterdrückende Medikamente verabreicht. Diese führen unter anderem zu Stimmbruch, mehr Körperbehaarung, Bartwuchs, der Umverteilung von Körperfett und Muskelmasse, dem Ausbleiben der Periode und einer Steigerung der Libido. Trans*weibliche Jugendliche können verschiedene Hormone wie Östrogene, Progestagene und Gestagene sowie androgenunterdrückende Medikamente erhalten. Dadurch kommt es beispielsweise zu Brustwachstum, Veränderung der Haut, Reduktion der Libido und Veränderung der sexuellen Erregung.

Für nicht-binäre Jugendliche kann das Spektrum der jeweils gewünschten körperlichen Veränderungen vielfältig sein. Einige nicht-binäre oder genderfluide Jugendliche möchten erreichen, dass ihr Aussehen von anderen Menschen als nicht »weiblich« oder »männlich« gelesen wird, sondern als beides, dazwischen oder außerhalb davon. Andere wünschen sich durchaus binäre körperliche Aspekte. Viele trans* Jugendliche können sehr genau benennen, welche Veränderungen sie sich wünschen.

Es ist möglich, die Hormonwirkung zu verlangsamen, indem die Dosierungen verringert werden. Dies kann ein Wunsch von Jugendlichen sein, die eine langsame Veränderung möchten, um beobachten zu können, wie sich die Veränderungen anfühlen und welche sie als angenehm oder unangenehm empfinden.

8 Einen guten Überblick bietet die Broschüre »Infos zur Hormon-Therapie für trans* & nicht-binäre Menschen. Orientierungshilfe für eine aufgeklärte Entscheidung« von TransInterQueer e.V.: https://www.transinterqueer.org/wp-content/uploads/2022/01/Hormontherapie_DE_barrierearm.pdf (11.09.2023).

Wann welche körperlichen Veränderungen einsetzen, ist jeweils von den individuellen Voraussetzungen der Jugendlichen abhängig. Ist eine frühe Pubertätsblockade erfolgt, sodass noch keine Feminisierung bzw. Maskulinisierung stattgefunden hat, kann eine identitätsbestätigende Hormonbehandlung eindeutiger und schneller zu körperlichen Veränderungen führen.

In den folgenden Tabellen sind die häufigsten Veränderungen, deren Zeitrahmen (Tab. 1 und 2) sowie mögliche Risiken (Tab. 3) aufgeführt, die bei einer Hormonbehandlung *nach* schon eingesetzter Pubertät stattfinden können (WPATH, 2012; Flütsch, 2015).

11.2.1 Veränderungen durch maskulinisierende Hormontherapie

Tab. 1: Zeitlicher Verlauf körperlicher Veränderungen bei maskulinisierender Hormontherapie (nach Flütsch, 2015)

Auswirkungen	**Beginn**	**Ende**
fettige Haut/Akne	1–6 Monate	1–2 Jahre
Gesichts- und Körperbehaarung	2–8 Monate	3–8 Jahre
Glatzenbildung	> 12 Monate (variabel)	variabel
Zunahme der Muskelmasse/-stärke	2–5 Monate	3–5 Jahre
Umverteilung des Körperfetts	3–6 Monate	3–5 Jahre
Aussetzen der Menstruation	2–5 Monate	keine Angaben
Vergrößerung der Klitoris	3–6 Monate	1–2 Jahre
Austrocknen der Scheide	3–6 Monate	1–2 Jahre
Stimmbruch	3–12 Monate	1–2 Jahre

11.2.2 Veränderungen durch feminisierende Hormontherapie

Tab. 2: Zeitlicher Verlauf körperlicher Veränderungen bei feminisierender Hormontherapie (nach Flütsch, 2015)

Wirkungen	Beginn	Ende
Fettumverteilung des Körpers	3–6 Monate	3–5 Jahre
Abnahme der Muskelmasse/-stärke	3–6 Monate	1–2 Jahre
weichere Haut, Abnahme des Fetts	3–6 Monate	unbekannt
Abnahme spontaner Erektionen	1–3 Monate	1–2 Jahre
Abnahme sexueller Erregung/Libido	1–3 Monate	3–6 Monate
Brustwachstum	3–6 Monate	2–3 Jahre
Abnahme der Hodengröße	3–6 Monate	2–3 Jahre
Abnahme der Spermienproduktion	variabel	variabel
Verdünnung und Abnahme der Gesichts- und Körperbehaarung	6–12 Monate	> 3 Jahre
Ende des Haarausfalls auf dem Kopf	1–3 Monate	1–2 Jahre

11.2.3 Mögliche Risiken einer Hormontherapie

Hinsichtlich der Risiken einer Hormonbehandlung ist grundsätzlich zu beachten, dass alle medizinischen Maßnahmen mit gewissen Risiken einhergehen. Dabei ist die Auftretenswahrscheinlichkeit, das heißt, wie häufig Nebenwirkungen und unerwünschte Wirkungen vorkommen können, von einer Vielzahl von Faktoren abhängig. Dazu gehören beispielsweise das Hormonpräparat selbst und individuelle personenbezogene Merkmale wie Alter, begleitende Erkrankungen, Vorerkrankungen, Gesundheitsverhalten und biografische Faktoren. Deshalb erfolgt vor Beginn der Hormontherapie eine entsprechende Risikoabschätzung, zum Beispiel durch eine Blutbildkontrolle und Berücksichtigung möglicher Begleit- bzw. Vorerkrankungen. Daraufhin kann eine Hormontherapie nach den individuellen Bedürfnissen erfolgen und medizinisch kontrolliert werden (WPATH,

2012). Aber auch andere Faktoren, wie Folgen von Diskriminierung und Gewalt, haben Einfluss auf die mentale und körperliche Gesundheit (siehe Kapitel 4.3).

Tab. 3: Auftretenswahrscheinlichkeit möglicher Risiken bei Hormontherapie (nach WPATH, 2012)

Wahrscheinlichkeit	**maskulinisierende Hormone**	**feminisierende Hormone**
wahrscheinlich erhöhtes Risiko:	– Erhöhung der Anzahl roter Blutkörperchen, fester Blutbestandteile und des roten Blutfarbstoffes (Polyzythämie) – Gewichtszunahme – Akne – Glatzenbildung – Schlafapnoe	– Gefäßerkrankungen (Thrombosen) – Gallensteine – erhöhte Leberenzymwerte – Gewichtszunahme – Erhöhung der Blutfette (Hypertriglyzeridämie)
wahrscheinlich erhöhtes Risiko bei Vorliegen weiterer Risikofaktoren:		– Herz-Kreislauf-Erkrankungen
Mögliches erhöhtes Risiko:	– erhöhte Leberenzymwerte – Erhöhung der Blutfette (Hyperlipidämie)	– Bluthochdruck – Überschuss von Prolaktin im Blut (Hyperprolaktinämie)
mögliches erhöhtes Risiko bei Vorliegen weiterer Risikofaktoren:	– Destabilisierung psychischer Erkrankungen – Herz-Kreislauf-Erkrankungen – Bluthochdruck – Typ-2-Diabetes	– Typ-2-Diabetes
kein bzw. kein eindeutiges Risiko:	– Verringerung der Knochendichte – Brustkrebs – Gebärmutter(hals)krebs – Eierstockkrebs	– Brustkrebs

11.2.4 Verabreichungsform und Dosierung der Hormone

Testosteron kann als Gel oder mittels Spritze verabreicht werden. Beim Gel erfolgt eine tägliche Anwendung auf der Haut (z. B. Oberarm, Oberschenkel, Bauch). Die Injektion in Form einer Depotspritze kann alle zwei bis vier Wochen oder alle drei Monate erfolgen. Je nach Darreichungsform kann der Hormonspiegel im Blut schwanken.

Die feminisierenden Hormone (Östrogene, Progestagene, Gestagene, Antiandrogene) können als Gel, Spray und Pflaster aufgetragen oder als Tabletten eingenommen werden. Bei den weiblichen Hormonen gibt es verschiedene Präparate und Kombinationsmöglichkeiten, sodass durch einen Wechsel unerwünschte Nebenwirkungen verringert werden können. Zudem können bei Bedarf verschiedene testosteronunterdrückende Medikamente (Antiandrogene) eingesetzt werden. Viele Nebenwirkungen der Hormontherapie sind vergleichbar mit den körperlichen Veränderungen und Beschwerden, die cis Personen in der Pubertät oder in den Wechseljahren erleben.

Zudem gibt es immer die Möglichkeit, zwischen der Art der Anwendung (Tabletten, Pflaster, Spray, Gel oder Spritzen) zu wechseln. Wenn ein junger Mensch sich im Zusammenhang mit nicht-binären Bedürfnissen für eine Gering-Dosierung (»Micro-Dosing«) entscheidet, sollte dies von Ärzt*innen begleitet werden, die damit Erfahrung und dafür Verständnis haben und ihr Fachwissen zur Verfügung stellen.

Für alle Anwendungen gibt es zur Orientierung typische »männliche« und »weibliche« Referenzwerte, die in regelmäßigen Abständen mit dem Blutbild kontrolliert werden. Allerdings haben alle Jugendlichen und Erwachsenen für sich die Aufgabe, ihre ganz individuelle Dosierung und Anwendungsform herauszufinden.

So kann es sich für eine trans*weibliche Person gut anfühlen, einen etwas höheren Testosteronspiegel zu haben und dabei einen typisch weiblichen Östrogenspiegel. Für manche trans*männliche Personen kann ein niedrig dosiertes Testosteron als passend erlebt werden.

11.2.5 Auswirkungen auf die Fertilität

Entscheidet sich eine jugendliche trans* Person für eine Hormontherapie, hat dies Auswirkungen auf die *Fruchtbarkeit* (Fertilität), das heißt auf die Zeugungs- und Empfängnisfähigkeit. Eine Hormonbehandlung bewirkt für die Zeit der Anwendung eine starke Einschränkung der Fortpflanzungsfähigkeit, allerdings ist bei Absetzen bzw. Aussetzen der Hormone nach einiger Wartezeit nicht selten wieder eine Fortpflanzung möglich.

11.3 Fertilitätsprotektion

Bei der Fertilitätsprotektion geht es um den Schutz (Protektion) der Fruchtbarkeit bzw. der Fortpflanzungsfähigkeit und die Auseinandersetzung mit einem möglichen Kinderwunsch der jugendlichen Person. Vor geschlechtsangleichenden Maßnahmen (Hormontherapie, Operationen) stehen Möglichkeiten der Reproduktionsmedizin zur Verfügung. Dazu gehören das Konservieren von Spermien oder Eizellen (Kryokonservierung) oder der Verbleib von Fortpflanzungsorganen (z. B. der Gebärmutter) im Körper.

Seit Juli 2021 werden die Kosten für die Kryokonservierung bei Minderjährigen, die eine fertilitätsgefährdende Behandlung bekommen, von den Krankenkassen übernommen. Hierbei muss jedoch bedacht werden, dass in Deutschland die befruchteten Eizellen nur im eigenen Körper eingesetzt werden können und nicht durch eine andere Person ausgetragen werden können. Daher kann eine Entnahme keinen Sinn ergeben. Erst eine Regelung der »Leihmutterschaft« in Deutschland kann dieses Problem lösen.

11.4 Operationsmöglichkeiten

Im folgenden Kapitel geben wir einen Überblick zu verschiedenen operativen geschlechtsangleichenden Maßnahmen. Welche chirurgischen Eingriffe für trans* Personen notwendig sind und gewünscht werden, kann nur die Person für sich selbst entscheiden. Es gibt keinen Zwang für bestimmte Operationen oder Reihenfolgen. Eine wissenschaftliche Leitlinie »Chirurgische Maßnahmen bei Geschlechtsdysphorie« (AWMF, 2023b) wird Orientierung für die verschiedenen Eingriffe und unterschiedliche Techniken geben. Auch für die Fertilitätsprotektion werden Empfehlungen formuliert.

11.4.1 Brustchirurgie

Mastektomie

Bei der Mastektomie wird ein flaches Brustprofil (teilweise auch Maskulinisierung des Brustprofils genannt) angelegt. Dabei werden die gesamte Brustdrüse und die sie umgebenden Bindegewebshüllen sowie überschüssige Haut entfernt. Zielsetzung ist eine möglichst flache Brust und eine Verkleinerung und Verlagerung der Brustwarzen (Mamillen). Je nach Ausgangslage (z. B. Brustgröße, Bindegewebe) und Spezialisierungen der Operateur*innen gibt es unterschiedliche Techniken. Personen mit Operationswunsch sollten neben der Schnittführung (Narbenverlauf) auch abwägen, wie wichtig ihnen der Erhalt der Sensibilität der Brustwarze ist, denn dies hat Auswirkungen auf die Wahl der Operationstechnik.

Diese Operation bedarf in der Regel eines kürzeren stationären Aufenthalts und einer guten Narbenpflege im Anschluss. Erfahrungsgemäß ist nach etwa vier bis sechs Wochen die Heilung weitgehend abgeschlossen, wobei bestimmte körperliche Bewegungen noch bis zu sechs Monaten später Einfluss auf die Narbenbildung haben können.

Brustaufbau/Brustvergrößerung

Ist ein Brustwachstum durch eine hormonelle Behandlung nicht gegeben, nicht ausreichend oder nicht gleichmäßig, kann ein Brustaufbau oder eine Brustvergrößerung (Mamaaugmentation) mithilfe von Implantaten oder Eigenfett erfolgen.

11.4.2 Genitalchirurgie

Maskulinisierende Genitaloperationen

Hysterektomie, Ovarektomie und Adnektomie

Bei der Hysterektomie geht es um die Entfernung der Gebärmutter (manche Jugendliche bevorzugen für sie passendere Bezeichnungen wie »Gebärvater«), entweder als partielle Operation, das heißt, der Gebärmutterhals bleibt bestehen, oder als vollständige Operation. Bei der Ovarektomie werden die Eierstöcke entfernt, und bei der Adnektomie werden die Eileiter mit den Eierstöcken entfernt. Eierstöcke, Eileiter und Gebärmutter können auch gemeinsam entfernt werden. Nach Entfernung der Eierstöcke muss eine lebenslange Hormonersatztherapie erfolgen, da die eigenständige Produktion von Sexualhormonen nicht mehr möglich ist. Uns sind in diesem Zusammenhang auch Beispiele bekannt, in denen sich trans* Personen für den Erhalt eines Eierstocks entschieden haben.

Vaginektomie

Bei der Vaginektomie erfolgt die vollständige oder partielle Entfernung der Scheidenhaut (Kolpektomie) und der Verschluss oder Teilverschluss des Vaginalkanals (Kolpokleisis). Dieses Verfahren kann in Kombination mit der Hysterektomie und Adnektomie erfolgen und als Vorbereitung für weiterführende Operationen wie Penoidaufbau.

Klitorispenoid

Diese Operationstechnik ist nur nach vorheriger Testosteroneinnahme möglich, da eine Vergrößerung des Clit (der Klitoris) Voraussetzung für die Konstruktion eines Klitorispenoids (Klitpen) ist. Bei der Operation wird die Harnröhre bis zur Klitorisspitze verlegt, sodass ein Urinieren im Stehen möglich ist. Ebenso ist damit eine natürliche Erektionsfähigkeit gegeben. Die Sensibilität an der Klitorisspitze bleibt mit hoher Wahrscheinlichkeit erhalten. Ein Klitorispenoid kann auch ohne Verschluss der Vagina gebildet werden. Zudem ist der Aufbau einer Phalloplastik zu einem späteren Zeitpunkt möglich (AWMF, 2019a).

Penoidaufbau

Beim Penoidaufbau (Phalloplastik) sind mehrere Eingriffe notwendig. Aus Hautlappen (z. B. Unterarm oder Oberschenkel) wird ein Penis konstruiert, der die neue Harnröhre aufnehmen kann. Besonders wichtig ist die mikrochirurgische Verbindung der Nervenbahnen und Gefäße, damit sowohl eine gute Durchblutung als auch normale Berührungssensibilität des Penoids ermöglicht werden. Der Clit liegt dann an der Basis des Penisschafts und kann durch dessen Bewegungen stimuliert werden, sodass eine erogene Sensibilität entstehen kann. Nach der Penoidkonstruktion kann die Eichelnachbildung (Glansplastik) sowie die Hodensackkonstruktion (Skrotumkonstruktion) erfolgen, wobei Hodenimplantate eingesetzt werden. Damit eine Erektion möglich wird, können eine hydraulische Pumpe und Schwellkörper implantiert werden. Eine andere Möglichkeit bietet ein biegsames Schwellkörperimplantat, indem semirigide Stäbe eingesetzt werden. Hier erfolgt die Erektion durch manuelles Hochbiegen des Penoids.

Diese Operationen umfassen mehrere Eingriffe und Heilungsphasen, die insgesamt mindestens anderthalb Jahre dauern.

Feminisierende Genitaloperationen

Zu den feminisierenden Genitaloperationen gehören die Entfernung der Hoden, des Schwellkörpers, die Konstruktion einer Neovagina, Klitoris und die Nachbildung der äußeren Schamlippen (Labien). Es gibt grundsätzlich die Möglichkeit, einzelne chirurgische Eingriffe vornehmen zu lassen, wie die alleinige Entfernung der Hoden oder die Nachbildung einer Klitoris und der Labien ohne das Anlegen einer Neovagina.

Aus dem Penis- und Hodensackgewebe und bei Bedarf aus freien Hauttransplantaten können in einer Operation der Vaginalkanal und die Labien geformt werden (penile Inversion). Die Harnröhre wird dabei gekürzt und an den Scheideneingang verlagert. Die Eichel (Glans) wird unter Schonung der sensiblen und erogenen Nerven zur Neo-Klitoris umgeformt und positioniert. Es gibt auch eine weitere Operationstechnik, bei der die Neovagina mithilfe eines Dünndarmtransplantats (Sigma) angelegt wird.

Nach den Operationen sind die Pflege und Nachsorge sehr wichtig, damit die Neovagina ihre Tiefe und Form behält. Dafür muss die Neovagina unter anderem regelmäßig gedehnt (bougiert) und gepflegt (Intimpflege) werden.

Auch hier ist nach der Entfernung der Hoden keine körpereigene Produktion von Sexualhormonen möglich, sodass eine lebenslange Hormonersatztherapie erfolgen muss. Auch bei trans* Mädchen, die durch eine frühe Pubertätsblockade nur ein geringes Peniswachstum hatten, sind diese Operationen möglich.

11.4.3 Weitere chirurgische Operationen

Stimmkorrektur (Phonochirurgie)

Wenn mithilfe einer logopädischen Behandlung (siehe Kapitel 11.6) keine ausreichende Linderung des Leidensdrucks hinsichtlich des Gesamteindrucks der Stimme möglich ist, kann mit einer Operation an den Stimmlippen (Phonochirurgie) die Stimmhöhe verändert werden. Nach dem phonochirurgischen Eingriff ist ein Stimm- und Sprechtraining notwendig, weil die Operation keinen Einfluss auf die Sprechweise hat.

Gesichtsfeminisierende Operationen

Die Planung und Durchführung gesichtsfeminisierender Operationen sollte unbedingt mit erfahrenen Chirurg*innen besprochen werden. Die Ausprägung der Gesichtsmerkmale, die als maskulin wahrgenommen werden, können sehr individuell sein. Eine Hormontherapie kann schon zur Feminisierung der Gesichtszüge beitragen. Übliche Eingriffe sind an den Stirnknochen und Augenhöhlen, an Jochbein, Unterkiefer, Kinn und Nase oder am Haaransatz, um diesen zu verlegen. Aber auch Wangenimplantate oder Unterspritzen von Eigenfett sind möglich.

Adamsapfelkorrektur

Ein Adamsapfel (Teil des Kehlkopfes) kann im Rahmen einer chirurgischen Maßnahme reduziert werden. Hierbei ist nicht die Größe des Adamsapfels entscheidend, sondern der individuelle Leidensdruck und ein daraus resultierender Wunsch nach einer chirurgischen Adamsapfelkorrektur. Bei diesem Eingriff wird die Stimme nicht verändert.

11.5 Epilation

Unerwünschte Gesichts- und Körperbehaarung kann mit den Verfahren der Nadel- oder Laserepilation entfernt werden. Zudem werden die Techniken auch genutzt, um Hautareale für Operationen (z. B. Neovagina, Penoidaufbau) vorzubereiten und zu enthaaren.

Bei der Nadelepilation wird eine Sonde in den Haarkanal eingeführt und unter Spannung gesetzt. Dabei wird – mit elektrischer Spannung oder mit Hitze – ein Teil des Haarfollikels verödet. Im Laufe mehrerer Wachstumszyklen wird so schließlich das Wachstum des Haares dauerhaft unterbunden. Das Verfahren ist medizinisch anerkannt, erfordert allerdings sehr sorgfältiges Arbeiten und ist ausgesprochen zeitaufwendig. Die durchschnittliche Dauer einer Nadelepilationsbehandlung beträgt etwa 100 Zeitstunden. Die Laserepilation ist nur bei dunklen Haaren und heller Haut wirksam und zu empfehlen, da der Laser helle Haare nicht »erkennt«. Bei der Laserepilation sind deutlich weniger Sitzungen notwendig als bei einer Nadelepilation. Bei einer Kombination beider Methoden wird im zweiten Schritt die Nadelepilation angewendet.

11.6 Logopädie

Die logopädische Behandlung ist ein Stimm- und Sprechtraining, bei dem es um eine Veränderung der Klangfarbe und Frequenz der Stimme, der Sprachmelodie und Sprechweise geht. Dafür ist ein regelmäßiges Üben notwendig.

In manchen Fällen reicht ein Stimmtraining nicht aus, sodass die Stimmhöhe mit einer Operation (Phonochirurgie) verändert werden kann. Im Anschluss an solch einen operativen Eingriff ist wiederum ein Stimmtraining notwendig, um eine Anpassung der Stimmlage zu erreichen und zu erhalten.

11.7 Medizinische Hilfsmittel

Zu den medizinischen Hilfsmitteln zählen unter anderem Binder, Packer, Epithesen oder Perücken/Haarersatzteile. Diese können wesentlich zum Wohlbefinden und zur Linderung des Leidensdrucks beitragen, wenn beispielsweise körpermodifizierende Operationen (noch) nicht möglich oder nicht gewünscht sind.

Trans*maskuline und nicht-binäre Jugendliche können *Binder* (Kompressionswesten oder -hemden) zur Kompression der Brust nutzen, um damit ein flacheres Brustprofil zu erreichen. Dies sind ursprünglich medizinisch empfohlene Produkte, und sie können bei Bedarf individuell angefertigt, aber auch online bestellt werden. Häufig haben Jugendliche schon vorher versucht, die Brust mit Alltagsgegenständen wie Bandagen oder Frischhaltefolie abzubinden. Solche Notlösungen können bei langfristiger Anwendung zu Folgeschäden wie Atembeschwerden, Schmerzen und Hautschäden führen.

Packer sind Penis-Hoden-Nachbildungen aus einem weicheren Kunststoff, die verwendet werden, um den Genitalbereich der Hose auszufüllen. Sie sind in queeren Sexshops und online erhältlich.

Eine *Penis-Hoden-Epithese* kann eine Alternative oder eine Übergangslösung zu den oben beschriebenen genitalangleichenden operativen Maßnahmen darstellen. Die Epithese wird aus medizinischem Silikon hergestellt und mit einem hautfreundlichen Kleber auf der Haut befestigt. Es gibt Epithesen zum Urinieren und für Sex. Spezialisierte Epithetiker*innen können diese individuell an die anatomischen Bedingungen anpassen und nach persönlichen Wünschen anfertigen.

Brust-Epithesen werden ebenfalls aus Silikon gefertigt und sind Brustnachbildungen, die entweder mit einem hautfreundlichen Kleber befestigt oder in einem BH getragen werden können. Sie können unter anderem genutzt werden, wenn eine feminisierende Hormontherapie (noch) nicht stattgefunden hat oder das Brustwachstum mit der Hormonbehandlung nicht ausreichend ist.

Perücken und *Haarersatzteile* werden von den Krankenkassen bezuschusst, allerdings so gering, dass damit kaum ästhetische Produkte zu finanzieren sind.

Abschließend möchten wir nach dieser Übersicht medizinischer Möglichkeiten nochmals betonen, dass es immer eine ganz persönliche Entscheidung der jungen trans* Person ist, welche Maßnahmen für ein Stimmigkeitserleben in der Geschlechtsidentität notwendig sind. Das Motto dabei lautet: »Alles kann, nichts muss!« Eltern und sorgeberechtigte Personen können dabei Unterstützung leisten, indem sie die Entscheidung ihres Kindes mittragen.

12 Möglichkeiten der Vornamens- und Personenstandsänderung

Wünschen trans* Kinder oder Jugendliche im Rahmen der rechtlichen Transition eine Vornamens- und Personenstandsänderung, so erfolgt diese leider häufig über das immer noch gültige »Gesetz über die Änderung der Vornamen und die Feststellung der Geschlechtszugehörigkeit in besonderen Fällen« (dem sogenannten *Transsexuellengesetz – TSG*). Seit vielen Jahren gibt es Bemühungen, das TSG abzuschaffen und durch ein Selbstbestimmungsgesetz zu ersetzen, da solch ein Verfahren dem Selbstbestimmungsrecht widerspricht, die Fragen des Gerichtes unsinnig sind und das Begutachtungsprozedere aus heutiger Sicht unwissenschaftlich und übergriffig ist. Daher sollten Eltern sich im Vorfeld mithilfe einer Beratungsstelle umfassend erkundigen, wie das Verfahren möglichst unschädlich für das Kind bzw. die jugendliche Person gestaltet werden kann.

Für die Vornamens- und Personenstandsänderung sind zwei Sachverständigengutachten notwendig, die zu folgenden Fragen Stellung nehmen sollen:

1. Empfindet sich die antragstellende Person aufgrund ihrer transsexuellen Prägung eindeutig nicht dem bei der Geburt zugewiesenen Geschlecht zugehörig, sondern dem (bzw. einem) anderen?
2. Steht die antragstellende Person seit mindestens drei Jahren unter dem Zwang, diesen Vorstellungen entsprechend zu leben?
3. Wird sich das Zugehörigkeitsempfinden zum anderen Geschlecht nach Erkenntnissen der medizinischen Wissenschaft mit hoher Wahrscheinlichkeit nicht mehr ändern?

Bezüglich der zweiten Frage sei noch angemerkt, dass damit nicht gemeint ist, dass trans* Kinder oder Jugendliche seit mindestens drei Jahren in ihrer selbstbestimmten Identität leben, sondern dass es das Thema schon länger gibt, auch wenn es vielleicht noch nicht sichtbar wurde oder es noch kein

Trans*coming-out gegeben hat, sondern nur eine innere Beschäftigung damit.

Grundsätzlich kann eine Geschlechtsidentität nicht von außen beurteilt werden (Günther et al., 2021), sondern ist nur durch die Selbstauskunft von trans* Kindern und Jugendlichen zu erfassen, teilweise ergänzt durch Erzählungen der Eltern. Die Ablehnungsrate der TSG-Anträge nach negativen Gutachten ist mit ungefähr einem Prozent sehr gering (Meyenburg, 2016; Meyenburg et al., 2015). Deshalb ist das gesamte Verfahren nicht zeitgemäß, und auch international sind die Fremdbegutachtungen zur Vornamens- und Personenstandsänderung abgeschafft worden, zum Beispiel 2012 in Argentinien, 2013 in Schweden, 2014 in Dänemark, 2015 in Irland und Malta sowie 2016 in Norwegen (Sauer & Hamm, 2015; Bundesverband Trans*, 2016; Günther et al., 2021).

Uns – die wir auch Gutachten in diesem Verfahren erstellen – ist das Dilemma der Situation durchaus bewusst, dass wir hier einerseits in einer machtvollen Position stehen und uns andererseits bemühen, dieses unwürdige Prozedere für die antragstellenden Personen transparent und unterstützend zu gestalten.

Es ist ratsam, sich bei trans*spezifischen Beratungsstellen im jeweiligen Bundesland Hinweise für die Begutachtungspraxis einzuholen und bei dem zuständigen Amtsgericht bei Antragstellung schon Gutachter*innen vorzuschlagen, um trans*diskriminierende Begutachtungsprozesse möglichst zu vermeiden. Diesbezüglich sollten die Gutachter*innen im Vorfeld das Prozedere (z. B. zeitlicher Rahmen, Kosten, Ablauf, Ansprache im selbstbestimmten Identitätsgeschlecht, Einsicht in das Gutachten) transparent machen. Bei geringen Einkommen kann ein Antrag auf Verfahrenskostenhilfe (auch als Prozesskostenhilfe bekannt) gestellt werden. Jedoch ist dabei zu berücksichtigen, dass das Gericht die nächsten vier Jahre die Einkommensverhältnisse erfragt, sodass die Kosten gegebenenfalls zurückerstattet werden müssen.

Hinsichtlich des Alters gibt es keine Beschränkungen, nur dass Eltern oder sorgeberechtigte Personen als gesetzliche Vertreter*innen eingesetzt werden, wodurch es für minderjährige trans* Personen besonders wichtig ist, in diesem Prozess unterstützt zu werden. Für Kinder unter zwölf Jahren kann das zuständige Familiengericht hinzugezogen werden, was jedoch in den meisten Fällen nicht praktiziert wird.

Grundsätzlich kann über das TSG ein diverser oder offener Geschlechtseintrag beantragt werden, womit auch nicht-binäre trans* Personen den

Vornamen und Personenstand ändern lassen können. Dies war viele Jahre nicht möglich, da das TSG sehr binär in dem Zwei-Geschlechter-System ausgelegt worden ist. In Berlin ist dieses Prozedere sehr gut umgesetzt, in anderen Bundesländern ist dies häufig nicht bekannt.

Teilweise werden die TSG-Gutachten von Krankenkassen oder auch Operateur*innen im Rahmen der Beantragung geschlechtsangleichender Operationen angefordert. Die Krankenkasse hat keinen Anspruch auf diese Gutachten, und dies wird auch in der aktuellen Begutachtungsanleitung (MDS, 2020) nicht mehr obligat gefordert. Bei TSG-Gutachten, die auf einen nicht-binären Personenstand verweisen, sollten diese keinesfalls der Krankenkasse vorgelegt werden, da die Begutachtungsanleitung nicht-binäre Personen von der Kostenübernahme für geschlechtsangleichende Operationen ausschließt. So können zusätzliche Komplikationen bei der Kostenübernahme vermieden werden.

Nach erfolgter Vornamens- und Personenstandsänderung wird eine neue Geburtsurkunde ausgestellt. Nun können alle Dokumente, Versicherungen, Zeugnisse etc. geändert werden, wobei sich jedoch manche ehemaligen Arbeitgeber*innen, Universitäten usw. weigern, berichtigte originale Urkunden und Zeugnisse auszustellen. Der § 5 des TSG gibt dies zwar vor, aber er beinhaltet keine Handhabe für den Fall, dass sich eine Institution weigert. Ebenfalls muss durch die Veränderung des Personenstandes die Sozial- und Rentenversicherungsnummer auf Antrag geändert werden. Häufig kümmert sich die Krankenkasse darum, es kann aber auch ein Weg zur Rentenversicherung nötig werden. Da es derzeit nur »weibliche« und »männliche« Sozialversicherungsnummern gibt, bekommen oder behalten Personen mit einem diversen oder gestrichenen Personenstand eine »weibliche« Sozialversicherungsnummer. Die in der Versichertenkarte der Krankenkasse gespeicherte Sozialversicherungsnummer und deren »Geschlechtsangabe« führen dazu, dass bei medizinischen Untersuchungen den Laborergebnissen automatisch die entsprechenden »männlichen« oder »weiblichen« Referenzwerte zugeordnet werden. Die versicherten trans* und nicht-binären Personen sollten also bei jeder entsprechenden medizinischen Behandlung ansprechen, ob diese Referenzwerte in ihrem Falle überhaupt maßgeblich sind.

Für trans* und nicht-binäre Kinder und Jugendliche gibt es alternativ die deutlich preisgünstigere Möglichkeit der Namensänderung nach dem *Namensänderungsgesetz* (NamÄndG). Hierfür sind keine expliziten Sachverständigengutachten notwendig, sondern eine psychologische, psychotherapeutische oder ärztliche Stellungnahme, die bescheinigt, dass für die Namensänderung ein »wichtiger Grund« vorliegt, ist ausreichend (Wagner-Kern, 2002, S. 359) – zum Beispiel dass der bei Geburt vergebene geschlechtsspezifische Vorname nicht mit dem selbstbestimmten Identitätsgeschlecht übereinstimmt (Günther et al., 2021).

Über das *Personenstandsgesetz* (PStG) gibt es zudem seit 2018 die Möglichkeit eines dritten Geschlechtseintrages in Form von »divers« für Neugeborene (§ 22.3), die weder dem weiblichen noch dem männlichen Geschlecht zugeordnet werden können. Zu einem späteren Zeitpunkt können der Geschlechtseintrag und gegebenenfalls der Vorname (§ 45b) durch eine ärztliche Bescheinigung oder eine eidesstattliche Erklärung über das Vorliegen einer Variation der Geschlechtsentwicklung (siehe Begriff *inter** in Kapitel 2) geändert werden, wobei auch hier vier Optionen möglich sind: weiblich, divers, männlich, kein Geschlechtseintrag (Günther et al., 2021).

Während des Schreibens an diesem Buch (August 2022) liegen uns zumindest schon die Eckpunkte eines Selbstbestimmungsgesetzes vonseiten der federführenden Ministerien vor. Wir hoffen, dass es zum Zeitpunkt des Erscheinens dieses Buches schon in Kraft oder zumindest endgültig abgestimmt ist. Wir ertragen es schwer, Jugendliche und Familien auf die aktuellen menschenrechtsverachtenden Verfahren vorzubereiten und dann emotionale/seelische/psychische Verletzungen miterleben zu müssen, die insbesondere durch buchstabengläubige Richter*innen und übergriffige und pathologisierende Gutachter*innen zugefügt werden.

Im Folgenden möchten wir die Eckpunkte des Gesetzentwurfs vorstellen und etwas erläutern. Bei dem kommenden *Selbstbestimmungsgesetz* soll eine Erklärung mit Eigenversicherung beim Standesamt, dass die Geschlechtsidentität nicht mit dem Geschlechtseintrag übereinstimmen, für die Vornamens- und Personenstandsänderung ausreichen. Weder die Vorlage eines ärztlichen Attests noch eine Begutachtung sollen nötig sein. Zu medizinischen geschlechtsangleichenden Maßnahmen will sich das Gesetz nicht äußern.

Die Änderung des Geschlechtseintrags und der Vornamen soll für trans*geschlechtliche, nicht-binäre und inter*geschlechtliche Personen einheitlich geregelt werden. Damit würde auch die aktuelle Regelung nach § 45b des Personenstandsgesetzes hinfällig werden.

Nach der Änderung des Geschlechtseintrags und der Vornamen sollen in amtlichen Dokumenten (z. B. Reisepass) grundsätzlich der geänderte Geschlechtseintrag und die geänderten Vornamen aufgenommen werden.

Hierbei ist es aus unserer Sicht wichtig, dass es weiterhin eine Regelung gibt, die es ermöglicht, bei einem diversen oder gestrichenen Geschlechtseintrag im Reisepass einen freigewählten binären Geschlechtseintrag vermerken zu lassen. Ansonsten hätten die betreffenden Personen zwangsläufig ein »x« als Geschlechtseintrag im Reisepass. Dies könnte bei Passkontrollen in trans*feindlichen Staaten (z. B. Staaten des Nahen und Mittleren Ostens, Russland, Ungarn, einige US-Bundesstaaten, manche lateinamerikanische Staaten) zu massiven Diskriminierungen wie zwangsweisen körperlichen Untersuchungen und Strafverfolgungen von trans* Kindern, Jugendlichen und ihren Familien führen.

Volljährige Personen sollen die Änderung ihres Geschlechtseintrags und ihrer Vornamen durch Erklärung mit Eigenversicherung veranlassen. Bei Minderjährigen bis 14 Jahre oder bei geschäftsunfähigen Minderjährigen sollen die Sorgeberechtigten die Änderungserklärung gegenüber dem Standesamt abgeben. Zwischen dem 14. und 17. Lebensjahr sollen zwar die Minderjährigen die Erklärung selbst abgeben, aber die Zustimmung der Sorgeberechtigten soll nötig sein. Letzteren Regelungsvorschlag halten wir allerdings für unangemessen. So wie junge Menschen ab dem 14. Lebensjahr ihre Religionszugehörigkeit selbstständig erklären können und auch bedingt strafmündig, also für ihre Handlungen teilweise strafrechtlich verantwortlich sind, sollten sie auch über ihre Vornamen und ihren Geschlechtseintrag allein entscheiden dürfen.

Schließlich soll das Gesetz auch regeln, dass eine erneute Änderung nach einer Sperrfrist von einem Jahr wieder möglich ist. Ein »Irrtum« hätte also kaum erhebliche Folgen. Wir befürchten, dass ansonsten Jugendliche bei Ablehnung vonseiten der Eltern eine erhebliche zusätzliche Diskriminierungslast und eine besondere emotionale Belastung zu schultern hätten, da sie vom guten Willen ihrer Eltern oder eines ablehnenden Elternteiles abhängig wären. Zwar soll das Gesetz es ermöglichen, die Persönlichkeitsrechte der jungen Menschen so zu wahren, dass das Familiengericht in den Fällen, in denen die Sorgeberechtigten nicht zustimmen, eingeschaltet werden kann. Das Familiengericht orientiert sich am Kindeswohl und ersetzt die Entscheidung der Eltern auf Antrag des minderjährigen Kindes. Solch eine Regelung betrachten wir jedoch für die 14- bis 17-Jährigen als überflüssig, außerdem scheint sie in weitgehender Unkenntnis von familiengerichtlichen Kompetenzen und Arbeitsweisen formuliert.

Weiterhin verweisen die Eckpunkte auf den Anspruch auf eine sachkundige, ergebnisoffene und kostenlose Beratung für Minderjährige und

Eltern. Uns liegt es sehr am Herzen, dass die bisherigen Beratungsangebote, die sich innerhalb der Trans*- und Inter*-Communitys etabliert und professionalisiert haben, diese Aufgabe übernehmen.

Mit welcher Bezeichnung *trans*geschlechtliche Eltern* nach einer Änderung des Geschlechtseintrags in der Geburtsurkunde ihrer Kinder eingetragen werden, soll mit einer kommenden *Abstammungsrechtsreform* geregelt werden. So soll dem Diskriminierungsschutz Rechnung getragen und verhindert werden, dass ein trans*geschlechtliches Elternteil (z. B. bei Schuleintritt des Kindes oder bei Grenzübertritt) zur Erklärung die eigene Trans*geschlechtlichkeit offenbaren und damit sich selbst, aber insbesondere auch das Kind der Gefahr von Diskriminierungen oder Anfeindungen aussetzen muss. Weiterhin soll im Zuge einer Namensrechtsreform die Änderung von geschlechtsspezifischen Familiennamen geregelt werden. Dies war bisher nicht im Rahmen des TSG geregelt, und widersprüchliche geschlechtsspezifische Endungen von Nachnamen erzeugten Zwangsoutings von trans* Personen.

Wir begrüßen es sehr, wenn das Selbstbestimmungsgesetz ein bußgeldbewehrtes Offenbarungsverbot enthält. Bisher waren trans* Personen eher der Willkür ausgesetzt, weil sie das zwar vorhandene Offenbarungsverbot erwähnen konnten, aber keine Sanktionsmöglichkeiten hatten, um sich gegen Verstöße zu wehren. Inter* Personen haben bisher gar keinen entsprechenden Schutz zur Verfügung. Dies betrifft Auseinandersetzungen mit Arbeitgeber*innen, Schulen, Behörden, Nachbar*innen, Kolleg*innen usw.

Zudem werden in den Eckpunkten »Anerkennungsleistungen« erwähnt, die wir als eine Art von Entschädigung deuten, die trans* und inter* Personen zukommen sollen, die aufgrund früherer Gesetzgebung von Körperverletzungen oder Zwangsscheidungen betroffen sind. Genauere Vorstellungen haben wir dazu nicht, hoffen aber, dass solche Regelungen gemeinsam mit den Inter*- und Trans*-Organisationen entwickelt werden.

Wir sind immer wieder beeindruckt, wie sehr die Änderung eines Namens oder Geschlechtseintrags die Politik und Gesellschaft herausfordert. Neidvoll schauen wir auf andere Staaten, die menschenrechtskonforme Regelungen umgesetzt haben. Wir würden uns sehr freuen, wenn unsere Gesellschaft den Mut für diesen Transitionsschritt aufbringt.

13 Ausblick

Wir schreiben dieses Buch inmitten einer Umbruchsituation im Umgang mit trans*geschlechtlichem Leben. Die in den letzten Jahrzehnten vorherrschende Pathologisierung wird von einer respektvollen, wertschätzenden und menschenrechtsorientierten Umgangsweise abgelöst. Nach vielen Jahren des Kampfes für die Abschaffung des menschenverachtenden Transsexuellengesetzes ist nun endlich auch in Deutschland ein Selbstbestimmungsgesetz zu erwarten. Solche Veränderungen sind vermutlich immer von gesellschaftlichen Auseinandersetzungen und mancherlei Ängsten gezeichnet. So gab es in der Zeit, als Frauen begannen, Fußball zu spielen, die Befürchtung, ihnen könne die Gebärmutter herausfallen. Auch als in Deutschland die Anschnallpflicht im Auto eingeführt werden sollte, befürchteten manche schwere gesundheitliche Schäden dadurch. Selbst als Homosexualität endlich nicht mehr als Krankheit betrachtet werden sollte, gab es aufgeregte Stimmen, die den Untergang des Abendlandes vor sich sahen.

Wir glauben jedoch, dass es auch in Zukunft für trans* Jugendliche und ihre Familien eine große Herausforderung bleiben wird, sich mit den Fragen von nötigen sozialen, körperlichen und rechtlichen Veränderungen auseinanderzusetzen, um das eigene Trans*sein in Würde leben zu können. Doch kann in der »Normalisierung« und in einem besseren Verständnis nicht-binärer Lebenskonzepte die Erleichterung liegen, dass diese Entscheidungen unaufgeregter und unter weniger normativen Druck gefällt werden können. Dafür braucht es insbesondere eine medizinische Versorgungshaltung, die trans* Kindern und Jugendlichen mit mehr Respekt gegenübertritt und verstanden hat, dass die irrtümliche Annahme von nur zwei Geschlechtern auch irrtümliche Entscheidungen entstehen lassen kann.

Wir denken beim Schreiben dieses Buches auch an Mediziner*innen, die sich in den aktuellen Auseinandersetzungen um die Rechte von trans*

Personen und der künftigen Rolle der Medizin weit vom aktuellen wissenschaftlichen Diskurs entfernen, trans*affirmativ arbeitenden Kolleg*innen die fachliche Expertise absprechen, psychopathologische Sichtweisen aufrechterhalten und sich mit populistischen Akteur*innen gemein machen. Dieses Buch soll auch der Schädlichkeit eines solchen Verhaltens entgegenwirken.

Wir hoffen für die Zukunft auf eine gute fachliche Weiterentwicklung medizinischer Standards und letztlich auf immer mehr junge trans* Erwachsene, die den Kopf für das Lernen frei haben, sich beispielsweise für ein Medizinstudium entscheiden und später die Forschung und Versorgung mit ihren Kompetenzen bereichern. Wir denken, dass eine »Verqueerung« der medizinischen Versorgung dabei hilft, diese passgenauer und würdevoller zu gestalten.

Für Eltern wird das Zusammenleben mit trans* Kindern auch in Zukunft sicherlich eine fordernde, manchmal irritierende, aber auch äußerst bereichernde Erfahrung bleiben. Auch wenn die Begleitung eines Kindes beim Aufwachsen immer mit der eigenen Herkunft, den eigenen Ängsten und Hoffnungen konfrontiert, so sind die Denkanstöße, die uns trans* Kinder mitgeben, ganz besonders zauberhaft kompliziert. Wir freuen uns, wenn dieses Buch allen Beteiligten ein wenig Orientierung gibt und sie erleichtert.

Dank

Wir haben uns sehr gefreut, dass der Psychosozial-Verlag unserem Vorhaben so aufgeschlossen und unterstützend gegenüberstand. Dafür bedanken wir uns sehr.

Ein herzlicher Dank gilt Karl, dem Meister der Worte und Kommata, und Marianne, unserer geflügelten Botin.

Wir wollen uns an dieser Stelle besonders bei den Menschen bedanken, die uns begegnet sind und uns inspiriert haben. Das sind zum Beispiel Emilia und Robin, Stina und Christiane, Recardo und Liam, Kitana und Sophie, Sibylle und Fux, Jonah und Jonah, Nele und Maike, Bela und Ewald und Lucia.

Wir hören von Kindern, Jugendlichen und rückblickend auch von den Erwachsenen viele Erzählungen, in denen uns *die eine* Person immer wieder begegnet. Es ist die, die als Erste hörte, was den trans* Kindern und Jugendlichen auf dem Herzen lag und liegt, die den neuen Namen ausprobieren soll, die um Rat gefragt wurde, welcher Name es überhaupt sein soll, die Mut gemacht hat, die sich alles Zweifeln und Ängstliche angehört hat, die gesagt hat: »Ich stehe zu dir, wenn du deinen Weg gehst«, die ermuntert hat, es nun den Eltern zu erzählen, die in der Schule, im Freund*innenkreis vor Anfeindungen geschützt hat, die Nähe geschenkt hat und manchmal auch etwas mehr, die für manche die Einzige war, die mitkam zum ersten Beratungsgespräch, die sich mitgefreut hat, wenn es weiterging und die viele Tränen gesehen und ausgehalten hat. Wir wollen hier ein kleines Denkmal setzen für die BESTE FREUNDIN und DANKE sagen für ihren Mut, ihr großes Herz und ihre Unbeirrbarkeit. Wir hören natürlich auch von besten Freunden, die verstehen aber sicherlich, wenn wir an dieser Stelle mit dem Geschlecht nicht so kleinlich sind und sie so mit hineinnehmen in unseren Dank.

Literatur

ADS Bund – Antidiskriminierungsstelle des Bundes (2019). Diskriminierung an Schulen erkennen und vermeiden. Praxisleitfaden zum Abbau von Diskriminierung an der Schule. https://www.antidiskriminierungsstelle.de/SharedDocs/downloads/DE/publikationen/Leitfaeden/leitfaden_diskriminierung_an_schulen_erkennen_u_vermeiden.pdf;jsessionid=8495107C2C0E7AB9DC797EED0BA89494.intranet232?__blob=publicationFile&v=4 (23.08.2022).

APA – American Psychological Association (2021). APA resolution on sexual orientation change efforts. https://www.apa.org/about/policy/resolution-sexual-orientation-change-efforts.pdf (03.09.2022).

AWMF – Arbeitsgemeinschaft der Wissenschaftlichen Medizinischen Fachgesellschaften e.V. (2018). S3-Leitlinie: Geschlechtsinkongruenz, Geschlechtsdysphorie und Trans-Gesundheit: Diagnostik, Beratung, Behandlung. Registernummer 138-001. https://www.awmf.org/leitlinien/detail/ll/138-001.html (20.08.2022).

AWMF – Arbeitsgemeinschaft der Wissenschaftlichen Medizinischen Fachgesellschaften e.V. (2019a). Patientenleitlinie zu: Geschlechtsinkongruenz, Geschlechtsdysphorie und Trans-Gesundheit: S3-Leitlinie zur Diagnostik, Beratung und Behandlung. Registernummer 138-001. https://www.awmf.org/uploads/tx_szleitlinien/138-001p_S3_Geschlechtsdysphorie-Diagnostik-Beratung-Behandlung_2019-11_1.pdf (01.09.2022).

AWMF – Arbeitsgemeinschaft der Wissenschaftlichen Medizinischen Fachgesellschaften e.V. (2019b). S1-Leitlinie – Pubertas praecox. Registernummer 174-015. https://www.awmf.org/uploads/tx_szleitlinien/174-015l_S1_Pubertas-praecox_2019-05.pdf (02.09.2022).

AWMF – Arbeitsgemeinschaft der Wissenschaftlichen Medizinischen Fachgesellschaften e.V. (2022) Offizielle Leitlinien. https://www.awmf.org/leitlinien (04.12.2022).

AWMF – Arbeitsgemeinschaft der Wissenschaftlichen Medizinischen Fachgesellschaften e.V. (2023a, i.Dr.). S3-Leitlinie: Geschlechtsinkongruenz und Geschlechtsdysphorie im Kindes- und Jugendalter: Diagnostik und Behandlung. Registernummer 028-014. https://www.awmf.org/leitlinien/detail/anmeldung/1/ll/028-014.html (05.09.2023).

AWMF – Arbeitsgemeinschaft der Wissenschaftlichen Medizinischen Fachgesellschaften e.V. (2023b, i.Dr.). Leitlinie Geschlechtsangleichende chirurgische Maßnahmen bei Geschlechtsinkongruenz und Geschlechtsdysphorie. Registernummer 043-052. https://www.awmf.org/leitlinien/detail/anmeldung/1/ll/043-052.html (05.09.2023).

Beauchamp, T.L. & Childress, J.F. (2009). *Principles of Biomedical Ethics*. 6. Aufl. Oxford u. New York: Oxford University Press.

Beischel, W.J., Gauvin, S.E. & van Anders, S.M. (2022). »A little shiny gender breakthrough«: Community understandings of gender euphoria. *International Journal of Transgender Health, 23*(3), 274–294.

BGB – Bürgerliches Gesetzbuch. § 1631e Behandlung von Kindern mit Varianten der Geschlechtsentwicklung. https://www.gesetze-im-internet.de/bgb/__1631e.html (03.09.2022).

Bundesverband Trans* e.V. i.Gr. (2016). Trans*-Gesundheitsversorgung. Forderungen an die Medizinischen Instanzen und an die Politik. Policy Paper Gesundheit des Bundesverbandes Trans*. https://www.bv-trans.de/portfolio-item/policy-paper-gesundheit/ (11.12.2018).

Bungener, L., de Vries, A., Popma, A. & Steensma, D. (2020). Sexual Experiences of Young Transgender Persons During and After Gender-Affirmative Treatment. *Pediatrics, 146*(6). https://publications.aap.org/pediatrics/article/146/6/e20191411/77105/Sexual-Experiences-of-Young-Transgender-Persons (03.09.2022).

Cheema, S.-N. & Mendel, M. (2022). Der Koran kennt viele Geschlechter. https://www.faz.net/aktuell/feuilleton/debatten/transgender-im-islam-und-im-judentum-18143767.html (03.09.2022).

Cornu, C. (2016). Preventing and addressing homophobic and transphobic bullying in education: A human rights-based approach using the United Nations Convention on the Rights of the Child. *Journal of LGBT youth, 13*(1–2).

De Castro, C., Solerdelcoll, M., Plana, T., Halperin, I., Mora, M., Ribera, L., Castelo-Branco, C., Gómet-Gil, E. & Vidal, A. (2022). High persistence in Spanish transgender minors: 18 years of experience of the Gender Identity Unit of Catalonia. https://www.sciencedirect.com/science/article/pii/S1888989122000283 (03.09.2022).

Deutscher Ethikrat (2020). Trans-Identität bei Kindern und Jugendlichen: Therapeutische Kontroversen – ethische Orientierungen. Ad-hoc-Empfehlung. Berlin: Deutscher Ethikrat. https://www.ethikrat.org/fileadmin/Publikationen/Ad-hoc-Empfehlungen/deutsch/ad-hoc-empfehlung-trans-identitaet.pdf (01.09.2022).

De Vries, A.L., McGuire, J.K., Steensma, T.D., Wagenaar, E.C., Doreleijers, T.A. & Cohen-Kettenis, P.T. (2014). Young adult psychological outcome after puberty suppression and gender reassignment. *Pediatrics, 134*(4), 696–704.

Dilling, H., Mombour, W. & Schmidt, M.H. (2015). *Internationale Klassifikation psychischer Störungen: ICD-10 Kapitel V (F) – Klinisch-diagnostische Leitlinien*. 10., überarb. Aufl. Göttingen: Hogrefe.

EKHN – Evangelische Kirche in Hessen und Nassau (2019). Handreichung zu Transsexualität in der Kirche. https://unsere.ekhn.de/themen/umgang-mit-transsexualitaet.html (28.08.2022).

Faissner, M., Günther, M., Schneider-Reuter, L., Romer, G. & Lempp, T. (i.Dr.). Sexual and gender diversity in mental healthcare – ethical aspects. In H. Helmchen, J. Gather & N. Sartorius (Hrsg.), *Ethics in psychiatry*. 2. Aufl. Berlin: Springer.

Feigl, S., Wegscheider, J., Feil, K., Winkler-Crepaz, K., Böttcher, B. & Toth, B. (2018). Evaluation der Lebensqualität von Trans*Personen unter gegengeschlechtlicher Hormontherapie. *Geburtshilfe und Frauenheilkunde, 78*(10), P-006.

Flütsch, N. (2015). Endokrinologische Behandlung der Geschlechtsdysphorie bei Menschen mit Geschlechtsinkongruenz. *Journal für Klinische Endokrinologie und Stoffwechsel – Austrian Journal of Clinical Endocrinology and Metabolism, 8*(2), 42–48.

G-BA – Gemeinsamer Bundesausschuss (2009). Richtlinie des Gemeinsamen Bundesausschusses über die Durchführung der Psychotherapie (Psychotherapie-Richtlinie) in der Fassung vom 19. Februar 2009. Zuletzt geändert am 20. November 2020. Bundesanzeiger, Nr. 58. https://www.g-ba.de/downloads/62-492-2400/PT-RL_2020-11-20_iK-2021-02-18.pdf (03.09.2022).

Gesetz zum Schutz von Kindern mit Varianten der Geschlechtsentwicklung (2021). § 1631e BGBl. https://www.bmj.de/SharedDocs/Gesetzgebungsverfahren/Dokumente/Bgbl_Varianten_der_Geschlechtsentwicklung.pdf;jsessionid=F0432876E650D05E57E804B3E6380656.2_cid334?__blob=publicationFile&v=3 (31.08.2022).

KonvBG – Gesetz zum Schutz vor Konversionsbehandlungen (2020). https://www.buzer.de/s1.htm?g=KonvBG&f=1 (31.08.2022).

KJSG – Gesetz zur Stärkung von Kindern und Jugendlichen (Kinder- und Jugendstärkungsgesetz (2021). § 9 Absatz 3, Seite 1446. https://www.bgbl.de/xaver/bgbl/start.xav?startbk=Bundesanzeiger_BGBl&jumpTo=bgbl121s1444.pdf#__bgbl__%2F%2F*%5B%40attr_id%3D%27bgbl121029.pdf%27%5D__1661895319382 (30.08.2022).

Goodrich, K. M. (2022). Groupthink in Counselor Education: »Don't Say Gay« and the Visibly Invisible Heterosexism of the Academy. *The Journal for Specialists in Group Work, 47*(2), 83–89.

Gordon, C. M. (2022). Caught in the middle: the care of transgender youth in Texas. *Pediatrics, 149*(6). https://doi.org/10.1542/peds.2022-057475

Göth, M. (2021). Studienübersicht: Definition und Auswirkungen von Misgendern. https://www.vlsp.de/sites/default/files/pdf/Studienübersicht-Misgendern-Göth%202021-03-21.pdf (01.09.2022).

Güldenring, A. K. (2013). Zur »Psychodiagnostik von Geschlechtsidentität« im Rahmen des Transsexuellengesetzes. *Zeitschrift für Sexualforschung, 26*(2), 160–174.

Günther, M. (2016). Psychosoziale Beratung von inter* und trans* Personen und ihren Angehörigen. Ein Leitfaden. Frankfurt a. M.: pro familia Bundesverband. https://www.profamilia.de/fileadmin/publikationen/Fachpublikationen/Inter_Trans_Beratung_Leitfaden.pdf (11.12.2018).

Günther, M., Teren, K. & Wolf, G. (2021). *Psychotherapeutische Arbeit mit trans* Personen. Handbuch für die Gesundheitsversorgung*. München: Ernst Reinhardt Verlag.

Hädicke, M. (2023). Welche professionelle Haltung dient dem Wohl genderdiverser und transgeschlechtlicher Kinder und Jugendlicher? – Perspektiven aus der Praxis und eine ethische Reflexion. *Verhaltenstherapie & psychosoziale Praxis, 55*(2), 239–250

Hädicke, M., Föcker, M., Romer, G. & Wiesemann, C. (2023). Healthcare professionals' conflicts when treating transgender youth: Is it necessary to prioritize protection over respect? *Cambridge Quarterly of Healthcare Ethics, 32*(2), 193–201. https://doi.org/10.1017/S0963180122000251

Hamm, J. A. (2020). *Trans* und Sex. Gelingende Sexualität zwischen Selbstannahme, Normüberwindung und Kongruenzerleben*. Gießen: Psychosozial-Verlag.

Hembree, W. D., Cohen-Kettenis, P. T., Gooren, L., Hannema, S. E., Meyer, W. J., Murad, M. H., Rosenthal, S. M., Safer, J. D. Tangpricha, V. & T'Sjoen, G. G. (2017). Endocrine treatment of gender-dysphoric/gender-incongruent persons: An Endocrine Society clinical practice guideline. *The Journal of Clinical Endocrinology and Metabolism, 102*(11), 3869–3903.

Hendricks, M.L. & Testa, R.J. (2012). A conceptual framework for clinical work with transgender and gender nonconforming clients: An adaptation of the Minority Stress Model. *Professional Psychology: Research and Practice, 43*(5), 460–467. https://doi.org/10.1037/a0029597

Ibn Rushd – Goethe Moschee (2019). LSBT*IQ-Kompetenzzentrum. https://www.ibn-rushd-goethe-moschee.de/die-moschee/lgbtiq-kompetenzzentrum/ (01.09.2022).

James, S.E., Herman, J., Keisling, M., Mottet, L. & Anafi, M. (2019). 2015 U.S. Transgender Survey (USTS). Inter-university Consortium for Political and Social Research. https://doi.org/10.3886/ICPSR37229.v1

Johnson, K.C., LeBlanc, A.J., Deardorff, J. & Bockting, W.O. (2020). Invalidation experiences among non-binary adolescents. *The Journal of Sex Research, 57*(2), 222–233.

Kappo, E. (2022). She's in detransition. https://shesindetransition.wordpress.com/ (03.09.2022).

Kasprowski, D., Fischer, M., Chen, X., de Vries, L., Kroh, M., Kühne, S., Richter, D. & Zindel, Z. (2021). Geringere Chancen auf ein gesundes Leben für LGBTQI*-Menschen. *DIW Wochenbericht, 88*(6), 80–88.

Kinderschutzbund – Der Kinderschutzbund Bundesverband e.V. Kinderschutzbund: Stellungnahme des Kinderschutzbund Bundesverbandes zum Entwurf eines Gesetzes über die Selbstbestimmung in Bezug auf den Geschlechtseintrag und zur Änderung weiterer Vorschriften. https://kinderschutzbund.de/wp-content/uploads/2023/05/Stellungnahme-Kinderschutzbund-zum-Referentenentwurf-ueber-die-Selbstbestimmung-in-Bezug-auf-den-Geschlechtseintrag-und-zur-Aenderung-weiterer-Vorschriften-final.pdf (30.05.2023).

Köller, K. & Schautz, I. (2022). *Queergestreift. Alles über LGBTIQA+*. München: Hanser.

Krell, C. & Oldemeier, K. (2017). *Coming-out – und dann …?!: Coming-out-Verläufe und Diskriminierungserfahrungen von lesbischen, schwulen, bisexuellen, trans* und queeren Jugendlichen und jungen Erwachsenen in Deutschland*. Leverkusen: Verlag Barbara Budrich.

Kreukels, B.P. & Cohen-Kettenis, P.T. (2011). Puberty suppression in gender identity disorder: the Amsterdam experience. *Nature Reviews Endocrinology, 7*(8), 466–472.

Littman, L. (2018). Rapid-onset gender dysphoria in adolescents and young adults: A study of parental reports. *PloS One, 13*(8). https://doi.org/10.1371/journal.pone.0202330

Lüdke, K.-P. (2018). *Jesus liebt Trans: Transidentität in Familie und Kirchgemeinde*. Göppingen: Manuela Kinzel Verlag.

Mahfouda, S., Moore, J.K., Siafarikas, A., Zepf, F.D. & Lin, A. (2017). Puberty suppression in transgender children and adolescents. *The Lancet Diabetes & Endocrinology, 5*(10), 816–826.

MDS – Medizinischer Dienst des Spitzenverbandes Bund der Krankenkassen e.V. (Hrsg.). (2020). Begutachtungsanleitung. Richtlinie des GKV-Spitzenverbandes nach § 282 SGB V. Geschlechtsangleichende Maßnahmen bei Transsexualismus (ICD-10, F 64.0). https://www.mds-ev.de/fileadmin/dokumente/Publikationen/GKV/Begutachtungsgrundlagen_GKV/BGA_Transsexualismus_201113.pdf (03.09.2022).

Meyer, G., Boczek, U. & Bojunga, J. (2020). Geschlechtsangleichende Hormontherapie bei Geschlechtsinkongruenz. *Deutsches Ärzteblatt, 43*(117), 725–732. https://www.

aerzteblatt.de/archiv/216299/Geschlechtsangleichende-Hormontherapie-bei-Geschlechtsinkongruenz (01.09.2022).

Meyenburg, B. (2016). Expertendiskussion nach dem Transsexuellengesetz. *Zeitschrift für Sexualforschung, 29*(1), 57–61.

Meyenburg, B. (2019). Paradigmenwechsel in der Transidentitäts-Sprechstunde. *Kinderanalyse, 27*(1), 39–52.

Meyenburg, B., Renter-Schmidt, K. & Schmidt, G. (2015). Begutachtung nach dem Transsexuellengesetz. *Zeitschrift für Sexualforschung, 28*(2), 107–120.

Mizock, L. & Mueser, K. (2014). Employment, Mental Health, Internalized Stigma, and Coping with Transphobia Among Transgender individuals. *Psychology of Sexual Orientation and Gender Diversity, 1*(2), 146–158. https://doi.org/10.1037/sgd0000029

Möller, B., Güldenring, A., Wiesemann, C. & Romer, G. (2018). Geschlechtsdysphorie im Kindes- und Jugendalter: Behandlung und Entwicklungsförderung im Spannungsfeld von gesellschaftlichen Kontroversen, Wertewandel und Kindeswohl. *Kinderanalyse, 26*(3), 228–263.

NamÄndG – Namensänderungsgesetz. Bundesministerium für Justiz. Gesetz über die Änderung von Familiennamen und Vornamen § 11. https://www.gesetze-im-internet.de/nam_ndg/__11.html (02.12.2022).

Nichols, M. (2020). *The Modern Clinician's Guide to Working with LGBTQ+ Clients: The Inclusive Psychotherapist*. New York: Routledge.

Nieder, T. O. & Strauß, B. (Hrsg.). (2019). *Geschlechtsinkongruenz, Geschlechtsdysphorie und Trans-Gesundheit*. Gießen: Psychosozial-Verlag.

Olson, K. R., Durwood, L., DeMeules, M. & McLaughlin, K. A. (2016). Mental health of transgender children who are supported in their identities. *Pediatrics, 137*(3). https://doi.org/10.1016/j.jaac.2016.11.008

Oommen-Halbach, A. & Fangerau, H. (2019). Selbstbestimmung von Kindern in der Medizin. In J. Drerup & G. Schweiger (Hrsg.), *Handbuch Philosophie der Kindheit* (S. 274–281). Berlin: J. B. Metzler.

PStG – Personenstandsgesetz. Bundesministerium für Justiz. § 45b Erklärung zur Geschlechtsangabe und Vornamensführung bei Personen mit Varianten der Geschlechtsentwicklung. https://www.gesetze-im-internet.de/pstg/__45b.html (02.12.2022).

Restar, A. J. (2020). Methodological critique of Littman's (2018) parental-respondents accounts of »rapid-onset gender dysphoria«. *Archives of Sexual Behavior, 49*(1), 61–66.

Roberts, C. (2022). Persistence of transgender gender identity among children and adolescents. *Pediatrics, 150*(2). https://doi.org/10.1542/peds.2022-057693

Romer, G. R. & Lempp, T. (2022). Geschlechtsinkongruenz im Kindes und Jugendalter. *Nervenheilkunde, 41*(5), 309–319.

Romer, G. & Röver, A. (2023). Zwischen Selbsterkundung, Selbstbestimmung und Transition – Psychotherapie bei Jugendlichen rund um das Thema »Transgender«. *Verhaltenstherapie & psychosoziale Praxis, 55*(2), 250–261.

Sauer, A. & Hamm, J. (2015). Selbstbestimmung von und neue Sichtweisen auf Trans* – wer hat Angst vorm Perspektivenwechsel? In *FORUM Sexualaufklärung und Familienplanung* (1), 22–26. https://shop.bzga.de/pdf/13329226.pdf (03.09.2022).

SchulG – Schulgesetz für das Land Berlin (2004). Vom 26. Januar 2004. Zuletzt geändert 31. März 2022. https://www.schulgesetz-berlin.de/berlin/schulgesetz.php (03.09.2022).

Scobey-Thal, J. (2014). Third Gender: A Short History. From ancient Greece to modern Pakistan, the political and cultural emergence of a complex, controversial term. https://foreignpolicy.com/2014/06/30/third-gender-a-short-history/ (28.08.2022).

Tabaac, A., Perrin, P. B. & Benotsch, E. G. (2018). Discrimination, mental health, and body image among transgender and gender-non-binary individuals: constructing a multiple mediational path model. *Journal of gay & lesbian social services, 30*(1), 1–16.

Trans Student Educational Resources (2015). The Gender Unicorn. http://www.transstudent.org/gender/ (03.09.2022).

Turban, J. L., Beckwith, N., Reisner, S. L. & Keuroghlian, A. S. (2020). Association between recalled exposure to gender identity conversion efforts and psychological distress and suicide attempts among transgender adults. *Jama Psychiatry, 77*(1), 68–76.

Turban, J. L., King, D., Kobe, J., Reisner, S. L. & Keuroghlian, A. S. (2022). Access to gender-affirming hormones during adolescence and mental health outcomes among transgender adults. *PLoS One, 17*(1), e0261039. https://doi.org/10.1371/journal.pone.0261039

Turban, J. L., Loo, S. S., Almazan, A. N. & Keuroghlian, A. S. (2021). Factors leading to »detransition« among transgender and gender diverse people in the United States: a mixed-methods analysis. *LGBT health, 8*(4), 273–280.

Wagner-Kern, M. (2002). *Staat und Namensänderung. Die öffentlich-rechtliche Namensänderung in Deutschland im 19. und 20. Jahrhundert*. Tübingen: Mohr Siebeck.

WHO – World Health Organization (2015). HIV and young transgender people: a technical brief (No. WHO/HIV/2015.9). https://apps.who.int/iris/bitstream/handle/10665/179866/WHO_HIV_2015.9_eng.pdf?sequence=1&isAllowed=y (11.09.2023).

WHO – World Health Organization (2022a). ICD-11: International Classification of Diseases, 11th Revision. The global standard for diagnostic health information. https://icd.who.int/en (04.12.2022).

WHO – World Health Organization (2022b). Gender incongruence and transgender health in the ICD. https://www.who.int/standards/classifications/frequently-asked-questions/gender-incongruence-and-transgender-health-in-the-icd (03.09.2022).

WMA – World Medical Association (2015). WMA Statement on Transgender People. Adopted by the 66th General Assembly, Moscow, Russia, Octobre 2015. https://www.wma.net/policies-post/wma-statement-on-transgender-people/ (03.09.2022).

Wolf, G. F., Günther, M. & Teren, K. (2023). Dimensionen der Unsicherheit: Die Entwicklung einer reflektierten Haltung in der psychotherapeutischen Begleitung von trans* Personen. *Verhaltenstherapie & psychosoziale Praxis, 55*(2), 203–222.

Wolf, G. & Meyer, E. (2017). Sexuelle Orientierung und Geschlechtsidentität – (k)ein Thema in der Psychotherapie? *Psychotherapeutenjournal, 16*(2), 130–139.

WPATH – World Professional Association for Transgender Health (2012). Standards of Care for the Health of Transsexual, Transgender, and Gender Nonconforming People [7th Version]. https://www.wpath.org/media/cms/Documents/SOC%20v7/SOC%20V7_German.pdf (03.09.2022).

WPATH – World Professional Association for Transgender Health (2022). Standards of Care for the Health of Standards of Care for the Health of Transgender and Gender

Diverse People [8th Version]. https://www.tandfonline.com/doi/pdf/10.1080/26895269.2022.2100644 (02.09.2023).

Yadegarfard, M., Meinhold-Bergmann, M. E. & Ho, R. (2014). Family rejection, social isolation, and loneliness as predictors of negative health outcomes (depression, suicidal ideation, and sexual risk behavior) among Thai male-to-female transgender adolescents. *Journal of LGBT youth, 11*(4), 347–363.

Schlagwortverzeichnis

Psychosozial-Verlag

Alexander Naß, Silvia Rentzsch,
Johanna Rödenbeck, Monika Deinbeck, Melanie Hartmann (Hg.)

Empowerment und Selbstwirksamkeit von trans* und intergeschlechtlichen Menschen

Geschlechtliche Vielfalt (er)leben – Band II

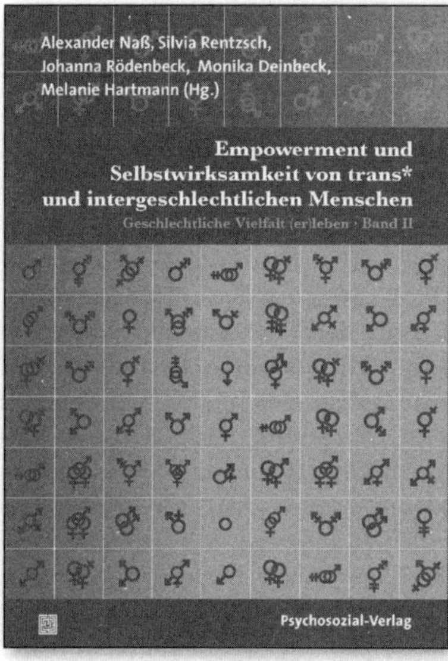

2019 · 152 Seiten · Broschur
ISBN 978-3-8379-2859-4

Nach wie vor stehen trans* und intergeschlechtliche Menschen in ihrem Lebensalltag vor vielfältigen Formen der Ausgrenzung und Diskriminierung. In den vergangenen Jahren haben sie es jedoch geschafft, Empowerment-Strukturen zu initiieren, die es ihnen ermöglicht haben, in unterschiedlichen Gremien und Initiativen aktiv zu werden und diese mit ihrer Sichtweise zu bereichern, in denen zuvor nur über sie gesprochen und entschieden wurde. Auch die Politik beginnt langsam Impulse aufzunehmen.

Die Beiträge verbinden Inter- und Trans*Thematiken auf einmalige Art und Weise, ohne sie zu vermischen oder unverbunden nebeneinander zu stellen. Aus multidimensionaler und interdisziplinärer Perspektive zeigt sich, dass Empowerment und Selbstwirksamkeit bereits einiges in Bewegung gesetzt haben, jedoch noch viel mehr erreichbar ist. Zu den gesellschaftlichen Wandlungsprozessen bieten die Autor*innen detaillierte Informationen über neue (Peer-)Beratungsstrukturen, Handlungsbedarfe in Kinder- und Jugendhilfe, Erfordernisse in Medizin und Pflege, aber auch Diskussionen gesellschaftlicher und biologischer Aspekte von Intergeschlechtlichkeit und Berichte über Empfehlungen junger trans* Menschen in Bezug auf ihre Lebenssituation.

Walltorstr. 10 · 35390 Gießen · Tel. 0641-969978-18 · Fax 0641-969978-19
bestellung@psychosozial-verlag.de · www.psychosozial-verlag.de